臨床心理学の倫理をまなぶ

金沢吉展

東京大学出版会

Professional Ethics in Clinical Psychology :
A Practical Guide
Yoshinobu KANAZAWA
University of Tokyo Press, 2006
ISBN 4-13-012044-1

まえがき

　「倫理」という，いかにも難しそうな，面倒そうなタイトルのついた本。昔，国語の時間にテストで苦しめられた「漢字の書き取り」をも思い出させる。
　読者の中には，高校時代に習った「倫理」を思い出し，古人の思想や哲学や道徳理論について，記憶を辿ってしまう人もいるかも知れない。
　しかし，昔の授業についてはしばし忘れて，仮に次のような質問を心理臨床家がクライエントから受けている状況を想像していただきたい。

「先生，どこに住んでいるんですか？」
「先生の趣味は何ですか？」
「うちの息子をどうぞよろしくお願い致します。これ，少しですけれど，近所で評判の店のケーキです。どうぞお召し上がり下さい。」
「もう何もかも嫌になりました。私がどこに行っても探さないで下さい。私の勝手です。」
「どうでしょうか，先生。うちの娘はそちらの相談室でどんな様子でしょうか。親の私が聞いても何も教えてくれないので，先生の口からお聞きしたいのですが。」

　心理臨床家がこのような状況に直面したとしたら，どうすればよいだろうか。そして，なぜそのようにすることが「正しい」と思うのだろうか。
　臨床心理学を実践する場では，様々なことが起こる。多くの場合，答えは容易に見つからない。全く同じ状況はふたつとなく，すべてが1回限りの出来事ばかりである。その場で考え行動しなくてはならない。
　だから，ケースバイケースで，という意見を聞くことがある。本当にそうだろうか。「その場の状況に合わせて対応する」という意味だとしたら，「ケースバイケース」という考えは正しいように思われる。しかし，その場の状況に合

わせて対応するのだとしたら，その時臨床家は何を基準にして判断を行うのだろうか。その時の相手の様子？　こちらの気持ち？　自分の「価値観」？　自分の周りの人たちとの人間関係？　……そして，なぜそのように判断し行動したのかを問われたとしたなら，自分の判断の適切さをどのように説明すればよいのだろうか？

　心理臨床の場において，「正解」を見つけるのは難しい。しかし，臨床家は常に，より良い対応，より良い判断を，その場の状況の中で即断即決しなくてはならない。本書で取り上げている職業倫理も同様である。

　職業倫理の観点から見て，より適切な対応を行うためにはどのようにすればよいのか，それが本書の中心的なテーマである。筆者が本書を著す上でねらいとしたのは，抽象的な理屈ではなく，実際の場面で役に立つよう，具体的な臨床実践の中で使うことができるように，職業倫理について論じることである。そこで本書では，第2章（「まずは具体的な状況から考えてみる」）で架空の状況を提示して，その状況に対して読者に考えていただく方式を採った。読者には，第3章以降の内容をお読みいただいた後，再度第2章に戻り，架空の状況について改めてお考えいただければ幸いである。そうすることにより，様々な知識を得る前と後で，ご自身の判断がどのように変化しているのか，自分なりに比較していただくことができよう。

　次に，状況について考える際に必要なポイントを，「職業倫理の7原則」として第3章（「職業倫理の7原則・Part 1——7原則の全体像」）で示している。さらに，筆者が職業倫理についての授業や研修を行ってきた経験と，文献からの指摘を参考に，臨床心理学に関わる人々が特に戸惑いやすい，あるいは，問題を抱えやすい4つの原則，すなわち，「第2原則・十分な教育・訓練によって身につけた専門的な行動の範囲内で，相手の健康と福祉に寄与する」「第3原則・相手を利己的に利用しない」「第5原則・秘密を守る」「第6原則・インフォームド・コンセントを得，相手の自己決定権を尊重する」については，それぞれ独立した章を設けて説明を加えている（第4章「職業倫理の7原則・Part 2——専門的能力」，第5章「職業倫理の7原則・Part 3——多重関係」，第6章「職業倫理の7原則・Part 4——秘密を守る」，第7章「職業倫理の7原則・Part 5——インフォームド・コンセント」）。

こうした原則を熟知することは大切なことであるが，知っていればその通りに行動できるとは限らない．原則を知った上で，実際の状況の中でどのように判断し行動することが求められるのだろうか．そのために必要な倫理的な意思決定のしかたについて，第8章で詳述している（「問題解決をどのように行うか：倫理的意思決定モデルとは？」）．最後に，職業倫理を実践することができるようになるためには，職業倫理教育が不可欠である．第9章（「職業倫理のトレーニングコース：より良い倫理的意思決定を行うことができるようにするために」）では，学生・実務家，いずれにも必要な職業倫理教育の内容と方法について論じている．

　そして，以上8つの章を導く第1章（「職業倫理はお堅い理屈？」）では，職業倫理とは一体何なのか，臨床心理学における職業倫理にはどのような目的があり，どのような意義があるのかについて，筆者の体験や臨床心理学の歴史も交えながら論じた．

　本書の内容の中には，すでに他の機会に筆者が発表したものも含まれている．それぞれ適宜出典を明記してあるが，その中でも，特に言及すべきものをここに挙げておきたい．まず，本文中にも「筆者の前著」としてしばしば登場する『カウンセラー　専門家としての条件』（金沢，1998）は，臨床心理学領域の職業倫理（特に，職業倫理の7原則）について，筆者として初めてまとまった形で著した書物であり，本書の内容の基幹部分とは重複するところが多い．次に，第8章は数年前に発表された筆者の論文（金沢2004b）を初出とする内容である．この論文は，明治学院大学心理学部付属研究所のプロジェクト研究として行われた研究である．プロジェクト研究を可能にしていただいた関係各位にお礼を申し上げたい．第9章は，金沢（2003）の一部に，また第1章は金沢（2001a）および金沢（2004d）の一部に，それぞれ大幅に加筆したものである．金沢（2004c）は本書第7章の一部となっている．

　本書の出版は，財団法人東京大学出版会編集部の後藤健介氏のお力無くしては到底為しえなかった仕事である．職業倫理についての書物を世に出したいという希望は筆者も以前から抱いていたものの，当初の計画よりも本書の上梓は大幅に遅れてしまった．その責めは筆者が負うべきものであるが，後藤氏はじっくりと，また温かく，筆者を励まし続けていただいた．身勝手な筆者の仕事

ぶりにもかかわらず，後藤氏からは多くの的確なアドバイスをいただき，歩みの遅い筆者を支え続けていただいた。ここに衷心より感謝を申し上げたい。

　本書を読まれた読者の多くが，臨床心理学の職業倫理について，より具体的に，実際的に考え，職業倫理を実践の中で活かしていただくことができるよう期待して，本書を世に送ることとしたい。

目　次

まえがき　i

第1章　職業倫理はお堅い理屈？　……………………1
1. 「ロースクール」授業　1
2. 職業倫理は誤解されている　5
3. 倫理と職業倫理　6
4. 職業倫理と「専門家」　20
5. 職業倫理の重要性についての指摘　24
6. 職業倫理綱領と心理職資格法──どちらが先か　27
7. 歴史をふりかえると何が見えてくるか　28

第2章　まずは具体的な状況から考えてみる　………41
状況1（42）／状況2（45）／状況3（47）／状況4（50）／状況5（53）／
状況6（55）／状況7（57）／状況8（58）／状況9（60）

第3章　職業倫理の7原則・Part 1──7原則の全体像　………65
1. 職業倫理的意思決定プロセス　65
2. 職業倫理の7原則　69
第1原則（71）／第2原則（81）／第3原則（85）／第4原則（87）／
第5原則（88）／第6原則（89）／第7原則（89）

第4章　職業倫理の7原則・Part 2──専門的能力　………91
1. 「専門的能力」をどのように判断すればよいのか　91
2. 専門的情報が誤用・悪用されないように
　　──情報化社会における課題　104

第5章　職業倫理の7原則・Part 3——多重関係 ……………… 107

1. なぜ多重関係が問題にされるのか　108
2. 多重関係に陥りそうな場合の判断　110
3. 性的な多重関係の問題　114
4. 非性的な多重関係の問題　125

第6章　職業倫理の7原則・Part 4——秘密を守る ………… 133

1. 「守秘義務」「秘密保持」という言葉を吟味する　133
2. なぜクライエントの秘密を守らなければならないのか　136
3. 倫理綱領に見る「強い信頼に基づく秘密保持」　140
4. クライエントの秘密を守らなくともよい場合があるのか　141
5. 未成年のクライエントについてどのように対応すべきか　174
6. クライエントが亡くなってもクライエントの秘密を
   守らなければならないのか　190
7. 「秘密」の法的定義　194
8. 情報公開法と個人情報保護法　195
9. 秘密保持をめぐる心理臨床家と一般の人々との間のギャップ　195
10. 情報化社会のもたらす危険性　198
11. 「強い信頼に基づく秘密保持」と心理臨床家の教育　200

第7章　職業倫理の7原則・Part 5 ……………………………… 201
　　　——インフォームド・コンセント

1. インフォームド・コンセントの歴史的な意義　201
2. インフォームド・コンセントの法理　203
3. 東京地方裁判所による判決　206
4. インフォームド・コンセントと「契約」　209
5. 心理臨床場面におけるインフォームド・コンセント　213

第8章　問題解決をどのように行うか······219
──倫理的意思決定モデルとは？

1. 倫理的意思決定のプロセスについて，これまでどのようなモデルが提唱されてきたか　219
2. 倫理的意思決定モデルの提案　232
3. 倫理的意思決定プロセスは果たして実践されているのか　240
4. 職業倫理教育の重要性　242

第9章　職業倫理のトレーニングコース······245
──より良い倫理的意思決定を行うことができるようにするために

1. 職業倫理のトレーニングはなぜ重要か　245
2. 倫理的意思決定の教育方法　247
3. 筆者の教育実践　249
4. より良い教育実践に向けて　261
5. 最後に……　265

あとがき　271

［資料］「ヒポクラテスの誓い」　273
引用文献　275
索　引　295

第1章　職業倫理はお堅い理屈？

1.「ロースクール」授業

　臨床心理学における職業倫理や法的な問題というテーマに筆者が初めて出会ったのは、アメリカでの大学院博士課程（日本でいえば博士後期課程に相当）1年の時だった。「法的・倫理的諸問題」という授業である。あれからもう20年近く経つが、忘れようとしても忘れることのできない、実に印象的な授業だった。

　担当教員は、長身の黒人男性、B教授。教員紹介のプロフィールには、彼が法学と教育心理学の2つの博士号をもっており、学長補佐も務めた人物であること、大学教員の傍ら、弁護士として開業していることが書かれていた。当時、文字通り骨身を削るような厳しい大学院での勉学を強いられていた筆者には、そもそも博士号を2つももっているなど、とても人間業とは思えなかった。しかも、厳しいことでは悪名高い、アメリカのロースクール（法科大学院）を出ているのである。一体どんな人物なのか、興味津々だった。

　私たち学生の度肝を抜いたのは、その授業最初の日である。B教授はまず、学生一人一人に自己紹介をさせた。そして、筆者の同級生である40歳前後の女性に、突然このように尋ねた。

　「あなたは妊娠中絶についてどう思うか。してもいいと思うか、よくないと思うか。」

　その女性は大変戸惑った様子を見せた。初対面の女性に、しかも、アメリカでは宗教的理由から賛否両論が巻き起こり、大統領選挙の時の論点の一つにもなるほど、世論を二分する問題である妊娠中絶について、授業の場で尋ねるのだから、一同、驚いた。動揺を見せながらも、その女性は、

「私は中絶をしてもいいと思います。」
と答える。B教授は，たたみかけて，
「何故そう思うのか，何を根拠にそう思うのか。」
と早口で，まくし立てるように，大きな声で尋ねる。狼狽を声ににじませ，口ごもりながら，彼女は答える。
「それは……，私が今まで受けてきた教育や家の宗教などからだと思います。」
「なるほど。」
そしてB教授は，クラス全員に向かって次のように宣言する。
「この授業は法と倫理についての授業である。したがって，ここではロースクールの授業のやり方で行う。」
はて，ロースクールの授業のやり方とは何だろうか。
「まず，授業中にノートを取ってはいけない。」
え，先生，今何と言った？ 筆者は耳を疑った。
「すべて耳で聞いて覚えること。それから，文献リストにある図書・論文や判決・判例は，授業の前に必ず読んで覚えてくること。授業では私が色々質問するから，それに答えられるようにしておくように。」
目の前には，授業の開始時に配られたシラバスと，膨大な量の文献と判決・判例のリストがある。テキストはない。クラス全体に驚きとざわめきが広がる。ノートを取ることができないなんて，一体どうやって勉強すればいいのか。
上級生たちからは，B教授のテストは非常な難関で，パスするのが難しいと聞かされている。単位を落としたというこれまでの先輩たちの悲惨な話はつとにクラスに知れ渡っていた。
気丈な同級生の何人かが食い下がる。
「ノートが取れないなんて，困ります。授業の時だけで聞いて覚えろなんて，無理です。」
B教授は引かない。長身，大柄。大きな声。早口。威圧的な印象。圧倒される気がする。
B教授を弁護するわけではないが，彼は単に理不尽な要求を課して，私たちをいじめていたわけではない。B教授にはそれなりの理由があった。彼によれ

ば，ロースクールというのは，現場の法曹家を養成する課程である。そこでの授業は，文字通り，現場で役に立つ実務家を養成するためのものである。現実の裁判の場では，検事であれ弁護士であれ裁判官であれ，相手方が言うことに対して，いちいちメモを取っていたり，「あ，ちょっと待ってください。調べてきますから」などと，あとで図書館の文献を調べてから反論したりする余裕はない。ましてや，「すみません，その判決，まだ読んでいません」では済まない。その時その場で，即座に，相手の言うことに対して反論し抗弁し，自分の意見や反論は何を基にしているのか，その根拠を，法律やこれまでの裁判例や学説などを基に明確に示し，相手を論駁し論破しなければならない。そのためには，常日頃から，授業の中でも，メモを取らない，法律や判例や論文はすべて頭に入れて裁判に臨み，それを基にして自分の意見を積極的に言うこと。相手の一言一言に常に集中し，反論の機会を逃さないことが必要だ。これがB教授の考えだった。

なるほど，ロースクールの授業とはそういうものか。ロースクールの授業を受けたことのない私たちには，B教授が言うことが本当なのかどうか，知るすべがない。しかし彼の説明には説得力がある。この説得力もロースクールでの訓練の賜物なのか。

B教授はしばしば，授業の中で，現実に起こった事件を話題にして，私たちを問いつめた。

「先週，○○のショッピング・センターで銃の乱射事件が起こった。この事件とその犯人について，法律的に見てどんな問題が考えられるか。どんな法律が関係し，裁判ではどのようなことが焦点となり，どのようなことを基準として判決が下されると思うか。おい，△△，答えなさい。」

いきなり指名される。単に自分の意見が求められるのではなく，なぜそう考えるのか，その根拠を，これまでの裁判例と法律，文献を用いて明確に示さなくてはならない。気の短いB教授は，こちらがためらっていると，次々に学生を指名していく。

最初は怖じ気づいていた私たちも，そのうちに度胸がついてくる。威圧的で命令口調のB教授に反論する者が出てくるし，彼の議論に負けない者が現れる。大袈裟な言い方かもしれないが，授業は闘いだった。そして，この授業を

受けながら，映画で見るように丁々発止とやり合うアメリカの裁判の現実は，大変な戦場であろうことは容易に想像がついた。

ノートを取れないのだから，目を皿にして，いや耳をマイクにして，授業の全てを聞き漏らさないようにしなくてはならない。そして，授業が終わると，クラスの皆が一室に集まり，終わったばかりの授業のふりかえりを行う。誰が言い出したかは覚えていないが，当時筆者は，研究科の助手のアルバイトをしており，研究室を一室あてがわれていたので，筆者の研究室にクラスメートが集まり，毎回の授業後に"ふりかえり会"を行うようになった。B教授が指示したわけではなく，私たちは必要に迫られ，即日に皆で必死の復習を行うようになったのである。

授業が終わり，B教授のいない所ではノートを取るのは自由だから，皆でその日の授業内容を復唱し合いながらノートに書いていく。面白いことに，皆同じ授業に出ているのに，さっき終わったばかりの授業で言われた内容について，各自の記憶が一致しないことがしばしばであった。皆覚えていることがバラバラなのである。しかし困ったことに，一体誰が正しいのか，テキストがないため確かめることができない。各自文献を漁り，次週の授業後のふりかえりの時に改めて確認をしなくてはならないのだった。

読者にも想像がつくであろうが，学生にとっては大変やりにくい授業だった。ノートを取ることができないというだけでも大変なのに，文献リストの量が尋常ではない。加えて，法律の条文や様々な判例，判決文も暗記しなくてはならない。日本語でもそうだが，英語でも，法律や判決の文章は難解この上ない。筆者は英語が母国語ではない外国人なのだから，ひたすら難解と思っていたが，アメリカ人の同級生たちも法律文には四苦八苦していた。なんだ，アメリカ人にも大変なのか，と，少し安心した。

当然ながら，この授業は，私たち学生の間では評判の悪い授業だった。意地の悪い先生 vs. かわいそうな学生たち，という図式で自分たちを見る。B教授は私たちの敵である。敵に対する私たち"同志"の団結は強固なものとなる。学期が終わり，この授業が終了した時には，大変な解放感を味わったのを覚えている。

今筆者は，あの時のB教授のように，学生に職業倫理を教える立場になっ

ている。B教授の「ロースクール」授業を受けてから今まで，様々な経験を得るにつれ，筆者にとって，職業倫理や法のもつ重要性はますます大きくなっている。そして，あの時B教授が私たちに言ったように，現実は，その場での待ったなしの反応を私たちに要求してくるのである。図書館に行って文献を調べたり，書棚から本を取り出してみたり，ノートをめくる余裕はない。裁判であろうと，心理療法の面接であろうと，クライエントの周囲の人に対するコンサルテーションであろうと，私たちの眼前で起こることに対して，その時その場で即座に対応しなくてはならないという現実は変わることがない。そして，何故そのように対応するのか，論拠を示すことができなければならないという事実もまた，裁判でも臨床の場でも同じことである。

2. 職業倫理は誤解されている

　「職業倫理」と聞いて，読者の皆さんはどのようなイメージをおもちだろうか。以下の考えに読者は賛同するであろうか，それとも反対の意見をおもちだろうか。

> 「倫理は不要，個々人の"常識的判断"や"直感"で十分だ。」
> 「日本の倫理と外国（たとえばアメリカ）の倫理は違う。外国の倫理は日本には適用できない。」
> 「倫理は抽象的なもの，抽象概念である。」
> 「わからない。私には関係がない。」
> 「アメリカのような外国では心理臨床家の数が多く，色々問題をかかえた人がいて，そういう人たちを規制する必要があるから倫理が必要だが，日本の臨床家は皆常識があるので，日本には倫理は必要ない。」
> 「倫理は面倒である。臨床活動を複雑かつ難しくするだけであり，厄介だ，邪魔だ。」
> 「ある行動に対して誰も文句を言わないのなら，それは倫理的な行動と言える。」
> 「心理臨床に関わる法律を制定すれば，倫理は特に定める必要がない。」

> 「倫理とは倫理綱領であり，したがって，倫理綱領を定めて，それを守れば問題はない。」
> 「心理臨床家全体にアンケートを行い，その多数意見で職業倫理が決まる。」

　上記は，職業倫理について，筆者がしばしば耳にする意見である。以前に比べると，こうした意見を聞くことは最近では減っているが，職業倫理に対する否定的な見解は，何かの刺激があると（たとえば，職能団体内で倫理綱領を新たに作成しようとする時など），表に現れ，手を変え品を変え，陰に陽に，職業倫理を専門家の間に浸透させようとする試みを打ち砕こうとする。職業倫理に関する上記のような考え方は，職業倫理の重要性や複雑さを認識していない「倫理の否定」(Pope & Vasquez, 1991) と言ってよい。

3. 倫理と職業倫理

　では，職業倫理とはいったい何だろうか。ここでは，いくつかの観点から，職業倫理とは何なのか，なぜ職業倫理が心理臨床家に必要なのか，考えてみたい。

(1) 辞書の定義から「職業倫理」を考える

　まずは辞書の定義を見てみたい。「職業倫理」という言葉は『広辞苑』(新村, 1998) には見当たらないので，まず，「倫理」について調べてみた。『広辞苑』では，「倫理」とは「実際道徳の規範となる原理」であり「道徳」とされている。また『日本国語大辞典［第 2 版］』(日本国語大辞典第二版編集委員会, 2000〜2002) によれば，倫理とは，「人倫の道。社会生活で人の守るべき道理。人が行動する際，規範となるもの」とある。「倫理」と「道徳」とは同義と考えてよいようだ。

　そこで今度は「道徳」を『広辞苑』で調べてみると，ある社会でその成員が社会に対して行う行為や，社会の成員同士の間で行われる「行為の善悪を判断

する基準として，一般に承認されている規範の総体」であり，「法律のような外面的強制力」をもつものではなく「個人の内面的な原理」と定義されている（新村，1998）。つまり，外面的な基準である法律と個人の内面的な規範である倫理は相反するものではなく，コインの両面のようなものであると言える。法律と倫理が同一の原則によって導かれる場合もあろう。たとえば，「人の物を無断で取ってはいけない」という倫理規範は，法律では窃盗罪として定義される。また，天涯孤独の存在として完全に一人でいる場合は倫理や法律のようなルールは必要ないが，社会のように他者が存在する中に生きている限りルールが必要になるということもわかる。したがって，ある職業集団の中で，その成員が社会に対して行う行為や，成員同士の間で行われる行為の善悪を判断する基準として承認された規範が，職業倫理と呼ばれるものとなる。

(2) 文献から「職業倫理」を考える

次に，職業倫理とは何なのか，臨床心理学領域の職業倫理に関する主要な欧米のテキスト（Keith-Spiegel & Koocher, 1995；Pope & Vasquez, 1991；Pryzwansky & Wendt, 1999）を吟味してみる。すると，これらの文献には，倫理学が哲学の一分野である，とか，倫理は人間の行動に関わるルール・規範である，あるいは，道徳規律である，といった説明や，職業倫理綱領についての説明は書かれているものの，奇妙なことに，職業倫理とは何なのかという根本的な事柄や，職業倫理についての定義は書かれていない。いずれの書物も，職業倫理とは何であるかを読者が既に理解しているということを当然の前提として書かれているようだ。

一方，コウリーらによれば，倫理は，「その職能が設定する努力目標，あるいは，最高の，または理想的な規準であり，その規準は，職能団体，全米の資格認定委員会，および，もろもろの職能を規制する政府委員会によって施行」される。そして職業倫理には，機能的に低次のレベルの命令倫理と高次のレベルの理想追求倫理とがあり，前者は「『しなければならないこと』と『してはならないこと』を認めながら最低限の規準に従ってしか行動しないレベル」であるのに対して，後者は，「専門家として目指すことのできる最高の行動規準であり，……（倫理）コードの背景にある精神とコードの根拠となっている原

則についての理解が含まれています」とされている（以上，コウリー・コウリー・キャラナン，2004, pp. 15-17）。コウリーらのこの説明は，職業倫理の定義というよりも，職業倫理綱領（コウリーらの言葉を用いると，「倫理コード」）についての説明と言えるのかもしれないが，職業倫理の基本的な事柄について，端的に表現したものと言える。

　次に，キッチュナー（Kitchener, 2000）によれば，倫理は，記述的倫理（descriptive ethics），規範的倫理（normative ethics），メタ倫理（metaethics），応用倫理（applied ethics）の4種に分けられる。記述的倫理は，人間の価値体系を定義し比較する，道徳的判断のプロセスを調べる，といった具合に，道徳の現状や実態を研究する。規範的倫理とは，どのような価値観をもつべきか，どのような道徳的理想が他よりも良いのか，それはなぜ他よりも良いのかといった，価値判断に関する分野である。メタ倫理とは，倫理的用語の意味や道徳的決定の論理について，何が正しく何が正しくないかを決めることにはどのような意味があるのかを探究する分野とされている。最後に，応用倫理とは，記述的倫理とメタ倫理から導き出された原則や洞察を用いて，特定の道徳的問題や問題となるケースを解決したり，専門家として実践する上で良い（あるいは悪い）人格をもつということは何を意味するかを定義する分野である（Kitchener, 2000, pp. 2-5）。キッチュナーは，続けて，現実の問題の解決にあたっては，原則を単に応用する，あるいは，道徳的原則が日常行動の判断基準となるといった単純なものではないことを主張する。道徳的原則をさらに深化させたり，より綿密なものにしたり，あるいは，現実の問題に含まれている倫理的問題が，逆に，規範的倫理に影響を与えることもあるとして，これら4種の倫理は相互に影響し合うことを述べている。キッチュナーは明言していないものの，彼女の主張によれば，応用倫理を職業倫理と同格と理解してよいと思われる。

　日本の臨床心理学において，職業倫理についての文献は少ないが，その一つ，村本（1998）の著作によれば，倫理は，実践される倫理と，倫理についての学問としての倫理学との2つに分けられる。前者は，心理臨床家として実践するときの倫理であり，専門職倫理（professional ethics）の一つである。後者は，哲学の一分野としての倫理学がどのように心理臨床と関わるかを述べることである。「専門職倫理と倫理学は密接に関連しており，専門職倫理は専門家が実践

を行うときの指針となっているものだが，それは，専門職の違いをこえてある一般的な倫理学上の観念に基づき，それらによって記述され，議論することが可能である」(村本，1998, p. 64)。ちなみに，日本ではふつう，"professional ethics" の訳語として「職業倫理」という用語が用いられるが，村本が用いている「専門職倫理」の方が "professional ethics" という用語のニュアンスとしては適切と思われる。しかし日本では，既に「職業倫理」という言葉が広く一般に用いられており，読者にもなじみのある言葉と思われるので，本書では「職業倫理」という言葉を使用することとする。

(3) 以上をふまえ，「職業倫理」を定義する

「職業倫理」という言葉の定義について，(1) と (2) で説明したことをまとめてみると，次のように要点を示すことができる。

〔1〕**辞書の定義**（日本国語大辞典第二版編集委員会，2000～2002；新村，1998）**によれば，倫理とは，ある社会においてその成員が社会に対して行う行為や，成員同士の間で行われる行為の善悪を判断する基準として，一般に承認されている行動規範の総体である。したがって，ある職業集団において，その成員間の行為や，その成員が社会に対して行う行為の善悪を判断する基準としてその職業集団内で承認された規範が，職業倫理と呼ばれるものとなる。倫理は法律のような外面的強制力をもたないが，法律と倫理は相反するものではなく，法律と倫理が同一の原則によって導かれる場合もある。**

人間は誰でも，成長する過程で様々な道徳規範を身につける。しかし職業倫理とは，個々人のもつ規範意識や個々人の道徳としての倫理を指しているのではない。ある特定の職業集団が自分たちで定め，その職業集団のメンバー間の行為，あるいは，その職業集団のメンバーが社会に対して行う行為について規定し，律する行動規範である。職業倫理とは，したがって，何らかの職業集団を前提としており，その職業集団がその構成員であるメンバーの行為を互いに規定することになる。職業集団のメンバーが社会に対して行う行為ということを考えると，職業集団の社会的責任ということを考えなくてはならない。一人

一人の心理臨床家が，また，心理臨床家という集団が，社会の一員としてどのような社会的ルールの中で行動しなくてはならないのか，どのような社会的役割や責任を果たすことが求められているのか，それについても職業倫理は規定することになる。

この点について，カナダ心理学会（CPA）の倫理綱領（Canadian Psychological Association, 2000）では，その前文の最初（「序論」）に，次のように明確に記している。

「分野の構成員となるための要件，訓練，知識の発展，基準，方法，および実践について，比較的自律的な統制を行っているすべての学問分野は，その分野が活動している社会との契約の枠組み内においてのみ，そのような自律的統制を行う。この社会的契約は，相互の尊敬と信頼の態度に基づいている。契約の相手である社会は，その分野の構成員たちが社会においてその分野の仕事・業務を必ず倫理的に行うということについて，分野ができうる限り最大限の保証を行うという誓約，とりわけ，分野の構成員一人一人が，分野やその成員の繁栄よりも，社会全体の幸福と，その社会の一人一人の個人の幸福に確実に重きをおくようにするよう努めるという分野からの誓約と引き替えに，社会は分野の自律に対して支持を与える。この社会的契約ゆえに，サイコロジスト（注1-1）は，社会の人々に対して，社会のすべての人々が互いに対して負っている一般的な注意義務よりも，より高い注意義務を負っている。」

このCPAの文章は，的確な表現であるだけではなく，職業倫理の核心となることを述べている。心理臨床家も一般の市民も，人としては平等であっても，心理臨床家には，より高い水準が求められ，より重い責任が課せられる。その背景には，CPA（2000）の表現を借りれば，専門分野が自分たちの知識やスキルや実践のしかた，教育カリキュラムなどについて，自律的に決めて行うことを社会から許されているという「社会的契約」がある。そして，この「社会的契約」が結ばれるにあたっては，「私たちの分野の構成員たちは職業倫理を必ず守り，自分たちの繁栄よりも，社会全体の幸福と社会の一人一人の個人の幸福を大切にする」旨を分野が社会に対して誓約し，その誓約と引き替えに，社

会が分野に対して許可を与えているのである。

医の倫理についてジョンソンも,「伝統的に職業には自らの基準を設けそれを維持する責務と, 自分たちの仲間がその基準に違反すればこれを懲罰する責務を持つことが重要だとされてきた。それゆえ, 一つの職業としてできる限り一貫したまとまった見解を持つことが必要である……」(Johnson, 1992, p. 11) と述べている。心理臨床家が人の秘密を知り, 当の本人が通常は意識していないような内的葛藤を探り, 第三者としてのフィードバックをクライエントに与えるという, ある意味では無謀で失礼な営みを行うことができるのは, それが人の益になるのだから行っても宜しい, ただし, 心理臨床家は皆, 人を傷つけたり人の秘密を喧伝したりすることがないと必ず約束するのであれば——。心理臨床家は意識していないかもしれないが, 心理臨床家全体が社会に対して示す約束のもとに, 社会がこのように心理臨床家の行いを認めることによって, 初めて個々の心理臨床家はクライエントと向き合うことができるのである。そして, この誓約を, 心理臨床家という職能集団の全員に行き渡らせなくてはならない。このように, 職能集団の自律機能としての職業倫理は, 欠かすことのできない根本的な重要性をもっていると言える。仮にこのような誓約が守られなかったとしたら, 社会的契約は成立せず, 社会は心理臨床という分野に対して, 許可を与えなくなってしまうのである。

次に, 法律と倫理は必ずしも相反するものではなく, 同一の原理に基づいている場合もあるが, 倫理の成立と法律の成立について考えてみると, 倫理の方が歴史的には古くから成立していたと考えられる。法律は, 組織された議会あるいはその社会の権力者によって制定されるのが普通である。あるいは, イギリスのように, 成文法以外の不文法（裁判の判例を中心とするルールの体系）が重要な役割を演じている国もあるが, しかしここでも, 不文法が生まれるためには裁判が行われなければならない。つまり, 法律の成立は, 何らかの社会制度を必要とする。しかし, こうした社会制度がなかったとしても,「人の物を取ってはいけない」「人を傷つけたり殺してはいけない」といったルールは, 人間が社会を構成して生きていく中で存在していたであろう。そうでなければ, 社会的存在である人間が歴史を刻んでくることはできなかったであろう。むしろ, きちんとした社会制度が成立する以前から, 人々の間で実践されてきたル

ールが，制度的お墨付きを得たのが「法律」と考えてよいのではないか。

確かに，法律は社会制度を前提としており，職業倫理とは違って，刑罰や裁判所による命令などの強制力を有してはいるが，このような倫理と法律の成り立ちを考えると，法律と職業倫理とが基本的な点で大きく異なるという事態は想定しにくい。また，別の角度から考えると，職業倫理を確かなものにすることは，心理臨床にかかわる法律をより良いものにしていくことにつながると言うこともできよう。

〔2〕職業倫理は，その職能団体が設定する努力目標，あるいは最高の規準であり，その規準は，その職能にかかわる人々の団体・委員会や，場合によっては政府機関によって施行される。職業倫理には，命令倫理（「しなければならないこと」，「してはならないこと」という最低限の規準に従って行動するレベル）と理想追求倫理（職業倫理原則についての理解の上に立ち，専門家として目指す最高の行動規準を目指すレベル）の2つのレベルがある（コウリー・コウリー・キャラナン，2004）。

多くの人々が職業倫理について抱くイメージの中には，「○○してはいけない」「△△すべきである」といった，禁止や命令が多く，そのような命令的イメージに対して反発を感じる人もいるであろう。しかし，ここで指摘されている職業倫理の二層性から考えると，職業倫理には，こうした命令的なレベル（コウリーらによれば，これは最低限の規準ということになる）だけではなく，それとは対極に位置する，理想追求という側面についても理解しなくてはならない。この後者を十分に理解した上で，前者の命令倫理を実践することが職業倫理に含まれていることになる。

しかし，筆者の職業倫理教育についての実践経験からは，ほとんどの人にとって，コウリーら（コウリー・コウリー・キャラナン，2004）が言う「最低限の規準」を理解し消化することさえ容易ではないのが普通である。読者も本書の第2章以降を読まれると，この「命令倫理」がいかに複雑で厄介なものであるかが理解いただけよう。

ところで，ここで言う「命令倫理」はイメージしやすいかもしれないが，も

う一方の「理想追求倫理」とはどのようなことを指しているのだろうか。心理臨床にかかわる主要な団体の倫理綱領を見ると、この点について、次のように共通した考え方が示されていることがわかる。

　アメリカ心理学会（American Psychological Association, APA）の倫理綱領（APA, 2002）は、「序論および適用性」、「前文」、「一般原則」（原則A～原則E），および「倫理基準」（「第1条：倫理的問題の解決」～「第10条：セラピー」）から成る。この倫理綱領の中で、10条から成る具体的な条文である「倫理基準」が分量的には最も多いのだが，それらの倫理基準は「前文」と「一般原則」に基づき、それらをより具体化したものと言える。

　「序論および適用性」に、「……『前文』と『一般原則』は，心理学の最高の理想に向かってサイコロジストを導く，強い願望的な目標である。『前文』と『一般原則』は，それ自体は実効力のある規則ではないが，サイコロジストは，倫理的な行動のしかたについて決定する上でそれらを十分に検討する必要がある。『倫理基準』はサイコロジストとしての行いに対して適用される実効力のある規則を述べている。……」とあるように、APAの倫理綱領では、「最高の理想に向かってサイコロジストを導く，強い願望的な目標」と，具体的で「実効力のある規則」との両者が含まれていることが明確に記されている。

　では，「前文」と「一般原則」にはどのようなことが書かれているのだろうか。まず「前文」には次のように書かれている。

　「サイコロジストは，行動や，人々の自己理解ならびに他者理解について，科学的で専門的な知識を高め，そのような知識を，個々人や組織や社会の現状を改善するために用いることを誓う。サイコロジストは，市民権ならびに人権を守り尊重する。さらにサイコロジストは，研究，教育，出版における探求と表現の自由がもつ中核的な重要性を守り尊重する。……この倫理綱領が目標とするのは，サイコロジストの業務の対象となる人々や集団の幸福と保護であるのみならず，APA会員，学生，および一般の人々に対して，この分野の倫理的基準について教育することを目的としている。……」

　ここには，サイコロジストが，知識の探究を行うだけではなく，人々の幸福と福祉のためにその知識を用いることがまず述べられている。そして，人々の基本的な権利を守り尊重し，業務の対象となる人たちを保護することが宣言さ

れている。APA会員のみならず一般の人々に対しての啓発も倫理綱領のねらいであることが明示されているのは興味深い。APAにとって倫理綱領は，社会に対する宣言としての役目も果たしていると考えられる。

続く「一般原則」では，「一般原則」が「心理学という専門職の至高の倫理的理想に向かってサイコロジストを鼓舞し導くことをねらいとしている」と再度述べられている。ここには次の5原則が挙げられているが，バイオエシックスの領域で有名なビーチャムら（ビーチャム＆チルドレス，1997）が論じている原則と共通するものが多いことは興味深い。

原則A：善行，および，害を及ぼすことの禁止
原則B：忠誠と責任
原則C：誠実性
原則D：公正さ
原則E：人々の権利と尊厳の尊重

財団法人日本臨床心理士資格認定協会（以下，「認定協会」と略）が定める臨床心理士の倫理綱領（財団法人日本臨床心理士資格認定協会，1990）も，「臨床心理士は基本的人権を尊重し，専門家としての知識と技能を人々の福祉の増進のために用いるように努めるものである。そのため臨床心理士はつねに自らの専門的な臨床業務が人々の生活に重大な影響を与えるものであるという社会的責任を自覚しておく必要がある。……」という文章から始まる前文を持ち，その前文に続いて，第1条（「臨床心理士は自らの専門的業務の及ぼす結果に責任をもつこと。……」）から第9条（「臨床心理士は倫理綱領を十分に理解し，違反することがないように相互の間でつねに注意しなければならない」），そして施行日に関する附則から成っている。第1条以下は，専門的技能の使用や秘密保持などの各論について述べているのであるが，前文では，臨床心理士のもつ知識や技能は，人々の福祉の増進のために用いるのであって，そのおおもとには，基本的人権の尊重が据えられていることが強調されている。

日本心理臨床学会の倫理綱領も，同様に，「日本心理臨床学会会員は，その臨床活動及び研究によって得られた知識と技能を人々の心の健康増進のために用いるよう努めるものである。そのため会員は，常に自らの専門的な臨床業務

及びその研究が人々の生活に重大な影響を与えるものであるという社会的責任を自覚し，以下の綱領を遵守する義務を負うものである」という前文がまず初めに位置する。そして，「責任」，「技能」，「査定技法」などの章が続く（日本心理臨床学会，1999）。ここでも，認定協会の倫理綱領と同様，専門的な知識・技能は人々の心の健康増進のために用いること，そのため会員は，常に自らの社会的責任を自覚することが求められている。

　日本の臨床心理学領域では最も新しい綱領である日本臨床心理士会の倫理綱領（日本臨床心理士会，2005）では，前文に「……会員が提供する専門的臨床心理業務の質を保ち，業務の対象となる人々の基本的人権を守り，自己決定権を尊重し，その福祉の増進を目的として倫理綱領を策定する。……」と記されており，続く第1条で，「基本的倫理（責任）」として，「1　会員は，基本的人権を尊重し，人種，宗教，性別，思想及び信条等で人を差別したり，嫌がらせを行ったり，自らの価値観を強制しない。／2　会員は，業務遂行に当たって，対象者のプライバシーを尊重し，その自己決定を重んじる。……」など8項の，文字通り基本となる事柄が述べられている。そして第2条（「秘密保持に関する規定」）以下が，より具体的な規定となっている。ここでも，人々の基本的人権を守り，自己決定権を尊重し，人々の福祉の増進を目指していることが明記されている。

　以上の団体の倫理綱領を見ると，どのようなことがわかるだろうか。まず，私たちがふつう「職業倫理」として想像する，秘密を漏らしてはならない，専門的スキルの悪用をしてはならない，といった事柄（「命令倫理」）の裏には，人々の基本的人権を守り，プライバシーや自己決定権を尊重し，自分たちの知識やスキルは社会の人々の幸福や福祉の向上のために用いること，社会的責任を自覚すること，といった，より高次の要請がおかれていることがわかる。「命令倫理」は，こうした，より高次の要請を具体化したものと考えてもよいだろう。また別の観点からは，「命令倫理」のみに注意を奪われてしまうと，より高次の要請を見失ってしまうという危険，いわば，木を見て森を見ない危険があるとも言える。

　ここで言う「理想追求倫理」──倫理綱領の文章としては，基本的人権を守り，プライバシーや自己決定権を尊重し，自分たちの知識やスキルは社会の

人々の幸福や福祉の向上のために用いること，社会的責任を自覚すること。つまりは，クライエントを含め，個人を尊重し，社会の人々を守り，人々の幸福のために働くこと。これこそが心理臨床家の職業倫理の根本であり，心理臨床家がこぞって目標とし，その具体化に邁進するゴールである。本書でもその多くの部分が，具体的で，行動レベルで説明することが比較的容易な「命令倫理」について論じることに向けられている。が，これらの具体的な「命令倫理」のみに目を奪われて，その裏にある「理想追求倫理」を忘れてしまってはならない。

このように見てくると，職業倫理の「理想追求倫理」としての側面は，専門家の集団として心理臨床家が目指す目標を定め，それに向かって邁進し，現在よりも高いレベルに専門家の行動を高めていくことを社会に向かって宣言するものということもできる。分野全体として社会に向けて発する重要なメッセージである。

〔3〕道徳的原則を用いて，特定の問題やケースを解決したり，専門家として実践する上で良い（あるいは悪い）人格を持つということは何を意味するかを定義する分野として「応用倫理」が挙げられ（Kitchener, 2000），職業倫理は応用倫理と考えられる。しかし，現実の問題解決にあたっては，単に原則を応用すればよいというものではなく，道徳的原則が現実の行動の判断基準となるといった単純なものでもない。

つまり，現実の職業倫理的問題は複雑であり，職業倫理について勉強すれば単純な方程式や「解答」「解決方法」がわかる（あるいは，教えてもらえる），といった具合にはいかないのである。上記の〔2〕で指摘したように，たとえ「最低限の規準」であっても，それを理解し実践することは，想像以上に複雑で困難である。

心理臨床家であれば誰でもご存じとは思うが，そもそも，心理臨床の場は簡単で単純な営みではない。常に複雑かつ流動的で，いつ何が起こるか予測が不可能である。しかも，常に即時の判断が求められる。たとえば，クライエントの母親と名乗る人が電話をしてきて，クライエントについて尋ねてきたり，面

接中に記録を取っているカウンセラーに対してクライエントがそれを見たいと言うなど，いつ何が起こるが予想がつかない。このような複雑で予測できない状況の中では，道徳的原則（「原則」は必然的に抽象的なものである）を知っていたり，倫理綱領の文章を読んで覚えているだけでは，とても「応用倫理」を行うことはできない。瞬時に的確な判断を行い，それに基づいて行動するためには，単に原則や「してよい／してはいけない」式の「規則」を覚えれば済むというわけではないのである。

　そうすると，職業倫理を学ぶということは，このように複雑な「応用倫理」を実践することができるような学習を行うということになる。本書の第8章と第9章で改めて論じることだが，職業倫理を学習することは，倫理的意思決定のプロセスという，臨床場面での具体的な問題解決の方法を学習することである。この学習は，いわゆる臨床的な知識やスキルの学習と同様，心理臨床家の教育訓練の根幹を成す。特に，大学院などの初期教育における職業倫理教育の重要性は，幾重にも強調しておきたい。

〔4〕**専門職倫理とは，心理臨床家として実践を行う際の指針となる倫理であり，実践される倫理である。これは，倫理についての学問である倫理学とは対極におかれる。また，専門職倫理には，専門職の違いをこえた共通性が見られる**（村本，1998）。

　実践される倫理であるということからは，職業倫理とは現実的で具体的で実際的なものであると言える。職業倫理は実践されなければならないし，実践のための指針となるようなものでなければならない。たとえば，秘密を守らなければならないというのはわかるが，それなら，上記に述べたように，クライエントの母親と名乗る人が電話をしてきて，「うちの息子の太郎がそちらに相談に行っていると思うのですが」と言った時にどのような対応をすればよいのだろうか。上記〔3〕にあるように，単純な「正解」はないとしても，少なくとも，職業倫理は，現実状況への対応について，分野全体に適用されるなにがしかのガイドライン，あるいは，少なくとも対応についてのヒントを与えてくれるものでなくてはならないし，心理臨床家は実践の中で職業倫理を表さなくて

はならない。また，職業倫理について学ぶ上では，単純な「解答」を得ることはできないとしても，具体的に考え実際的な行動について判断することができるような学習を行うことが必要と言える。

(4) 職業倫理についての誤解に答える

上記の(1)から(3)をもとに考えると，先に示した「誤解」(5～6ページ参照)のいくつかについて，次のように答えることができよう。

・「倫理は抽象的なもの，抽象概念である」
──いや，実際的で具体的で，実践のヒントを与えてくれるものである。

・「倫理は不要，個々人の"常識的判断"や"直感"で十分だ。」
・「倫理とは倫理綱領であり，したがって，倫理綱領を定めて，それを守れば問題はない。」
──職業倫理を理解し実践することは，想像以上に複雑で困難。しっかりした学習，それも，単に机上の学習や倫理綱領の暗記ではなく，実際に役立つような学習が必要である。

・「心理臨床家全体にアンケートを行い，その多数意見で職業倫理が決まる。」
・「ある行動に対して誰も文句を言わないのなら，それは倫理的な行動と言える。」
・「日本の倫理と外国（たとえばアメリカ）の倫理は違う。外国の倫理は日本には適用できない。」
──職業倫理は，ある特定の職業集団が自分たちで定める行動規範であり，一人一人の心理臨床家が，また，心理臨床家という集団が，社会の一員としてどのような社会的ルールの中で行動しなくてはならないのか，どのような社会的役割や責任を果たすことが求められているのか，定めるものである。このような規範を，心理臨床家に対してアンケート調査を行い，多数意見によって決めることが社会的に見て妥当だろうか。当然ながら，い

わゆる道徳的原則や，社会規範を前提としなくてはならないし，そうした道徳的原則には，文化や社会を超えた，人間としての共通点が見られるのは自然であろう。そもそも，人間の行動について，何が正しいか正しくないかを，人々にアンケートを行って判断したり，世論調査によって善悪正邪が決められるようなことはありえないことである。倫理とは人間社会において普遍的なものである（加藤，1986）。同様に，たとえば心理臨床家を対象にアンケート調査を行い，その最も多い回答，あるいは平均値を倫理規定にするわけではない。もしそうであれば，サンプルによって，回収率によって，時と場所によって，さらには調査の文面や方法によって，職業倫理が違ってしまうことになる。これでは具合が悪いし非現実的である。

　また，村本（1998）が指摘するように，職業倫理には，専門職の違いを超えた共通性が見られる。アメリカの心理臨床家と日本の心理臨床家が行うことやもっている知識について，大幅な違いがあることは不自然であろうし，むしろ，分野としての共通点があって当然である。さらには，本書の中でしばしば登場することになるが，たとえば「秘密を守る」ということについて，心理臨床家と同様に人の秘密を扱わなくてはならない職種である医師や弁護士がどのように規定しているのか，学ぶことは，心理臨床家がどのように人の秘密を扱えばよいのかについて，多くを教えてくれることも確かである。

・「わからない。私には関係がない。」
──→ここまで読んできた読者は，もはや「私には関係ない」とは思っていないと筆者は期待する。

しかし，まだ次のような疑問が残っているかもしれない。
① **「倫理は面倒である。臨床活動を複雑で難しくするだけであり，厄介な邪魔ものだ。」**
　確かに職業倫理は複雑で厄介である。しかし，厄介であるから必要ない，と考えてよいのだろうか。上記の〔1〕で触れたように，職業倫理は，ある分野が専門職として成立するための要件の一つに挙げられている。この点について

は，次の4節で詳しく論じたい。

② 「アメリカのような外国では心理臨床家の数が多く，色々問題をかかえた人たちを規制するために倫理が必要だが，日本の臨床家は皆常識があるので，日本には倫理は必要ない。」

この疑問にはふたつの問題がある。一つは，日本では職業倫理的問題が発生していないという誤解，もう一つは，何か事件や問題が起きているのであれば職業倫理は必要だが，何の問題も事件も裁判沙汰も現実に起きていないのなら職業倫理は不要だ，という考え方である。後者については，上記の①と関連する誤解であり，次の4節で詳しく論じたい。前者については，職業倫理の重要性を日本で主張しているのが筆者だけではないことを知っていただくために，本章の5節で論じたい。

③ 「心理臨床にかかわる法律を制定すれば，倫理は特に定める必要がない。」

ここまで読んできた読者には，心理臨床にかかわる法律（たとえば資格法）と職業倫理との区別について，理解していただけたと考える。しかしこの誤解については，本章の6節の中で，資格法と職業倫理のどちらが先に必要とされるのか，より詳しく述べたい。

4. 職業倫理と「専門家」

先に，職業倫理は，「専門家」や「専門職」というものと密接に結びついていることを述べた。それでは，どのような人を「専門家」と呼ぶのだろうか。「専門性」とは何を指すのであろうか。

こんなことはわざわざ問いかけるまでもないかもしれない。臨床心理学を学ぶ学生たちのほとんどは，「心理検査や心理療法を的確に行うことのできる人」あるいは「臨床心理の資格（たとえば臨床心理士）を有している人」を臨床心理学の「専門家」として，至極当たり前のように想定しているように見える。そもそも，「専門家」や「専門性」について論じる必要など感じない読者も多いかもしれない。

しかし，もし仮に次のような状況が起こったとしたら，読者はX氏・Yさんを「専門家」とみなすだろうか。

①X氏は大学院で臨床心理学を専攻し，P病院の精神科で心理検査と心理療法をこれまで10年間行ってきた。しかしX氏は，この5年間にわたって，同じ職場の女性職員たちに対して侮蔑的な言動や執拗な嫌がらせを行っており，女性職員たちから上司に苦情が出されている。

②臨床心理士の資格を有するYさんは，福祉機関で20年間にわたって勤務している。Yさんは，自分の職場で行われている相談について，外部の第三者から電話で問い合わせがあると，来談者本人には無断で，すぐに相談内容の詳細について回答している。

あくまでも架空の状況としての話だが，職場内でいわゆるセクハラを続けているX氏と，秘密事項である相談内容を電話でいとも簡単に答えてしまっているYさん。実務経験や資格を有してはいるものの，このような人たちを「専門家」と呼んでよいのだろうか。読者の同僚にこのような人たちがいたとしたなら，それでも読者はこのような人たち，そして，これらの人たちを含む自分の職業集団を，「専門家」と自信をもって呼ぶことができるだろうか。

(1)「専門」の語源をたどる

まず，「専門家」や「専門性」とは何を指すのか，吟味してみたい。『広辞苑』(新村，1998)によれば，「専門」とは，「特定の分野をもっぱら研究・担当すること，またその学科・事項など」，「専門家」とは「ある学問分野や事柄などを専門に研究・担当し，それに精通している人」であり，「ある特定の分野だけに深く関わりがある様子」を「専門的」と呼ぶとされている。

また，『日本国語大辞典［第2版］』(日本国語大辞典第二版編集委員会，2000～2002)でも，「専門」は「学問・職業などで，その人がもっぱら研究したり，従事したりしている部門，分野」であり，この意味での「専門」は，平安時代の『経国集』(827年)に，そして，「もっぱら」とは，「他のことをさしおいて，それに集中するさま」あるいは「他の事態や行為をさしおいて，ひたすら，その事態であるさま，ひたすらその行為を行うさまを表わす語」と定義され，鎌倉時代の『撰集抄』(1250年頃)に，それぞれ見られるようである。そして「専門家」とは，「その学問分野や事柄を専門に研究・担当し，それらに精通している人」であり，「専門職」とは，「専門的な知識，技術をもって企

業業務に従事する職種」とされている。

「もっぱら」の漢字である「專」（旧字体）の由来は興味深い。『廣漢和辞典』（諸橋・鎌田・米山，1981）によれば，この漢字は，もともとは糸巻きの象形文字である上部分と，手の象形文字である下部（寸）が合体したものであり，糸を糸巻きに巻き付ける意味であった。そこから転じて，一つの心棒に巻き付け集中させるところから，「もっぱら」の意味を表すようになったとされている。この字の「もっぱら」の意味としては，「まじりけのないこと。その物事だけにひたすらであること」という意味もあるが，それと並んで「ほしいまま。かってきまま。わがまま」および「ひとり。ひとりで。自分だけで」という語義も挙げられている。『大漢和辞典［修訂版］』（諸橋，1984）では，「專」の「もっぱら」の義として，「ほしいまま」「ひとり」「わたくし」「ひとりじめにする」「おもいあがる」「まじらぬ」「こる。まとまる。一つになる」の7つが挙げられており，あまり肯定的でない意味も含まれているようである。そして，「專門」とは，「或る一種の経書を限って研究すること」および「專ら一学科または一事項のみを修めまたは営むこと」と定義され，前者の語義では，既に『漢書』（西暦82年頃）に記録が見られるとのことである。

こうした辞書の定義を見ると，一つの分野や事柄に，他のことをさしおいてひたすら従事し，そのことについてひたすら集中して研究して精通していれば，それは「專門」的であり「專門」性があると言えることになる。この定義によれば，心理検査や心理療法を高等教育機関で学習し，それらについて高度のスキルをもって実施することができる人は，「專門家」と呼んでよいように思われる。

しかし，「專門家」や「專門職」を意味する英語の profession の語源を見てみると，日本語の「專門家」や「專」とはいささか異なる語義であることがわかる。profession は，「公の宣言」また「公言した職業」を意味するラテン語の *professiōnem* に由来するが，この語は「公に宣言する」を意味するラテン語の *profitērī* に遡る。その後，古フランス語を経由して中世英語に加えられた英語としての profession は，「修道会に入る者によって立てられる誓い，宣言；したがって，修道会に入ること；宣誓して修道会に入ったこと」がその語義であり，13世紀前半に初めてこの語が用いられた記録が見られる。そして，「何

らかの学問あるいは科学の分野における公言された知識が，他者の問題に応用される場合に用いられる，あるいは，その分野に基づく技能を実践する際に用いられる，そのような職業」という意味での profession は，1541 年に初めて用いられた記録が見られ，もともとは，特に神学，法学，医学の 3 分野に対して使われていたことがわかる（注 1-2）。

(2)「専門」vs. "プロフェッション"

英語の profession の語源と，日本語の「専門」の語義および「専」の語源とを比較すると，社会性という点で対照的である。日本語の「専門」には，肯定的にも否定的にも，「一人で一つのことにひたすらに」という意味が見られ，社会から離れて自分自身の関心事に注意を集中していくという非社会的ニュアンスも含まれているのに対し，英語の profession は，社会に対する公言であり，修道会から認められるか否かという社会的認知が含まれるのみならず，自分のもつ知識や技術を他者のために実践するという，いわば他者奉仕の精神が見られる。また，英語の profession には厳しさもある。「専門家」になるのであれば，一つの分野や事柄についての知識・技能に優れているだけではなく，誓いを立てて宗門に入るほどの責任と自戒，そして周囲からの許認が必要なのである。

この語義の違いは，「専門家」をどう定義するかを考える上で，無視できない違いのように思われる。臨床心理学における職業倫理を考える際に，上述の日本語の「専門」の語義が適切なのだろうか。英語の profession と日本語の「専門」とは，社会性という観点からは正反対にも思えるが，どちらをとるべきであろうか。

社会学的・組織論的観点からは，ある職業が「専門職」とみなされるためには，その職業が体系的な知識・技能を有し，しばしば資格のような特権を与えられること，教育訓練に長期間を要すること，仕事へのコミットメントが強く，私利私欲ではなく公共利益への奉仕を旨とすること，そして，職業全体としての倫理規範をもちそれを遵守すると共に，その職業集団に属する人々の訓練や行動を集団内でコントロールする自律機能を持つことが必要と指摘されている（Goode, 1960; Hall, 1975; 田尾，1991）。また，日本の法的解釈においても，ある職

業が「専門職」と呼ばれるためには，その業務について何らかの一般的な原理が確立しており，その理論的知識に基づいた技術の習得に長期間の高度な訓練を要することや，免許資格制度が採用され，職能団体による自律と主体性が確保されており，公共の利益促進を目標としていることが要件とされている（河上，1995；下森，1993；弥永，1995）。

つまり，特定分野に精通しているだけでは「専門家」と呼ぶことはできないのである。職業倫理を職業集団内に周知徹底することは，ある職業が専門職として成立するための要件の一つである。「専門家」となるには，職業倫理の確立遵守など，一定の条件を満たした上で，周囲に認知されなくてはならないのである。上記に，英語の profession は，もともとは神学，法学，医学の3分野に対して使われていたという辞書の記述（注1-2）を引用したが，これらの職種は，それぞれ，上記に述べた様々な要件を満たした上で，歴史的にも人々の支持と尊敬を受けてきた職種，すなわち「専門職」と呼んでよいであろう。

ここまで論じてきた専門性という観点から考えると，日本の臨床心理学は，今日，「専門性」という言葉の定義を満足させる状態になっているだろうか。日本の臨床心理学が「専門職」として認知される上で，取り組まなくてはならない大きな課題の一つが，本書で取り上げる職業倫理の確立である。

5. 職業倫理の重要性についての指摘

職業倫理の重要性を指摘するのは筆者だけではない。日本の臨床心理学関連諸団体の責任者や職業倫理担当者も，これまで，職業倫理および職業倫理教育の重要性を指摘している。教育・研究の側面についても（鑪，1997），また心理臨床の実務場面についても（東山，1998），この10年間ほどの間，繰り返し職業倫理の確立・徹底を求める声が上がっている。

日本の臨床心理学関連団体が，職業倫理について全く無関心であるわけではない。認定協会は1990年に臨床心理士倫理綱領・臨床心理士倫理規定を定めている（財団法人日本臨床心理士資格認定協会，1990；財団法人日本臨床心理士資格認定協会，1992，pp. 139-142）。日本の心理学全体の中で，また，臨床心理学に関わる人たちの間で，最も会員数の多い日本心理臨床学会では，倫理問題に関す

る基礎的調査を 1995 年に行い（倫理委員会, 1999），1998 年には倫理規程・倫理綱領・倫理基準の 3 規則を決定，その 3 年後に，倫理綱領と倫理基準について解説を加えた手引きを会員に配布している（倫理委員会, 2001）。この手引きは，筆者が第 9 章（4 節）で必要性を強調する，具体的なケースについての解説集であるケースブックとは異なり，日本心理臨床学会の倫理綱領と倫理基準について，各条文の意図するところを説明したものである。

一方，臨床心理士の職能団体である日本臨床心理士会は，2004 年に倫理綱領・倫理規程を定め，翌年にそれぞれ一部改定したばかりである（日本臨床心理士会, 2005）。日本の臨床心理学領域では，職業倫理の歴史はまだまだ浅いと言える。

日本の心理臨床家を対象とした調査研究をみると，これらの人々の間で職業倫理についての理解が未だ十分ではないことが示唆されている。たとえば筆者らは，日米間の比較を行うために，アメリカで行われた調査（Sherry, Teschendorf, Anderson, & Guzman, 1991）と同一の調査項目を用いて日本で調査を行った（金沢, 1995b；金沢・沢崎・松橋・山賀, 1996）。その調査結果を見ると，日本のカウンセラーよりもアメリカのカウンセラーの方が倫理判断に関しては考えが明確であり，日本よりもカウンセラー同士の間でコンセンサスが得られていることがわかる。アメリカの回答者の大部分が行っている対応行動も数多く挙げることができ，分野全体としての統一性・一貫性が見られる。しかし，たとえば民族・文化についての問題など，設問によっては，倫理判断と実際の行動との間にギャップがある状況も散見され，アメリカではまだ職業倫理的判断が浸透していないテーマ・状況があるようだ。一方日本の特徴は，設問に対して「どちらともいえない」という回答が非常に多いこと，倫理判断と行動との乖離，そして，回答者の大部分に共通する判断・行動が少なく，個々人により判断がまちまちであることが挙げられた。職業集団全体としての職業倫理がまだ定着しておらず，個々人の判断にゆだねられているという現状が推察される。

日本心理臨床学会の第 5 期倫理委員会が行った調査（倫理委員会, 1999）を見ると，多重関係（特に性的関係），秘密保持，インフォームド・コンセント，料金や専門的能力の問題，興味・業績本位の研究，知識や技法を公開する上での不注意，他職種との関係，および，相手を傷つけてしまう行動，といった問

題が指摘されている。また別の調査（田中，1988）では，倫理的問題の実態として，訓練を受けていない人が心理業務を実施することや，クライエントの福祉にならない心理検査の実施，クライエントの同意無しの事例発表等が挙げられている。なぜ非専門家が専門的な仕事を行っているのか，その理由については，心理検査の場合は「特別の知識・訓練の必要性が認識されていない」，「実施が容易で訓練の不要なテストがある」，「非専門家がテスト業務に配属」等となっており，心理検査についての訓練の必要性が認識されていないことがわかる。一方，心理療法・カウンセリングについては，「職場の人事・方針・無理解」が過半数を占めており，職場の理解や人事方針が背景にあるようだ。こちらも，心理臨床行為は，きちんとした訓練の必要な専門的行為ではないと周囲に誤解されているふしがある。クライエントに役立たない心理検査を使用する理由についても，「所属機関の方針・指示」が最も多い。こうした点からも，心理臨床家一人一人の倫理判断のみならず，所属する機関・施設の方針や考え方も重要と言えよう。

　これらの調査結果を見ると，現在の日本の臨床心理学は，海外での職業倫理的問題の発生をもはや他人事として傍観することのできない状況におかれていること，また，日本での職業倫理的問題の内容は海外と同様であることがわかる。また，興味深い事柄として，現実の職業倫理的問題には，心理臨床家個人の問題のみならず，組織・機関の問題も関係していることが想像される。つまり，心理臨床家個人として，倫理意識の欠如や判断の過ちが見られるのみならず，心理臨床家を雇用する組織の側にも法律や職業倫理についての認識が不足している。その結果心理臨床家は，組織の都合で非倫理的行為を業務として行わざるをえなくなってしまうだけではなく，臨床家自身も，職業倫理的な問題を十分に吟味することなく，これまでの慣習を踏襲したり，事なかれ主義に陥ったり，問題を見て見ぬふりをしたり，あるいは，個々人のその時の都合や欲求を優先させたりしている面もあるのかもしれない。加えて，日本の心理臨床家の職業倫理判断に，分野としての一貫性が見られないという現状や，判断のしかたや基準が個々人まちまちであること，「どちらとも言えない」といった，現実の状況に対する判断の不明確さ・判断できずにいることから，問題が放置されているという背景が想像される。

これまで日本の臨床心理学領域では，心理療法や心理査定の理論・技法は意欲的に取り上げられるものの，職業倫理や法律に関心が向けられることはなかった。その日本で，職業倫理や法律について真摯に取り上げることは，現状の心理臨床家の実践や教育訓練の内容・方法について，大きな見直しを迫ることを意味する。つまり，私たちの行いを，対クライエントのみならず，対社会という観点からも吟味する必要がある，ということである。社会全体のルールの中で私たちが行っていることを見た場合，私たちが行っていることは適切なのか，妥当性があるのか，正当化されるのか，という視点が必要である。

6. 職業倫理綱領と心理職資格法 ―― どちらが先か

　アメリカと異なり，日本では，心理職の資格法がいまだ制定されていない（本書執筆時点）ことは，読者もご存知であろう。資格法が制定されれば心理職をめぐる数多くの問題が解決されると期待している読者もおられるかもしれない。しかし，まず決めなければならないのは職業倫理，法律はその後，なのである。

　心理職先進国のアメリカの例をみると，次節で論じるように，心理職資格法（州法）の制定よりも，心理学の統一的団体であるAPAの倫理綱領制定の方が先んじている。アメリカ各州における資格法の制定は1945年にコネチカット州から始まったが，全米最後となった1977年のミズーリ州の資格法制定までの間，アメリカ全土に広まるには実に30年以上を要している。しかし次節で紹介するように，APA倫理綱領はそれよりも早く作成されている。

　法律の制定は議会で審議され可決されなければならず，アメリカでは，心理職の資格法に強力に反対する人々（たとえば医師たち）が多かったために，法案提出やその後の審議に多くの交渉や時間を要したという事情もある (Combs, 1951; Psychology, Psychiatry, and Legislation in New York, 1954; Sanford, 1955)。が，その一方，専門家の間で決められないことは法律としては追認することが難しいという，専門家に関する法律というものの本質的な側面も忘れるわけにはいかない。法律家の間でも，専門家の行動の規制は，まず専門家同士で決めることが第一であり，それを法律が後追い的に追従すると言われている（町野，1995）。

まず自分たちで自分たちを律することが第一に求められるのである。

このことはすなわち，前述の専門職の要件の一つである，職能集団内の自律機能に関わることである。資格法制定の前提として行わなくてはならないのは，まず自分たちの間で職業倫理綱領を作成し，教育啓発を通じてその徹底を図ること，綱領違反に対しては厳正な処分を行うこと。こうした職能集団内の自浄作用を通して社会的な説明責任を果たし，成熟した職業であると周囲から認められることが基本であることを強調しておきたい。

7. 歴史をふりかえると何が見えてくるか

職業倫理はその分野が専門職とみなされるために不可欠の要件だが，これまで臨床心理学では，職業倫理はどのような経緯を辿って論じられてきたのだろうか。まずは，海外での臨床心理学の歴史を概観し，その後で臨床心理学における職業倫理の歴史にふれてみたい。次いで日本での同様の歴史をふりかえる。最後にまとめとして，歴史を辿って何を見いだすことができるか，述べてみたい。

(1) 臨床心理学の歴史をふりかえる
1) ウィトマーの時代
今日の臨床心理学の始まりは，アメリカのペンシルベニア大学のウィトマー (Lightner Witmer) という心理学者に遡る。1867年にフィラデルフィアで生まれたウィトマーは，ペンシルベニア大学を卒業して教師となる。大学での成績が優秀だったウィトマーは，仕事をしながらペンシルベニア大学で法学，政治学，心理学の授業を履修する。その中に，当時名を知られていた実験心理学者のキャッテル (James McKeen Cattell) がいた。キャッテルに誘われてウィトマーはペンシルベニア大学の大学院に入学するが，キャッテルの突然のコロンビア大学への転出のため，ウィトマーはドイツのライプツィッヒ大学に移る。そして，近代心理学の創始者であるヴント (Wilhelm Wundt) のもとで研究を進め，1892年 (学位の正式授与は翌年) に博士号を取得し，母校のペンシルベニア大学の教員となる (McReynolds, 1987)。

ペンシルベニア大学で仕事を行ううちに，ウィトマーの興味は次第に心理学の応用，現実的有用性の重視へと移っていく。彼自身のそうした変化を表すものとして，ペンシルベニア大学が行った学校教師のための特別授業が挙げられる（今日で言えば公開講座のようなものだったのかもしれない）。ウィトマーもこの特別授業を担当していたが，この授業を受講していた教師の一人，マーガレット・マグワイヤーという女性が，自分の受け持っている生徒の一人，知的には問題がないにもかかわらず読み書きのできない14歳の少年について，ウィトマーに援助を求める。1896年3月のことである。ウィトマーは，この少年を検査し，その後この少年の指導を行うことになる。この少年が，チャールズ・ギルマン（Charles Gilman）という仮名で呼ばれ，臨床心理学の歴史の中で初めてのケースと呼ばれる存在となる（Witmer, 1907）。また，時を同じくして，ウィトマーは，ペンシルベニア大学に世界で初めての臨床心理施設である心理クリニック（Psychological Clinic）を開設し，ギルマンがその最初のケースとなった（McReynolds, 1987, 1996）。そして1907年には，これも世界初の臨床心理学専門のジャーナル『心理クリニック』（The Psychological Clinic）を創刊し，その創刊号で，"clinical psychology" という言葉を初めて用いた（Witmer, 1907）。これが臨床心理学の始まりとされている。この論文の中でウィトマーは，"clinical" という用語を選んだ理由として，他の適切な言葉が見つからずに「医学から借りた」と表現しているのは興味深い。

　なお，このジャーナルは，幾多の変遷を経て，現在の臨床心理学の中心的なジャーナルである『ジャーナル・オブ・コンサルティング・アンド・クリニカル・サイコロジー』（Journal of Consulting and Clinical Psychology, アメリカ心理学会刊行）に引き継がれている。また彼は，臨床心理学の教育カリキュラムを作った最初の人物であること（McReynolds, 1987）も追記しておきたい。

　このクリニックでウィトマーが行っていたことは，今日の臨床心理学とは少なからず違っていたようである。彼のクライエントのほとんどは，今日の用語で言えば発達障害や学習障害をもった子どもたちであった。そうした子どもたちを相手に，ウィトマーは週何日も訓練をし，またそれらの子どもたちの環境への介入を行っていたようである（Witmer, 1907）。この仕事内容を見る限りでは，恐らく，「臨床心理学」ではなく「特別支援教育」という言葉が今日なら

用いられていたのではないだろうか。ウィトマーは臨床心理学の父としてだけではなく、学校心理学の祖とも言われているが（Fagan, 1996）、彼の仕事内容を考えると、当然のことと言えよう。

ウィトマーは、当時アメリカで紹介されていたフロイトの著作を学生たちに紹介し、フロイトの考えに対する意見は各自の自由であると伝えたようであるが、彼自身は、その師ヴントのように、フロイトに対しては強い関心を抱かなかったようである（Routh, 1996）。

ウィトマーに教えを受けた人々はその後アメリカ中に仕事を求めて行くが、第二次世界大戦終了までは、アメリカの心理学は実験心理学中心のアカデミックな領域であり、臨床心理学に携わる人々は非常に少なかった。それらの少数の人々は、ウィトマーのように「特別支援教育」に従事したり、20世紀当初に広がった児童相談所に勤務する人々、中には病院で働くサイコロジストもいたようであるが、仕事のほとんどは心理検査の施行だったようである（Capshew, 1992 ; Routh, 1996）。20世紀の初めは、アメリカでも臨床心理学は心理学の中で人数も関心も低い領域だった。

2）ウィトマー以後——第二次世界大戦と心理職の「専門職化」

ウィトマーの時代からしばらくの間は、アメリカで臨床心理学に携わる人々は「専門家」という定義には必ずしも合致していなかった。臨床心理学が専門職として発展したのは、かなりの時間の経過と、次に示すような臨床心理学外部からの「外圧」の結果である。

上で見たように第二次世界大戦までのアメリカの心理学は、実験心理学を中心としたアカデミックな領域であり、臨床家はアメリカ全土でも非常に少なかった（Capshew, 1992 ; Routh, 1996）。しかし第二次世界大戦はアメリカの心理学を大きく変えた。

1940年代から1950年代にかけてアメリカの心理学は、それまでの実験心理学一辺倒から、対人援助を中心とする「専門職」へと急速に変質を遂げていった（Hersch, 1969 ; Shakow, 1978）。第二次大戦終結に伴う数多くの帰還兵の社会再適応は当時のアメリカの大きな課題であった。この戦争の終結により、アメリカは1600万人という膨大な数の帰還兵を迎えることになり、それまでの戦争

による帰還兵400万人と合わせると，帰還兵の数は2000万人に上った（Miller, 1946）。その人数の多さもさることながら，これらの帰還兵の中には，今で言うPTSD（Posttraumatic Stress Disorder，外傷後ストレス障害）をはじめとする精神病理的な問題を抱えた人々がみられただけではなく，それ以外の帰還兵に対しても，就職や周囲の人たちとの関係再構築等，社会復帰への援助が急務とされた。

ところが，当時の精神衛生関連のヒューマンパワー，すなわち精神科医の人数は少なく，それだけのニーズに応えることは到底不可能だった（Albee & Dickey, 1957; Darley & Wolfle, 1946; Sanford, 1951）。そこでアメリカ政府は，心理学を学んだ人たちに，これら数多くの帰還兵の援助やケアにあたるよう求めてきたのである。この急激な社会的要請のため，臨床的な訓練が不十分であるにもかかわらず，心理学を学んだ人たちの多くが実践家として社会に巣立っていった（Hobbs, 1948; Subcommittee on Graduate Internship Training, 1945）。

精神衛生関連のヒューマンパワーの乏しさという事態を重く見たアメリカ合衆国政府および合衆国議会は，心理学を含む精神衛生関連領域の専門家の訓練と供給に対して，大幅な支援を行った。たとえば，国民のメンタルヘルス向上を目指した国民精神衛生法（National Mental Health Act）が1946年に成立し，それに基づいて現在の国立精神衛生研究所（National Institute of Mental Health）が1949年に開設された。1946年には合衆国政府退役軍人管理局（Veterans Administration）の退役軍人病院（Veterans Administration Hospitals）で心理職訓練課程が設置され，クリニカルサイコロジストの養成が開始されると共に，退役軍人病院で雇用される心理士は博士号取得者でなければならないとされた。これは，資格社会である病院の中で，医師のように患者のケアに直接携わるには「ドクター」であることが当然のこととして要求されたためである（Arnhoff, 1968）。

ここで，臨床心理学において歴史的に重要な2つの課題が提示されることになった。資格の制定と教育訓練の体系化である。資格については，サイコロジストにも医師のような資格を与え，不適格な「偽サイコロジスト」から国民を守るという国家・社会の必要性と，不適格なサイコロジストから真のサイコロジストを区別することによって真のサイコロジストを守らなければならないと

いう心理職側の必要性から，資格の必要性が議論されることとなった (Heiser, 1950)（注1-3）。

このように，心理学はアメリカ合衆国政府から重要な社会的役割を期待されることとなったのである。すなわち，今日アメリカが心理職に関して世界の先進国となっている背景には，第二次世界大戦後に国家が心理職の発展を強力に押し進めたこと，それも特に精神科医療に関連した領域を中心に行われたという背景がある。

しかし，このような合衆国政府の後押しにもかかわらず，アメリカ国内では，サイコロジストの資格を設けることがそもそも必要なのか，議論が沸騰した。先に見たようにアメリカで最初のサイコロジスト資格法は，1945年7月にコネチカット州で成立し，1977年7月にミズーリ州の資格法成立が最後となった。この間，全米各州では，サイコロジストの資格化について白熱した議論が展開された。最も強力に反対したのが，精神科医と，それを後押しする他の医師たちであった (Sanford, 1953, 1955)。これらの人々の団体であるアメリカ精神医学会とアメリカ医学会，およびアメリカ精神分析学会は，その豊富な資金源をもとに，各州の議員たちに対してサイコロジスト資格法に反対するよう強力なロビー活動を展開した。医師側が特に強く主張したのは，心理療法は医業であり，心理療法を行う際に必要な診断も医師の業務であること，非医師はしたがって医師に協力することはあっても独立して"医業"を行うことはできないという点だった (Huston, 1953; Martin, Noyes, & Hendrick, 1954)。

医師たちだけではない。実は心理学関係者の間でも，サイコロジスト資格法への反対は少なくはなかった。資格は国民を守るのではなく結局は専門家を守るにすぎず，国家と専門職が結託して無能な専門家を守るだけ (Gross, 1977, 1978)，資格法が導入されてから心理サービスの質が向上したという証拠はなく，むしろ無能な専門家を野放しにすることによって専門家を利するに過ぎない (Hogan, 1979)，資格は能力評定ではなく，資格を定めることによって他の優れたサービス提供者を排除する結果となり，サービスのコストは上昇し，サービスに対する国民のアクセスは不平等になる (Danish & Smyer, 1981)，等の反対論が心理学者の中からも聞かれた。

大学で働く心理学者たちの中からも反対意見が出された。これらの人々の中

には，資格法を定めることによって，自分たちの仕事の中身ややり方，教育内容などが標準化され統一化されていくことに対して，"学問の自由"が侵害されると反対した人々がいた（Ericksen, 1963）。心理学内部からもこうした反対論が聞かれたことは，心理学関係者の意思統一の困難さを示していると言えよう。

しかし，社会的に地位のある専門家たちが公に喧嘩を続けるのは，国民の目を考えると得策ではないこと，サイコロジストも精神科医も互いに相手を必要としていること，第二次世界大戦直後のアメリカで精神衛生関連サービスに対する国民の需要はきわめて高かったこと（Joint Report on Relations between Psychology and Psychiatry, 1960），国民の選択の自由を保証することはアメリカの伝統であり，精神科医だけの味方をすることは議員にとっては得策ではないこと等の背景から，サイコロジストの資格法はアメリカ全土で可決されていった（Hersch, 1969）。

ここで忘れてならないのは次のことであろう。潤沢な資金をもとにした医師側の強力なロビー活動に対抗したのは，アメリカ心理学会および各州の心理学関係団体だけではない。サイコロジスト一人一人による議員たちへの働きかけ（草の根運動），精神科医だけが「心の専門家」であると公的に認めることを許さなかった，他の精神衛生関連の諸専門家たち（聖職者，ソーシャルワーカー，ガイダンスカウンセラー，教師等），マスメディア，そして個人的にサイコロジストの味方となった一部の医師たちの協力があったのである（Combs, 1951; McCollom, 1951; Psychology, Psychiatry, and Legislation in New York, 1954; Trapp & Fields, 1959）。

(2) 職業倫理の歴史をふりかえる

臨床心理学は専門職としての歴史は浅く，職業倫理の歴史も浅い。専門家の職業倫理の代表と呼ぶことができるのは，専門職の職業倫理として最も歴史が古い医療の倫理であろう。そこで，まず医療の倫理について概略を述べ，次いで臨床心理学における職業倫理の歴史について説明を加えたい。

1) 医療の倫理

医療の倫理として古くから知られているものに，紀元前4世紀頃に書かれた

とされる有名な「ヒポクラテスの誓い（ヒポクラテスの宣詞）」（巻末資料参照）があるが，実は，それ以前に，古代ヘブライのユダヤ教原典であるタルムードや古代エジプトのパピルスに，守秘義務や，患者を傷つけたり見捨てたりしてはいけないことなどが記されていたと言われている（Johnson, 1992）。

しかし，ナチスドイツの「人体実験」の名の下に行われた大量殺戮により，医学が人体への残虐な行為をももたらすという現実が人々を打ちのめした。第二次世界大戦を経験した人類は，「ヒポクラテスの誓い」では不十分であることを知り，医学に関わる人々の行動を律するための新たな判断基準の必要性を痛感することになる。このような時代背景の下，ナチスの責任者たちを裁いたニュールンベルク国際軍事裁判をもとに「ニュールンベルクの倫理綱領」（注1-4）が1947年に作成され，翌1948年には世界人権宣言（第3回国連総会，注1-5）と「ジュネーヴ宣言」（第2回世界医師会総会，注1-6）が採択されている（星野，1991）。

第二次世界大戦後にこれらの宣言が採択されていったということは，世界中でおそらく最も尊敬され，私たちにとって最も身近な専門家である医療関係者たちの行動が，人々を深刻な危機に陥れるという事態を目の当たりにし，医療・医学専門家の行動を，ヒポクラテスの誓いよりも厳重に，細かくコントロールする必要があることを人々が認識した結果と言えるのではないか。次に述べるアメリカ心理学会（APA）の倫理綱領は，このような時代背景の中で生まれていることを念頭におく必要がある。

2）アメリカ心理学会の倫理綱領

臨床心理学のみならず，心理学全般において，本格的な職業倫理綱領が最初に制定された国はアメリカである。1938年に当時のAPAは倫理委員会を設置し，倫理規定を設けるべきかどうか検討するよう，この委員会に指示した（Sanford, 1952）。そして1947年，APAは倫理綱領をもつべきであると倫理委員会は勧告する（Doll, English, Ghiselli, Guthrie, & Allport, 1947）。翌年の1948年，APAは，7500名（当時）の会員全員に手紙を送り，各会員が仕事上感じている倫理的なジレンマや問題を列挙するよう依頼した（Hobbs, 1948）。それに対し1000通以上の返答があり，それらを基にして，最初の倫理綱領がAPAの代議

員会で 1952 年に決定され，1953 年に全会員に向けて発表されている（APA, 1953）。

　APA が倫理綱領を作成しようとした裏には，その当時の時代背景が関係していると思われる。既に説明したように，第二次世界大戦直後というのは，サイコロジストの法的な資格について全米で検討されていた時期である。サイコロジストに資格が必要であるか否かという議論とあわせて，職業倫理（そして，職業倫理を具現化する職業倫理綱領）がサイコロジストに必要なのかどうか，賛否の議論が沸騰した。

　職業倫理を必要とする主張の基本は，サイコロジスト一人一人が社会の信頼を受けて責任ある行動をとり，仲間が逸脱した行動を行わないよう専門家相互のコントロールを行うことによって，自分たちの社会的貢献を明確にすると共に，自分たちの専門性を公に認めてもらう必要があるという考え方であった（Bobbitt, 1952; Miller, 1952; Rich, 1952; Sutich, 1944）。一方，反対する論調の趣旨は，サイコロジストが専門職であるという考えは驕りであり，資格や職業倫理を定めても専門家の質を高めることはできず，大学院での選別を厳しくすることによって悪質な行為を予防できるというものであった（Gross, 1978; Hall, 1952; Pratt, 1952; Thorne, 1949）。この意見の対立が結局はどのような結果に至ったかについては，上記に説明したとおりである。

　さて，APA の最初の倫理綱領の作成過程は，APA の職業倫理を考える上で重要である。APA の職業倫理ならびに倫理綱領の伝統は実証主義であり，数ある職業倫理綱領の中で科学的に作成した唯一の倫理綱領であり，実際的な綱領であることを APA は誇りにしている（APA Committee on Ethical Standards, 1949; Hobbs, 1948）。とは言え，この 1953 年の最初の倫理綱領は非常に長いものであり，職業倫理というよりも，クライエントへの接し方などの細かな臨床場面での対応のしかた，さらには社交辞令に関するものまで含まれており，今日私たちが考える職業倫理綱領とはいささか異なったものであることも確かである。

　その後，APA の倫理綱領は幾度となく改訂を重ねており，本書執筆時点で最新の APA 倫理綱領は 2003 年の改訂版（APA, 2002）である。このように，臨床心理学，そして心理学全体において，職業倫理の確立というのは，医療の倫

理に比べると，まだ歴史が浅いと言える。

(3) **日本での臨床心理学および心理臨床家の職業倫理の歴史をふりかえる**

　日本でもアメリカと同様，臨床心理学の組織的な発展は第二次世界大戦以降である（下山，2000）。まず法的な資格に関する動きについて辿ってみると，永年にわたって心理職の国家資格の必要性が指摘されながらも，残念ながら本書執筆時点まで法的な制度化には至っていない。大塚（1992），下山（2000），ならびに東京臨床心理士会（1994）の記述によれば，歴史的には，次に示すように，日本応用心理学会等を中心に様々な取り組みが行われてきたが，これまで実を結ばなかったという経緯がある。まず，日本での資格関連の初めての試みは，1953年2月に日本応用心理学会が「指導教諭（カウンセラー）設置に関する建議案」を衆・参両院に提出し，両院で採択されたことである。次いで1960年に，日本教育心理学会が「心理技術者資格認定機関に関する規定案」を発表し，日本応用心理学会と共に日本精神神経学会等との協力を得て，その実現に向けての努力がなされた。1962年には，日本応用心理学会，日本教育心理学会，日本心理学会の3学会合同の「認定機関設立準備委員会」の創設が提案され，翌年には，日本心理学会等17関係学会の参加による第1回の設立準備会議が開催された。一方，1961年に発足した日本臨床心理学会は，この設立準備委員会での主要な役割を演じ，1969年には「心理技術者資格認定委員会」による（当時の）臨床心理士の審査業務が開始されることとなった。しかしこの当時の大学紛争や精神科医療に対する批判のもと，心理職資格化の試みも粉砕され，日本臨床心理学会は，精神科領域の患者を巻き込んだ体制批判的な社会活動を重視するものへと変質していった。

　1982年4月に，今日の日本心理臨床学会が創設され，改めて資格問題について検討が行われた。そしてこの問題の解決に向けて，1988年に「日本臨床心理士資格認定協会」が設立された。1990年にはこの認定協会が公益法人として文部省（現文部科学省）より許認可を得，「財団法人日本臨床心理士資格認定協会」となった。

　読者もご存じであろうが，本書執筆時点では「臨床心理士」は法的な国家資格ではなく，臨床心理学に関連する学会16団体からの基金の拠出によって組

織される認定協会が，一定の水準により臨床心理士の資格認定を行うというものである（現在では認定協会には19団体が参画している）（大塚, 2004）。

さて，日本では，職業倫理綱領の制定はアメリカよりもはるかに新しい。日本では，どの団体をもって心理士あるいは臨床心理学の統一した団体とみなすことができるのか，したがって，何をもって心理職全体あるいは臨床心理学領域の職業倫理綱領と考えればよいのか，難しいところである。しかし上記第5節で紹介したように，日本では，職業倫理綱領の明文化はごく最近の出来事と言ってよいことは確かである。

(4) 歴史をふりかえると何が見えるか——ふたたび職業倫理の必要性を考える

職業倫理を確立しそれを守ることは，単にクライエント等から訴えられるような問題を起こさないようにするために必要なのではなく，日本で臨床心理学が専門職として確立するために必要なのである。にもかかわらず，これまで日本の臨床心理学領域において，職業倫理の重要性が熱心に取り上げられることはなかった。

科学の歴史に詳しい研究者によれば，専門家は本来的に社会的な存在である。今日科学と呼んでいるような営みは，古来どの文化においても，人々の営みや生活の中に存在し埋もれていたものであるが，時代を経て，それらの営みのうち社会が必要とする行為を特定の人々に独占的に託することによって，専門家という人々を作り出してきた。専門家や専門職は，その分野側の要求によって成立するのではなく，むしろ，社会全体の要求によって成立し確立される。すなわち，社会の需要供給によって専門家は生まれ，存廃してきたのである（佐藤, 1999）。

このことは，上に述べたように，アメリカでの臨床心理学の「専門職化」の過程にも当てはまることである。サイコロジスト資格法制定時のアメリカの例を見てもわかるように，社会の転換期といった，何らかのネガティブな刺激によって社会に不安や不満が高まり，それを解決するためのサービスへの需要が高まり，既存の社会システムではその需要を満たすことができない時に，新しい専門職が登場し，それを資格という形で社会が公的に追認する。専門職の正式な誕生は，このようなプロセスを踏むと考えてよいのではないか。

現在の日本も，第二次大戦直後のアメリカと同様，「心」に対する人々の関心やニーズが高まっていることは否めない。子どもの学校でのいじめ，自然災害の被災者や犯罪被害者の心的外傷，職業構造の変化や景気停滞による転職・離職・退職の増加，年齢を問わずに見られる心身の不調，多くの人々の自殺など。このような時代に，心理士が必要とされ注目されるのは，アメリカの場合と類似している。社会が抱える問題を，専門的知識・技術を用いて解決しようとするのは専門家の責務である。

　アカデミックな分野は研究者の関心によって作られるが，専門職は社会が必要とするから生み出されるのであって，専門職側の都合で作られるわけではない。「専門家」とは，その語源からも，また，社会学的・法的な定義からも，単に特定領域についての知識や技術を有するだけではなく，公的な存在である。その社会がどのような職を欲するか，その要求に誰が応えて制度や職業を作るか。人間社会の発展はこうした必要と発明の連続というダイナミックスによって支えられてきている。現在私たちが当然のこととして利用している医師という職業も，古代や中世においては独立した職業ではなかった。宗教家や呪術師のような人々によって「医業」が為されていた時代があったのである。

　社会の変化は，新しい分野・新しい職業を生み出し，不要となった分野・職業を淘汰する。こうしたダイナミックな変化を柔軟に受け止めることができ，現在そして将来にどのような専門家が必要なのかを見きわめて建設的に社会システムを構築していくことのできる社会が，健康な社会といえるのだろう。

　そして，そのような社会の一員として，臨床心理学に関わる人間は，どのようにして社会からの負託に応えていくことができるのか。今日およびこれからの日本で心理学をどのように利用していけば人々の生活をより良いものにすることができるのか。そのためにはどのような「専門職」の形を作る必要があるのか。「専門職」を作るのは，臨床心理学に関わる人々の好き勝手でできることではない。本質的に社会的存在である心理臨床家は，どのようにすれば「専門職」と呼ばれるに値する存在になることができるのか。人々の基本的人権を守り，臨床心理学の知識とスキルを社会の人々の幸福のために用いるには，心理臨床家は何を知り何を行わなくてはならないのか。本書は，その重要な鍵を握りながらも，これまで日本の臨床心理学領域では顧みられることの乏しかっ

た重要なテーマ，職業倫理について論じたい。

なお，心理臨床家の業務には，臨床活動や研究，教育，地域支援など，様々な業務が含まれ，それらすべてに職業倫理が関わっている。しかし紙幅の都合上，本書では，主として臨床活動に焦点を当てて職業倫理について論じることとしたい。心理臨床家の教育や研究における職業倫理の要点，さらには，職業倫理に関する関連団体の役割などについては，筆者が別の機会に論じているので（金沢，2001b），そちらをご参照いただきたい。

注 1-1 本書では，海外の状況について述べる場合には，原則として「サイコロジスト」という用語を用いる。日本で言えば「臨床心理士」や「心理士」に相当する。

注 1-2 *The Oxford English Dictionary* (2nd ed.) (Simpson & Weiner, 1989b) および *The Barnhart Dictionary of Etymology* (Barnhart, 1988) による。

注 1-3 心理士の資格に関する詳細については，金沢（2001a）を参照されたい。

注 1-4 ニュールンベルクの倫理綱領　星野（1991, pp. 232-234），医療倫理 Q & A 刊行委員会（1998, pp. 244-245），ならびに，資料集 生命倫理と法編集委員会（2003, p. 24）を参照。

注 1-5 世界人権宣言　資料集 生命倫理と法編集委員会（2003, pp. 49-52）を参照。

注 1-6 ジュネーヴ宣言　資料集 生命倫理と法編集委員会（2003, pp. 25-26）ならびに，医療倫理 Q & A 刊行委員会（1998, pp. 246）を参照。

第2章　まずは具体的な状況から考えてみる

　職業倫理は具体的で実際的なものである，と言われても，職業倫理は抽象的な理屈であると信じていたり，難しい法律文書のような規則の連続だと思い込んでいる読者は多いかもしれない。そこで，読者の皆さんに，以下のような架空の状況を想像していただきたい。これらの状況は，職業倫理について筆者が授業や研修などを行う際に用いる，架空の状況であり，場所も登場人物も，すべては仮定のものである。

　まずそれぞれの架空状況をお読みいただきたい。各状況には，それぞれ設問が設けられている。それぞれの設問に対して，読者はどのように答えるであろうか。ご自分なりの解答をお考えいただきたい。この段階では，職業倫理についての説明を読む前の段階での読者の解答である。本書の次章以降をお読みいただいた後でこの章に戻り，再度，各状況についてお考えいただくことをお勧めする。その際，各設問の右側に書かれている職業倫理原則について，特に注意しながら，改めて設問への解答を考えていただくことにより，職業倫理の各原則を現実場面で用いる練習を行うことができると期待する。職業倫理の具体的内容について理解する前と後で，自分自身の考え方がどのように変化するのか，気づくことは大切なことと思う。

　また，設問以外にも，ページの右側の欄に，注意すべきポイントを示している箇所がある。それらの点についてもお考えいただき，次章以降を読む前と読んだ後でどのようにご自分の考えが変わるか，吟味していただければ幸いである。これらのポイントの中には，いわゆる臨床的な事柄についての質問も含まれている。心理臨床の実践や臨床家自身の感情なども，職業倫理的判断に影響を与えることを知っていただきたい。

　設問には，「あなたならどうするか」だけではなく，「なぜそのように考える

のか」という，結論や対応のしかたについての理由・根拠を尋ねる質問も用意されている。それぞれの状況でどうするかということは，むろん大事なことではあるが，それ以上に大切なのは，どのような思考プロセスを辿ってそのような結論に辿り着いたのか，何を規準や根拠にしてそう考えたのか，ということである。つまり，どのように対応するかという結論と同様に，いやむしろ，結論よりも，どのようにして答えを出すかという考え方のプロセス，考え方の筋道の方が実は重要なのである。したがって，設問に対する解答を考える際には，その状況にはどのような職業倫理的な問題が関係しているのか，それを職業倫理的問題であるとみなす根拠や理由は何なのかについて，まず考えていただきたい。つまり，「どうするか」を考える前に，「なぜそれを問題と考えるのか」を先に考えていただくことをお勧めしたい。そうすることによって，倫理的判断のプロセスを意識することになり，より的確に倫理的判断を行う助けとなる。

臨床家が関わる現実において，個々の状況は千差万別であり，全く同じ状況は二度と起こりえない。それゆえ，特定の状況についての「正解」を覚えたところで，あまり役に立つとは思えない。複雑多様で，常に特殊・独自の現実場面で，適切な判断を行うことができるだろうか。読者が問われるのは，その個々独自の状況での答の出し方であり，判断のしかたである。

・**状況 1**（架空の状況であり，登場人物等はいずれも仮名）

鈴木京子は現在，西條電器株式会社の健康管理センターに勤める臨床心理士である。学生時代，鈴木は，心理学に漠然とした興味を抱いて 4 年制大学の文学部心理学科に入学した。鈴木は入学当時は将来の進路について明確な目標を持っていなかったのであるが，2 年次に履修した臨床心理学概論の内容に興味を抱いた。大学院に進み，修了後は臨床心理士の資格を取得して，教育相談関連の職に就こうと考えた。大学院では，主として不登校や箱庭療法に関心をもち，大学附属の心理教育相談室において，不登校の小学生のケースを 2 件，青年期の対人

関係の問題に関するケースを1件，学習障害児の学校適応に関する相談を1件，それぞれ指導教員のスーパービジョンのもとに担当した。

大学院修了時には，鈴木の希望するような教育相談機関の常勤職の採用はなく，就職に苦労した。幸い，3月の修了直前になって，西條電器株式会社の健康管理センターが心理士を募集していることを知り，急遽応募して採用された。

就職後鈴木は，学会等が主催するワークショップに何度か参加している。それらのワークショップの内容は，具体的には，フォーカシング，行動療法，箱庭療法，風景画アセスメント法，家族療法である。これらはいずれも短期（1.5時間〜2泊3日）の研修会である。

> 鈴木の専門的能力については，どのように判断すればよいだろうか？ 鈴木はこの職場で一人で業務を行うに十分な専門的能力を有しているだろうか？

ある日，40代の男性（佐藤剛）が頭痛を訴えて鈴木のもとを訪れた。健康管理センターの内科医から紹介されて来たという。話を聞いてみると，職場でのストレスがかさみ，頭痛だけではなく，胸の苦しさ，食欲不振，血圧の上昇，心悸亢進も訴えている。内科医から勧められて近くの総合病院で検査を受けたが，特に身体的な原因は見当たらないと言われた，と佐藤。内科医からは，仕事や対人関係のストレスが関係しているようなので面接をして話を聞いて欲しい，必要なら後で医学的なことは面倒を見る，一応簡単な投薬はしておいた，との伝言であった。

佐藤は，結婚して13年，子どもは一人いるとのことだが，家族のことや夫婦の関係については，鈴木が話を向けてもあまり話したがらない。過去の親子関係について尋ねても，不快そうな表情を示して言葉少なくなるのであった。逆に，職場の様々な問題については，鈴木が尋ねる以上に綿々と，職場の忙しさや人間関係のあつれ

> クライエントとの間で面接を開始し，「契約」を結ぶにあたって，鈴木は，どのようなことについて話し合う必要があるのだろうか。

き，上司に対する不満，仕事への意欲低下等について語るのだった。鈴木は，そうした佐藤の様子から，職場での問題よりもむしろ，話を避けている家族関係の方に問題があるのではないかと考え，第1回目のセッションの終わり近くに，家族療法，少なくとも夫婦での来談を勧めた。

「いろいろお話をお聞きしてきましたが，まだ1回目なので，もう少し詳しくあなたのおかれている状況について，お聞きしたい気がします。お忙しいかとは思いますが，できれば次回には，ご家族の方々も，もし全員でいらっしゃるのが難しいようであれば，奥様だけでも結構ですから，ご一緒においでいただけないでしょうか。」

すると佐藤の顔色が変わり，詰問調に鈴木に質問を投げつけた。

「うちの妻や家族が来て私と一緒に先生の面接を受けるのですか？ その治療法はどんなタイプの患者に効くのですか？ 治療の期間とお金はどのぐらいかかりますか？ もしその治療がうまくいかないと感じたとしたら，どうしたらよいのでしょう？ そもそも，なぜ私の妻や家族がここに来なければならないのですか？ これは私個人の問題で，家族は関係ありません。家族には知られたくないのです。」

(1) あなたが鈴木だったらどうするでしょうか。
(2) それはなぜですか。

> クライエントが避けていると思われる話題については，いつ，どのようにして扱うことが望ましいのだろうか。

> 職業倫理の第6原則をもとにすると，どのように考えることができるだろうか。

当惑した鈴木は，自分の説明が不十分であったか，あるいは佐藤の人格的な問題かのどちらかではないかと思った。佐藤はエゴグラムとMMPIを机の引出しから取り出し，身体症状と心理的問題とのつながりを調べるために心理検査を受けた方がいいから受けるようにと話した。すると佐藤は，また質問した。

「どうしてそんなテストを受けなければならないのですか？　それは一体どんな内容のテストですか？」

あげくの果てには，鈴木自身についても質問するのであった。

「先生はどんな訓練を受けてこられたのですか？　経験は何年ぐらいですか？　資格はあるんですか？　ここで話したことは上司や人事部や家族にも伝わってしまうんですか？」

> (3) あなたが鈴木だったらどうするでしょうか。
> (4) それはなぜですか。

> このように立て続けに質問されると，あなたの中にはどのような感情が湧いてくるだろうか。

> 職業倫理の第5原則と第6原則をもとにすると，どのように考えることができるだろうか。

• **状況2**（架空の状況であり，登場人物等はいずれも仮名）
　個人開業をしているカウンセラー（山口）のオフィスに，ある日，夫婦カウンセリングを受けたいと言って，40代の夫婦（福島夫妻）が訪れた。話を聞くと，この2人は，結婚して15年になるが子どもはなく，共働きである2人は，今までは子どもがいなくとも特に問題を感じていなかったが，最近になって，これからの自分たち

の行く末がどうなるのか不安になってきたと言う。そのためか，夫婦の間の会話も少なくなり，それを不満に思った妻が，新聞で見た夫婦カウンセリングの話に共鳴して，カウンセリングを受けることを夫に提案したとのこと。夫は，夫婦の恥を他人にさらすのはいやだと言って最初は反対したが，妻の説得に折れて，山口のオフィスにやって来たと言う。

　山口は，第1回目の夫婦面接の予約を受け付けた時点で，そのカウンセリングオフィスでの料金について説明している。すなわち，初回面接時の金額，2回目以降の面接時の金額や，予約をキャンセルする場合には48時間以上前に電話すること（予約日時から48時間以内にキャンセルした場合や無断欠席の場合には，通常の面接時の料金を支払わなければならない），面接以外のサービス（所見書等の書類作成，電話相談等）の場合にもそれぞれ別料金が発生することを説明した。同内容は，福島夫妻の初回面接時にも再度説明が行われ，夫妻は2人とも同意書にサインして面接が開始された。山口は，通常，10回を面接回数の基本としており，福島夫妻に対しても，夫婦面接を10回行うこと，その時点で「ふりかえり」を行って，その後どのようにするのか（継続，終結など）について話し合うことを提案し，夫妻は同意した。

　福島夫妻の面接は順調に進み，夫婦間のコミュニケーションや互いに対する理解は少しずつ改善されていった。しかし，夫妻の6回目の夫婦面接が終わった3日後に，妻の福島涼子と名乗る人物から山口のオフィスに電話があった。電話口で山口は，その声の主が福島涼子であることはすぐにわかったが，念のため再度確認を行った後，用件を尋ねた。電話の主は次のように話した。

> 山口の説明には不十分な点がないだろうか。「契約」を行う上では何について説明する必要があるのだろうか。

> 電話での問い合わせについてはどのように対応すればよいだろうか。

「すみません，先生，突然お電話を差し上げて。実は，夫が会社でリストラに遭ってしまい，今月末には退職しなければならなくなってしまいました。先生にはお世話になっておりますし，10回のお約束の面接が，再来週の回を含めて，あと4回残っていることはわかっているのですけれど，そんな事情で，本当にお恥ずかしいのですが，面接の料金をお支払いする見通しがなくなってしまいました。申し訳ないのですが，これで面接を終わりにさせていただきたいのですが。夫も同じ意見です。これまでお世話になり，ありがとうございました。夫からも，くれぐれも先生に宜しくとのことでした。」

(1) あなたが山口だったらどのように対応するでしょうか。
(2) それはなぜですか。

職業倫理の第1原則，第5原則，および第6原則をもとにすると，どのように考えることができるだろうか。

- **状況3**（架空の状況であり，登場人物等はいずれも仮名）

中山二郎は，東郷精神科クリニックに勤務する臨床心理士である。去年の初めに，30代の会社員である宮崎亜美がこの精神科クリニックを訪れた。初診来談時の主訴は不安，焦燥感，頭痛，不眠といった症状だった。それらは主として担当医の投薬治療により3ヶ月ほどで改善したが，症状が改善に向かうにつれ，宮崎は対人関係の問題を訴えるようになった。中山は，主治医より，投薬は軽い抗不安薬と睡眠導入剤のみにとどめるので，宮崎の対人関係の問題を中心に心理療法を行ってほしい，

本人は自分の問題の原因を探りたいのでカウンセリングを受けたいと言っている、カウンセリングは自由診療になることを説明したがそれでもよいとの返事だった、と言われ、昨年4月に宮崎の面接を始めた。

宮崎は、面接時間の間、微笑みを浮かべながらじっと中山の顔を見つめることが多かった。宮崎は会社内の対人関係、特に上司との関係がうまくいっていないこと、自分は同僚に誤解されやすい損な性格である、などといったことを話すことが多かったが、次第に、中山を信頼し始めたのか、自分の両親との関係を語り始めた。

宮崎によれば、母親は情緒不安定で、うつ病との診断を受けて精神科に何度か入院しており、父親はそんな母親に不満なのか、しばしば家でお酒を飲んでは暴れ、亜美とその弟（4歳年下）に物を投げつけたりしたというのである。そんな家庭が嫌で、友人の家を泊まり歩いたり、家出も何度かしたが、高校の先生の配慮で何とか卒業させてもらったこと、親類が知人のつてを探して就職の世話をしてくれたが、そこでは同僚との人間関係がうまくいかず、その後も頻繁に職をかわっていること、自分は対人不信感が強いのか、人と親密な関係を作りたいと思うにもかかわらずなかなか作れないこと、そんな自分が中山に出会い、初めて人を信頼することができるような気がする、自分の気持ちを全部預けられそうな気がする、と目を潤ませながら語った。

面接を始めてから半年が経過していたので、中山は、宮崎が自己開示できるようになったことを肯定的に考えたが、「自分の気持ちを全部預けられそうな気がする」と言われて少し驚いた。その日の面接の最後に宮崎は、中山が結婚しているのかと尋ねた。それに対して中山は、クライエントに対して自分のプライベートなことには答

中山が宮崎と「契約」を結ぶ際には、どのような説明を行い、どのようにしてクライエントと合意に達することが求められるのだろうか。

あなたが中山だったとしたら、宮崎に対してどのような感情を抱くだろうか。

自分の発言に対してクライエントが不満そうな表情を示した場合、あなたならどのように感じるだろうか。クライエントが質問してきた場合、どの程度まで答える必要があるのだろうか。

えられないと伝えたところ，宮崎は非常に不満そうな表情を見せて席を立った。

　次週の予約に宮崎は現れなかった。中山は，宮崎の相談申し込み票に記入されている宮崎の自宅電話番号に2度電話をしたが，応答はない。そこで中山は，その電話番号の留守番録音に，

「宮崎さんのお宅でしょうか。東郷精神科クリニックの中山です。今日5時の面接予約においでにならなかったので電話しました。その後の様子はいかがでしょうか。お帰りになったらご連絡下さい。」

とメッセージを入れた。しかし宮崎からの連絡はなかった。

　今年の3月の終わり，中山が面接の合間に面接記録を書いていると，内線電話が鳴った。クリニックの受付の事務担当者から，中山宛の電話があるので電話口に出てほしい，誰かと尋ねたところ，「以前先生にお世話になった者です」としか言わず，名前は名乗らないとのこと。中山が電話を取ると，電話の主は宮崎亜美と名乗った。

「先生，ご無沙汰してしまい，申し訳ありません。以前先生にお世話になった宮崎亜美です。いつぞやはわざわざお電話をいただいたのに，何もお返事を差し上げず，失礼いたしました。あれからいろいろ自分でも考えました。自分の気持ちの出し方や人との接し方について，今までのような自分ではいけないと思うようになりました。今ではすっかり元気になり，会社でもうまくやっています。先生に私の元気な顔をお見せしたいので，明日の夕方，近くのイタリアンレストラン

クライエントが無断で来談しなかった場合には，どのように対応すればよいだろうか。

クライエントの電話番号に連絡する場合にはどのようなことに注意する必要があるだろうか。留守番電話に吹き込むことには，どのような問題があるだろうか。

受付としては，名前を名乗らない電話が臨床家宛にかかってきた場合，どのように対応すればよいだろうか。

第2章　まずは具体的な状況から考えてみる　49

でお会いしたいのですが。」

> (1) あなたが中山だったらどのように対応するでしょうか。
>
> (2) それはなぜですか。

職業倫理の第3原則をもとにすると，どのように考えることができるだろうか。

- **状況4**（架空の状況であり，登場人物等はいずれも仮名）

　北西大学は東日本地方の都市にある私立大学である。北西大学には大学付属の臨床心理学相談室があり，そこには，北西大学の学生を対象とする学生相談部門と，学外の人々を対象とする一般相談部門とがある。学生相談部門では非常勤のカウンセラーが日替わりで3名勤務しており，大学の心理学科専任教員も，必要に応じて両方の部門で相談を受け付けるシステムになっている。

　北西大学心理学科教授の柴田二郎は，青年期の自我同一性の確立スタイルの個人差と友人関係との関連性について長年研究を行っている。これまで柴田は，主として高校生を対象とした調査研究を行ってきたが，高校生のみならず大学生へも研究を広げることが必要と感じ始めていた。また，研究方法に関しても，健康な青年を対象とするだけではなく，自我同一性の確立について問題を抱えた青年と健康な青年との比較をすることによって，自分のこれまでの研究をさらに発展させることができると考えた。

　柴田は，学生相談部門の責任者であり，心理学科の助教授である山崎譲一に相談した。

　「そちらの相談室に来る学生たちの相談記録を見せて

この相談室の体制は，何か問題が生じる可能性を含んでいないだろうか。

ほしいんだ。自我同一性の問題を抱えた学生は学生相談室にたくさんやって来るだろう。そういう学生たちがどんなことを話しているのか、どんな風に問題が解決していくのか、そのプロセスを見せてもらうと、良い質的なデータが得られるんだ。学内の組織だから、協力してくれるはずだ。頼むよ。」

> (1) あなたが山崎助教授だったら、柴田の依頼に対してどのように対応しますか。
>
> (2) それはなぜですか。

> 柴田にとって、他にどのような研究方法が可能だろうか。柴田が行うことのできる研究方法はこの方法だけだろうか。

> 職業倫理の第3原則、第5原則、および第6原則をもとにすると、どのように考えることができるだろうか。

　山崎は、自分よりも20歳近く年長の教授である柴田の、いささかドスの利いた言葉に対して、イヤというのも失礼と思い、また、同じ心理学科の所属であることから、職場内での人間関係を崩すのも良くないと思った。

「あ、その……、私は直接学生の相談にタッチしていないので、カウンセラーの人たちに聞いてみます。」
「そうか。じゃ、来週までに聞いておいてくれよ。わかったな。」

> 同じ職場内で、年長であり自分よりも「力」の強い人から頼まれた場合、あなたならどのように感じるだろうか。また、あなたが山崎なら、この状況でどのように対応するだろうか。

　山崎は、守秘義務のことは気になったものの、著名な研究者である柴田ならそのぐらいのことはわかっているだろうと思い、「わかりました。聞いておきます」とだけ答えた。

　翌日から山崎は、日替わりでやって来る非常勤カウンセラーに尋ねた。

> 自分の周囲の人たちは皆、職業倫理に精通しているから改めて確認する必要はない、と考えてよいだろうか。

第2章　まずは具体的な状況から考えてみる　51

「心理学科の柴田先生が研究のデータを欲しいそうだ。相談記録を見たいと言っているが，協力してもらえないだろうか。」

質問を受けた非常勤カウンセラーたちは困ってしまった。3名のうち2名は北西大学大学院心理学研究科の修了生であり，柴田のことはよく知っていたのである。そのうち1名（小田日出美）は，かつて大学院生時代に，修士論文の指導を柴田から受けたのみならず，就職先の世話もしてもらっていた。

(3) あなたが小田だったら，山崎の依頼（質問）に対して，どのように対応しますか。
(4) それはなぜですか。

小田はふだんから，相談面接の記録を細かく書いていなかった。小田のやり方は次のようなものであった。面接中はクライエントに集中するのだから，面接中には記録用紙には記入しない。面接が終わると，記録用紙に，日付とその回の主要テーマを一言だけ記入した（たとえば，「サークルの同学年生2名との葛藤」）。それには小田なりの理由があった。それは，万が一相談記録が誰かに見られた場合，相談内容の秘密漏洩を最小限度にくい止めることができると考えていたからである。そこで小田は次のように答えた。

「柴田先生の要請には，私としては十分にお応えできないと思います。私の記録はあまり正確ではありませんから。他のカウンセラーの人たちはきちんとした記

ここでの山崎の言動について，あなたはどのように考えるだろうか。

人間関係のしがらみ，世話になった恩，上下関係（力関係）――あなたが小田のように板挟み状況になったとしたら，どのように感じるだろうか。

職業倫理の第3原則，第5原則，および第6原則をもとにすると，どのように考えることができるだろうか。

記録に関する小田の考え方と記録のしかたについて，あなたはどのように考えるだろうか。

相談内容の秘密漏洩を防ぐ方法としては，他にどのような方法があるだろうか。

録を書いているようですから，他のカウンセラーの方々に尋ねてみてはいかがでしょうか。多分，クライエントの名前と所属学部・学科がわからないようにすれば，皆了承してくれると思いますよ。」

(5) この小田の回答には何か問題がありますか。あるとしたら，どのような問題でしょうか。考えられる問題を指摘し，また，なぜそれらが問題であると思うのか，その理由も述べなさい。

職業倫理の第3原則，第5原則，および第6原則をもとにすると，どのように考えることができるだろうか。

• **状況5**（架空の状況であり，登場人物等はいずれも仮名）

A子さんは，B県内屈指の進学校に通う，高校2年生の女子生徒である。ある日，A子さんは，高校のスクールカウンセラー室を訪れた。

「こんにちは。今日はどのようなことでこちらにいらしたのですか。どんなことで困っているのか，お話ししていただけますか。」

A子さんが椅子に座ったところで，スクールカウンセラーの前島知子はこう話しかけた。A子さんは，何を言おうか迷っているのか，少しの間，下を向いていた。1分間ほどの沈黙が流れた後，A子さんは，やや震える声でポツポツと話し始めた。

「先生，私，人とうまく話ができないんです。人と目が合うと緊張してドキドキして，何を言ったらいいのかわからず頭の中が真っ白になってしまいます。顔も赤くなっているみたいで，頬が熱く感じます。そんな

顔を人に見られるのがイヤで，いつも下を向いています。人にどんな風に思われているのか，気になるけれど，周りの人たちが自分のことをどんな風に思っているのか，自分ではわかりません。でも，こんな自分はイヤなんです。友達も作りたいし，人ともうまく話せるようになりたいんです。」

前島は，頷きと相づちを交えながら，相手の目を見てじっくりとA子さんの話を聴き続けた。しかしA子さんは，話し終わると下を向いて黙り込んでしまう。そして，

「先生，どうしたらいいんでしょうか。」

と上目遣いに前島に尋ねた。前島は，

「どうしたら友達を作ることができるかわからず，困っているのですね。」

と，ゆっくりと言葉を返す。こうして30分経過したところで，前島は，

「もう30分経ちました。今日はこれで時間になりましたので，続きは来週お聴きしましょう。」

と告げた。

(1) この状況における前島の言動にはどのような問題がありますか。

A子の言動からは，A子について「見立て」をする上で，どのような点に注目する必要があると思われるだろうか。

初回の面接の基本としては，何を行わなくてはならないだろうか。

この時点であなたならどのように対応するだろうか。

職業倫理の第2原則，第6原則，および第7原則をもとにすると，どのように考えることができるだろうか。

(2) なぜそれ（ら）が問題であると思いますか。

このような形で，前島はこれまで5回面接を行い，A子さんの話を聴き続けている。しかし，A子さんの主訴については未だ改善が見られない。

(3) この状況において前島は，どのように対応することが適切でしょうか。
(4) それはなぜですか。

> 自分が行っている臨床行為の「効果」について，あなたならどのように考えるだろうか。「効果」や「進展」，「変化」についてのあなたの考えは，クライエントとの間で共有されているだろうか。クライエントとの間に共通理解を持つには，どうすればよいだろうか。
>
> 職業倫理の第1原則，第2原則，第6原則，および第7原則をもとにすると，どのように考えることができるだろうか。

• **状況6**（架空の状況であり，登場人物等はいずれも仮名）

藤田純治は某医科系大学の学生相談室で非常勤カウンセラーとして勤務している。ある日，髪を金色に染め，眉毛を剃り，耳にピアスをつけ，黒い皮のジャケットをはおり，穴だらけのジーンズをはいた男子学生・梶田がやって来た。腰のベルトには鍵が沢山ぶら下がっており，ジャラジャラと音が聞こえる。口ではクチャクチャと音をさせながらガムを噛んでいる。その大学の衛生学科の学生とのことである。

話を聞くと，梶田は，中学生の頃から現在まで，多くの異性および同性と性交渉をもってきたが，最近HIV感染者が増加しているとのテレビ報道を見て不安を感じ，保健所で匿名のHIV検査を受けた，と話す。そして，先週その結果を知らされ，自分がHIVに感染していることがわかり，ひどくショックを受けていること，HIV

> この時点で，あなたは梶田に対してどのような感情を抱くだろうか。
>
> 梶田の性行動，HIVおよびB型肝炎の感染，死ぬしかないという発言——あなたがこのような話を聞いたとしたなら，どのような気持ちを感じるだろうか。

第2章　まずは具体的な状況から考えてみる　55

だけではなくB型肝炎にも罹患していることがわかり，自分の命もあと少ししかない，もう死ぬしかないと思っている，大学なんかどうでもいい，学期末試験が近いが試験勉強をする気もしない，とぶっきらぼうな口調で語る。

梶田との初回面接の翌週に，その大学の衛生学科の教員である野口一郎から，学生相談室に内線電話がかかってきた。たまたまその電話をとったのは藤田だった。電話口で野口は，次のように尋ねた。

「自分のゼミの学生に梶田祥吾という学生がおります。ちょっと変わったところのある学生なんですが，その学生が，最近大学に姿も見せませんし，どうやら，病院での実習も休んでいるようです。気になって彼のメールアドレスにメールを送ってみたり，アパートに何度か電話をしてみたりしたのですが，返事がありません。彼の実家は遠方なので，ご両親に連絡しようかどうしようか，迷っています。そちらでは何か彼のことをご存知ありませんか。どうしたらいいでしょうかね。」

先述の男子学生は，今週の予約時（昨日）には学生相談室に来室していない。

---

(1) この問い合わせに対してあなたならどのように対応しますか。

(2) なぜそのようにするのが良いと思うのか，判断の理由を説明しなさい。

他のクライエントについて問い合わせがあった場合の対応およびその理由と，今回の問い合わせに対するあなたの対応とその理由との間には違いがあるだろうか。

職業倫理の第5原則，第6原則，および第7原則をもとにすると，どのように考えることができるだろうか。

・**状況7**（架空の状況であり，登場人物等はいずれも仮名）

　中村は，ある自治体の女性相談室にカウンセラーとして勤務している。石田純子は中村の担当しているクライエントの一人である。石田は3週間前に「頭痛がするのだが，ストレスではないか」と電話でカウンセリングを申し込み，中村が担当となった。初回面接の際に話を詳しく聞いてみると，1ヶ月ほど前に急にそのような症状が現れたこと，自分は夫の両親と同居しており，世に言う嫁・姑問題でいつも頭を悩ませていること，もともと血圧は高い方だから頭痛が起こることは今までもあったこと，自分は昔からあまり人付き合いのいい方ではないのだが，最近夫が単身赴任となり，夫の両親と子どもの世話で負担感が増す一方，夫に愚痴を言うのもままならず，ストレスがたまっていることを語るのであった。

　中村は，石田の問題は対人関係のストレスの問題であると考えられること，そのような問題の場合には過去の親子関係における未解決の問題が原因となっており，したがって，今後の面接では過去の親子関係について取り扱っていくこと，問題解決には1〜2年を要するものの，週1回の面接に通い続ければ，2年間で解決することを告げ，「解決を目指して頑張ってください」と微笑みながら石田を励ました。また，通常は週に1回の予約面接であり1回の時間は50分間であること，何かわからないことがあったら受付に電話することを説明し，料金についても伝えた。

---

(1) この状況における中村の対応のしかたにはどのような問題がありますか。

(2) なぜそれ（ら）が問題であると思いますか。

> クライエントが身体的な問題を訴えた場合，どのようなことに注意する必要があるだろうか。
>
> クライエント自身が自分なりの「見立て」を提示した場合，あなたならそれに対してどのように対応するだろうか。
>
> 中村は，なぜこのような援助方針を提示したのだろうか。あなたならどのような方針を立てるだろうか。
>
> 職業倫理の第1原則，第2原則，第6原則，および第7原則をもとにすると，どのように考えることができるだろうか。

第2章　まずは具体的な状況から考えてみる　57

• **状況 8**（架空の状況であり，登場人物等はいずれも仮名）

　川上麻理恵は，西日本地方に本社のある栄利車輌株式会社の社員相談室にカウンセラーとして勤務している。この社員相談室は人事部の管轄であり，室長は人事部厚生課の職員（課長補佐待遇）である。川上は非常勤雇用で週3日（月曜・水曜・金曜）この相談室に勤務している。この相談室にはもう一人のカウンセラー（下村大介）が週2日（火曜・木曜）勤務している。他に常勤の事務職員（人事部厚生課職員）が1名いる。室長は相談業務は行っていない。

　ある日，社員相談室に，入社2年目の小林圭吾（財務部経理課所属）が相談に訪れた。川上が面接したところ，小林は，自分の仕事や上司に対する不満を綿々と語った。自分は本当はこの会社に入りたくなかったが，かといって他に何か特別したいことがあったわけでもなく，就職活動をしたら受かってしまったので，とりあえず入社したこと，入社してからずっと会社に不満を抱いており，仕事がつまらなく，自分は何のために生きているのかわからないとしばしば考えてしまうこと，いっそのこと消えてなくなりたいと思うことも時々あること，自分の上司は仕事中心で要求が多く，適当に仕事を済ませてしまいたい自分とは肌が合わないと感じているなど，いくら時間があっても話し足りないほどであった。この初回面接の時に，川上は，入社してまだ2年目の小林であるから，しばらく傾聴を続けていれば小林の不満や落胆も和らぐだろうと考えた。そして，「入社してまだ日の浅い若い社員にはよくあることです。会社に不満をもつことは珍しいことではありません。しばらくこちらでじっくりお気持ちを話してみませんか。」と小林に伝えた。小林は少し躊躇したようだったが，「一応」と言って次回

室長や事務職員は，相談内容や来談者について，また相談業務について，どこまで知りえる立場にあり，どの程度の権限を有しているだろうか。また，実際のクライエントおよび潜在的来談者である社員たちは，室長や事務職員の相談業務への関わりをどの程度理解しているだろうか。

小林の言動について，あなたならどのように考えるだろうか。

川上の「見立て」および小林に告げた内容について，あなたはどのように考えるだろうか。

の予約を取った。

　面接が回を重ねるにつれ，小林の怒りは強くなった。現在は5回目を終わったところであるが，最近では，周囲の人々に対する不信感も口にするようになっている。また，会社の人たちが自分を陥れようとしている，と，おびえて疲れ切ったような表情で話すこともある。小林は面接予約時以外にも相談室に電話し，不満，怒り，おびえ，不信感などを強い調子でまくし立てるようになった。予約時にも遅れて来ることがあり，遅刻について川上が尋ねると，「そんなことはどうでもいいことです。なんでそんなことをいちいち詮索するんですか！」と強い調子で反論するのであった。

　川上は，小林に対して，辛抱強く聴き続けると共に，彼が口にする仕事への不満や上司に対する苛立たしさ，不信感，周囲に対する怖さを繰り返し言語化していた。そして，時間が来れば次回の予約をするというスタイルでこれまで5回面接を行ってきている。

　川上が出勤してきたある10月の朝，相談室長から，内密の話があると呼ばれた。会議室に行くと，室長は川上に次のように話した。

> 小林のこのような言動について，あなたならどのように対応するだろうか。小林に対する川上の対応についてはどのように考えるだろうか。

「常務からの依頼だ。社内で悪い噂がある。経理に不正操作の形跡が見られるようだ。財務部長と総務部長が内密で財務担当常務と相談し，調査を始めることになった。私もその調査委員会のメンバーに入ることになった。不正操作があったかどうか，あったのならその犯人は誰かを調べるのが調査委員会の仕事だ。まだ詳細はつかめていない。もし本当に不正経理操作が見つかり，その犯人がうちの社員と分かったら，社内での処分は当然行われるし，状況によっては警察の捜査

が入る可能性もある。君にも協力してもらいたいのだが，いいだろうね。私は直接社員の相談にタッチしていないし，相談員の君と下村君は非常勤なので，委員会には私が出るとしても，君と下村君の意見を聞いて委員会で発言するようにしたい。まずは財務部内の社員の様子を調べることが先決だ。委員会の1回目の会議は来週なので，それまでに，君と下村君の担当している財務部社員の面接記録を提出してほしい。面接記録の全部ではなく，内容の要点だけでもいいから。もちろん，その人たちの氏名と所属，社員番号も忘れずに書いておくように。」

川上は，カウンセラーには守秘義務があるが，上司からの指示であるし，犯罪行為があるなら放置しておくわけにはいかないからと室長に話し，調査に協力することを約束した。

川上が担当する財務部社員は小林を含めて2人だけであった。この2人分の面接記録要旨をワープロでまとめた川上は，その日の退社時間直前に記録を室長に提出して帰宅した。

(1) この状況における川上の対応の仕方にはどのような問題がありますか。
(2) なぜそれ（ら）が問題であると思いますか。

専任職員である上司，非常勤職員である部下（川上）――この関係の中での指示について，あなたならどのように考えるだろうか。言われているような犯罪行為が行われた可能性があるとしたなら，どうすればよいだろうか。

職業倫理の第5原則および第6原則をもとにすると，どのように考えることができるだろうか。

・**状況9**（架空の状況であり，登場人物等はいずれも仮名）
　臨床心理士である小森は，ある精神科クリニックに常勤の心理職として勤務している。ある日，クリニックの

医師から心理検査の依頼があり，面接を行った。クライエントは20歳代前半の男子大学生であり，今日が初診である。この大学生は母親に伴われてクリニックに来所した。そこで小森は，まず母親・息子2名一緒の面接の後でクライエント単独，そして母親単独という順に面接を行った。

　母親によれば，息子は，この1ヶ月ほど元気がなく，大学にも行かずに家でゴロゴロしていることが多くなり，食欲も落ちているようだ，夜も寝つかれず，そのせいか朝も起きてこない，何か悩みでもあるのかとも思うが，尋ねても「別に何もない」という返事しか返ってこない，親として心配だ，とのこと。一方，大学生の息子は，母親同席の面接の最中は，下を向いて押し黙ったままだったが，単独で面接を行うと，ポツリポツリと話し始めた。息子によれば，2ヶ月ほど前に，自分が思いを寄せていた女性に電子メールで告白したところ，メールで告白するような男性はだらしがないから嫌い，という返信が届き，そこで慌てて，直接会って告白すればよいのかと思い，同じ大学に通うその女性に，授業の休み時間に大学の廊下で話しかけたところ，そっぽを向かれてしまったこと，自分はいつも女性に気持ちを告げても相手にしてもらえない，自分には魅力がないのかとつくづくイヤになってしまう，どうやったら女性に好かれるようになるのか，どうしたらあの女の子に振り向いてもらえるようになるのか，男の友人たちにはいろいろ聞いてみるのだけれど，皆それぞれ交際相手がいて幸せな生活を送っており，こんなことで悩んでいる自分は誰も相手にしてくれない，自分はいつも女性に相手にされない，と嘆く。それ以来毎日，自分のどこがいけないのか，自分は女性に馬鹿にされているのではないか，世の中はモテる男と

この男子学生の話の内容と母親の話の内容との違いについて，あなたならどのように考えるだろうか。

そうでない男がいて不公平だ、と頭の中で悶々と反芻する日々が続いている、と語る。

医師からは、この大学生（クライエント）に対して、ロールシャッハテスト、TAT、MMPI、YG検査、バウムテスト、そして知能検査を行うよう指示されていた。しかし、小森は、このクライエントに果たしてこれらの心理検査がすべて必要かどうか、疑問を感じた。

> もし、医師の考えと自分の考えとが異なったとしたら、あなたはどのような感情を持つだろうか。

(1) この状況においてあなたが小森だったらどうするでしょうか。

(2) なぜそのようにするのが良いと思うのか、判断の理由を説明しなさい。

> 職業倫理の第2原則と第7原則をもとにすると、どのように考えることができるだろうか。

　上記の9件の架空状況について、読者はどのように考え、どのように感じただろうか。この章の冒頭で説明したように、「どのように対応するか」はもちろん重要ではあるが、それ以上に大切なのは、なぜそれを職業倫理的問題と思うのか、なぜそのように対応することが他の対応のしかたよりも良いと思うのか、その根拠であり理由である。ご自身の判断のしかたのプロセスをまずは意識していただきたい。

　冒頭でも述べたように、設問以外にも、ページ右側の欄には、所々考えるポイントを指摘した。その中には、読者がどのように感じるか、読者の感情に気づいてもらうよう求めている箇所もある。後で説明することであるが、実際の場面では、心理臨床家自身が感じる感情は、対応方法を考える上で大きな影響を及ぼしている。誰でも人間であれば感情を持っており、自分のおかれた状況や立場などによっても微妙に異なる感情を持つ。クライエントが示す言動は、当然ながら、心理臨床家の中に様々な感情を引き起こす。自分自身の感情に気づき、それがどのように自分の考えに影響を与えるのかについて、気づくよう努めることも大切なことである。自身の感情への気づきは、心理臨床家としての基本であることはいうまでもないが、それは、臨床面で大事であるのみなら

ず，職業倫理の上でも肝要な気づきである。

　さて，次章では，職業倫理についての判断を行う上でどのようなことを基準にすればよいのか，そのポイントを7つの原則にまとめて示してみたい。さらにその後には，職業倫理についての考え方のプロセスについて論じている章がある。次章以降をお読みいただいた後でこの第2章に戻り，再度，各状況についてお考えいただくことをお勧めする。また，次章以降をお読みいただく中で，自身の感情がどのように変化するのか，その感情の動きについても注意していただければ幸いである。

職業倫理の7原則・Part 1
―― 7原則の全体像

　前章では，架空のケースについて，読者に自分なりに考え，それぞれの設問に対して回答していただいた。各状況での対応のしかたと，自分がなぜそのように考えるのか，その理由や根拠を文章にすることは，必ずしも容易ではなかったかもしれない。何となく，直感で，こうではないか……。ベテランの臨床家も，学び始めの学生も，ふだん私たちは，臨床場面での自分の対応のしかたや，その判断のしかたについて，改めて吟味する機会というのは意外に少ないのではないだろうか。しかしこうした吟味は，職業倫理について学び考える上で欠かすことができない。

　具体的な状況について考え判断するためには，判断のしかた，考えるためのよりどころが必要となる。そこで本章では，判断の際に必要な基準を7つの原則に分けて説明しておきたい。これら7原則のいくつかについては，さらに詳しい説明が必要なものがある。それらについては別に章を設けて論じることとしたい。

1. 職業倫理的意思決定プロセス

　7原則について述べる前に，次の点についておさえておきたい。まず，何らかの状況が与えられた時，私たちは，意識的に考えるかどうかは別にして，その状況にどのように対応するかを考えて行動するのであるが，その際私たちは，倫理的意思決定プロセスという一連の段階を踏みながら考え行動している。このことは第8章で詳しく述べるが，ここでは，その意思決定プロセスの概略をまず示しておきたい（図3-1）。

図3-1 倫理的意思決定モデルのまとめ

(1) 準備段階	
①大学院での職業倫理教育,および,職業倫理についての生涯教育	・職業倫理綱領,関係する法律や法規,自分が所属する組織の規約などについて熟知する ・自分自身や自分の所属する機関のもつ価値観を吟味する ・潜在的な倫理的問題がどのような時に生じるかを明確にする ・倫理的な問題を分析する方法を身につける
②他職種,連携する相手の人々,広く社会全体に対して,臨床心理学領域の職業倫理について啓発を行う	

現実の状況の中で

(2) 現実状況における倫理的要素の探索	
実際の状況に遭遇した段階(現状の把握)	倫理的問題が存在しているのか存在していないのか,倫理的問題があるとすればどのような問題なのか,現実状況の中から見いだす

(3) 問題の明確化と対応方法の案出・決定	
実際の状況に遭遇した段階(現状の分析・整理)	①現実状況について情報を収集し,問題を明確にする 　・状況の具体的内容は何か 　・倫理的意思決定によって影響を受ける可能性のある人々は誰か 　・それらの人々はどのような影響を受けるのか 　・問題の深刻さはどの程度か,など ②主要な問題は何か,その問題を倫理的用語を用いて言い換えるとどのように表現され

(3) つづき　るのか，どのような結果が予想されるのか記述する

③ブレインストーミング
倫理綱領や法・規約，これまでの文献，関係者間の譲歩，妥協，コンセンサスなどを基にして，可能な解決策を挙げる

・職業倫理の7原則
・倫理綱領
・諸基準
・倫理原則
・CPAの原則ヒエラルキー（CPA, 2000）
・自分自身の偏見，価値観，信念，ストレス，私利私欲，外的なプレッシャーがどのように意思決定に影響を与えるかを考慮
・第三者や他の心理臨床家に相談

分野全体として，妥当な対応策に関するマニュアルやガイドラインなどを作成し広報する

④それぞれの選択肢・方策を実行した場合の結果を列挙する

⑤それぞれの選択肢を採用した場合のリスクと益を分析する

⑥どの方策をとるかを選択する

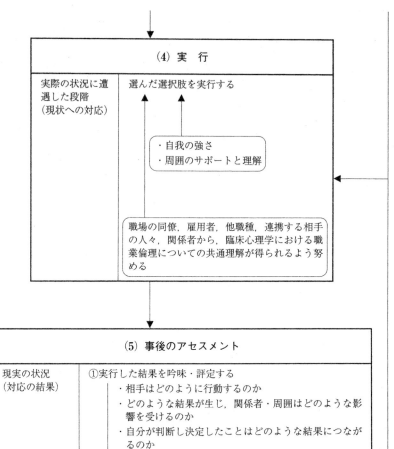

このプロセスに示されているように，現実の状況に直面した場合には，まず，その状況の中に，どのような職業倫理的（あるいは法的）な問題・要素が含まれているのか，気づくことが必要である。しかし，状況の中の倫理的な要素について気づくためには，職業倫理的問題とは何なのか，それらがどのような状況でどのような形で現れるのか，「問題」なのか「問題」ではないのかを区別するには何を基準として考えればよいのか，知っていなくてはならない。何も知らなくては，問題を指摘したり，問題に気づいたりすることができないのだから，現実状況に直面する前に，職業倫理についての知識をもっていなくてはならない。

それでは，状況の中の倫理的な要素について気づくためには，職業倫理について，特にどのようなポイントについて知っておかなくてはならないのだろうか。職業倫理的問題とは何なのか，何を基準として問題か否かを区別すればよいのかに関する判断基準として，筆者は，職業倫理諸原則の7分類（Pope, Tabachnick, & Keith-Spiegel, 1987; Redlich & Pope, 1980）を採用し，それら7つの原則について別の機会に詳しく論じている（金沢，1998：以下，本書中では，筆者の「前著」と略記させていただく）。そちらも併せて参照されることを是非お勧めしたい。以下には，これら7原則について，その概略を提示しておきたい。

2. 職業倫理の7原則

表3-1には，7原則の一覧が示されている。本章では，それぞれの原則の内容について，その要点の概略を説明しておきたい。なお，原則によっては，前著での説明に加筆をさせていただいたところや，筆者の前著に詳述されているため本章では簡単にふれるにとどめている事柄もあることをご了承願いたい。また，7原則のうち，「多重関係」と「秘密保持」については，心理臨床家が大いに迷うところであり，この2点については特に説明を加える必要があると思われる。加えて，筆者が職業倫理に関する研修を行ってきた経験からは，「専門的能力」と「インフォームド・コンセント」の2点は，受講者が意外に見落としがちな問題と思われた。したがって，以上4点については，それぞれ独立した章を設けて説明したい。

表3-1 職業倫理の7原則

第1原則：相手を傷つけない，傷つけるようなおそれのあることをしない
相手を見捨てない。同僚が非倫理的に行動した場合にその同僚の行動を改めさせる，など。

第2原則：十分な教育・訓練によって身につけた専門的な行動の範囲内で，相手の健康と福祉に寄与する
効果について研究の十分な裏付けのある技法を用いる。心理検査の施行方法を順守し，たとえば検査を家に持ち帰って記入させるなどといったマニュアルから逸脱した使用方法を用いない。自分の能力の範囲内で行動し，常に研鑽を怠らない。心理臨床家自身の心身の状態が不十分な時には心理臨床活動を控える。専門技術やその結果として生じたもの（たとえば心理検査の結果）が悪用・誤用されないようにする。自分の専門知識・技術を誇張したり虚偽の宣伝をしたりしない。専門的に認められた資格がない場合，必要とされている知識・技術・能力がない場合，その分野での基準に従わないケアや技術などの場合，などの際には心理臨床活動を行わず，他の専門家にリファーする等の処置をとる，など。

第3原則：相手を利己的に利用しない
多重関係を避ける。クライエントと物を売買しない。物々交換や身体的接触を避ける。勧誘をしない，など。

第4原則：一人一人を人間として尊重する
冷たくあしらわない。心理臨床家自身の感情をある程度相手に伝える。相手を欺かない，など。

第5原則：秘密を守る
限定つき秘密保持であり，秘密保持には限界がある。本人の承諾なしに専門家がクライエントの秘密を漏らす場合は，明確で差し迫った危険があり相手が特定されている場合，クライエントによる意思表示がある場合，虐待が疑われる場合，そのクライエントのケアなどに直接関わっている専門家等の間で話し合う場合（たとえばクリニック内のケース・カンファレンス），などである。もっとも，いずれの場合も，できるだけクライエントの承諾が得られるように，心理臨床家はまず努力しなければならない。また，記録を机の上に置いたままにしない，待合室などで他の人にクライエントの名前などが聞かれることのないようにする，といった現実的な配慮も忘れないようにする必要がある。なお，他人に知らせることをクライエント本人が許可した場合は，守秘義務違反にはならない。

第6原則：インフォームド・コンセントを得，相手の自己決定権を尊重する
十分に説明したうえで本人が合意することのみを行う。相手が拒否することは行わない（強制しない）。記録を本人が見ることができるようにする，など。

第7原則：すべての人々を公平に扱い，社会的な正義と公正と平等の精神を具現する
差別や嫌がらせを行わない。経済的理由などの理由でサービスを拒否しない。一人一人に合ったアセスメントや介入などを行う。社会的な問題への介入も行う，など。

Pope, Tabachnick, & Keith-Spiegel (1987) および Redlich & Pope (1980) を基に作成。金沢 (1998) を一部改変。

● 第1原則──相手を傷つけない，傷つけるような恐れのあることをしない

　ここで言う「傷つく」という言葉について，定義することは厄介である。なぜなら，有能な心理臨床家が，クライエントに対して，適切なタイミングで，しかも十分に考えられた表現によって，クライエント自身の行いについて直面化を促した結果，クライエントが不快感を感じることは十分にありうる。責任ある心理臨床家が，クライエントに対して，心理検査の結果をフィードバックすることにより，予想もしなかった結果を知らされたクライエントがショックを受けることも実際に起こる。「傷つく」ことは常に悪であるわけではなく，また，常に避けることができるというわけでもない（Fisher, 2003）。

　ここで言う「傷つき」とは，上記のようなやむをえない，あるいは，心理臨床家による正当な行いに対する正常な反応である「傷つき」とは異なるものである。

　この第1原則は最も基本的な原則である。表3-1の第1原則以外の原則が十分に守られない場合は，クライエントあるいはその周囲の人たちが傷つけられる可能性が生じる。したがって，この原則は，他の諸原則の最終的な判断基準としてもおさえておく必要のある原則である。

　意図的に相手を傷つけるような行いをする心理臨床家は稀であろう。ここでの問題は，知らず知らずのうちに相手を傷つけてしまう行い，あるいは，心理臨床家側の意図とは別に，相手を傷つけてしまうような恐れのある状況である。どのような場合が考えられるのだろうか。

1）相手を見捨てない

　ひとつは「相手を見捨てる」場合である。知らず知らずのうちにクライエントを見捨てる結果になりうる場合とはどのような場合だろうか。現実問題としては，恐らく，リファー（他の専門家への紹介）を行う場合と，心理臨床家が何らかの理由で突然に休んでしまう場合が多いであろう。

　リファーを行う場合には，なぜリファーをするのかについて，クライエントに十分に説明し，リファーをしなければならない理由や，リファーをした後にどうなるのかなどについて，クライエントから十分な理解と合意を得て行うと

共に，原則として複数の機関を提示することが必要である。これは後述の第6原則（インフォームド・コンセントの原則）とも関係する。

　リファーの時期についても考慮しなくてはならない。たとえば，初回面接の段階でリファーする場合と，10回面接してからのリファーとでは様子がだいぶ違ってくる。初回面接の時点，あるいは，その次の回の面接の時に，リファーについて聞かされる場合には，クライエントが「見捨てられた」と感じる度合いが少ないであろうから，面接回数が多い場合に比べてリファーもしやすいであろう。しばらく会ってから，たとえば，10回面接に通ってから，「ここではできない」と言われてもクライエントは困る。また，初回面接の段階から，あるいは予約を取る段階から，「ここの相談室（カウンセリングルームなど）で引き受けることができるかどうかについては，初回面接の結果を基にして，ここでお引き受けすることが適切かどうか判断する」という主旨の内容を相手に十分知らせていれば，相手が過剰な期待をもってしまう可能性や問題が生じる可能性は少ないであろう。

　アメリカ心理学会（APA）の倫理綱領（APA, 2002）を見ると，第10条（心理療法）の第1項（10.01「心理療法へのインフォームド・コンセント」）の中で，インフォームド・コンセントの時期を「治療関係の中で可能な限り早く」と規定している。この規定から考えると，リファーを行う必要のある場合には，できるだけ早い段階でリファーを行わなくてはならないと言える。

　早い段階においてリファーを行うためには，短時間での的確なアセスメントが不可欠である。心理臨床家としての基本であるアセスメントのスキルは，この第1原則を守る上で欠かすことのできない重要なものである。

　一方，時には，クライエントと長い期間面接を行ってからリファーしなければならない場合もあろう。これには，主に次のような状況が考えられる。

① 心理臨床家の転勤，職場の異動，解雇，退職，出産休暇・育児休暇など

　これらの状況の大部分は，心理臨床家の不在が，ある程度の時間的余裕をもって判明する場合である。突然の職場の異動や解雇もないとは言えないが，異動の場合は，「急な異動」と言っても，数週間の余裕があるのがふつうであるし，突然の解雇は，心理臨床家の側からは，不当な解雇とみなすことができる

かもしれない。

　当該の心理臨床家が不在となるまでの間に，ある程度の時間的余裕がある場合には，どうしたらよいだろうか。この場合は，当該の心理臨床家がその職場・相談室に不在となることによって生じうるダメージを最小限に抑えることが大切である。したがって，心理臨床家の異動が確定したならば，できるだけ早い時点でクライエントに説明し，その心理臨床家が転出する（不在となる）ことがクライエントにとってどのような意味や影響があるかについて，話し合うことが必要である。クライエントの意見，心理臨床家の見解，両方について，十分に吟味することが求められる。他機関へのリファーが適切な場合もあろうし，クライエントが終結を希望する場合もあるかもしれない。あるいは，同じ相談室内の他の心理臨床家にお願いする場合もあるかもしれない。どのようにすることがクライエントにとって最も適切なのか，話し合うことである。

　他機関にリファーを行う場合には，複数のリファー先を心理臨床家が提示し，それぞれの長所・短所をクライエントと十分に話し合い，クライエントが次の機関・心理臨床家を自分で決めるプロセスを援助する必要がある（インフォームド・コンセントの原則）。また，この場合には，クライエントの承諾を得た上で（インフォームド・コンセントの原則，および，秘密保持の原則），新しい心理臨床家へクライエントについて情報提供を行う場合がある（いわゆる「紹介状」や「情報提供書」など）。リファー先からクライエントについての情報を求めてくる場合があるし，クライエント自身が希望する場合もある。また，今まで担当していた当該の心理臨床家が，紹介状の提出が必要あるいは望ましいと判断する場合もある。いずれにせよ，クライエントの承諾を得ることを忘れてはならない。

　もし，同じ職場内でリファーをする場合は，次に担当となる心理臨床家を交えた「三者面談」を行うことをお勧めする。

　臨床的な観点からも，当該心理臨床家の不在までの間にある程度の時間的余裕がある場合には，クライエントとの間で終結に向けての種々の課題を取り扱うことが大切である。これまでの臨床家―クライエント関係はどのようなものだったのか，当初に設定した目標は達成することができただろうか，目標達成のためには今後どのようなことが必要だろうか，クライエントにとって今の課

題はどのようなことか，心理臨床家が不在となることについてクライエントはどのように感じているのかなど，終結に向けて両者の間で取り上げる事柄は多い。

② 心理臨床家の急病，突然の事故・入院・手術，死亡など

　上記の①とは異なり，心理臨床家が不可抗力により，突然不在となってしまう場合もある。心理臨床家も人間であり，生活をしている社会人なのだから，病気や家庭の事情等，様々な事情で予期せず突然仕事を休まねばならないことがある。極端な場合は，突然倒れてそのまま帰らぬ人となることさえある。このような事態は心理臨床家の誰にも起こりうる。

　仮に，心理臨床家が，朝起きたら急に体調が悪くなっていた，という状況を考えてみよう。常識的な対応として，次のようなプロセスが考えられる。まず，臨床家が，自分の職場に電話を入れて，体調不良により休むことを伝える。その職場（相談室など）が予約制であれば，それを聞いた職場の同僚あるいは受付担当者などが，その臨床家のその日の予約簿を見て，該当するクライエントに連絡を入れ，臨床家のその日の不在を告げ，代替日や次回の予約などの設定を行う。しかしこのような対応は相談室全体での対応であり，予め相談室のスタッフの間で，スタッフの誰かが急に出勤できなくなった場合にはどうすればよいか，対応方法を確認しておいて，マニュアルを作成しておく必要がある。

　このような対応は，朝起きて体調が悪い時だけに限ったことではなく，突然の，そして時には長期にわたる臨床家の不在状況全般について適用できるのではないだろうか。大切なことは，突然の不在という事態が生じた場合にどうすべきかについて，本人あるいは周囲の人たちに何かが起こってから試行錯誤するのではなく，事が起こる前に策を講じることである。その策の具体的な内容としては次のような事柄が挙げられよう（Guy & Souder, 1986 ; Pope & Vasquez, 1991）。

a．スタッフの誰かに非常事態が生じた場合にどうするかを，相談室の内規として具体的に決めておき，対応マニュアルとしておく。たとえば，

クライエントの記録をどうするか，誰がクライエントに連絡するか，クライエントから問い合わせがあった場合にどうするか，クライエントを他のスタッフが担当するか，リファーするか，それとも当該の心理臨床家の回復を待つか，など。個人開業のように一人で仕事をしている心理臨床家の場合は，他の心理臨床家や機関と話し合い，自分自身に非常事態が生じた場合の対応を依頼しておくことが望ましい。
b．記録を常に最新のものにしておくこと。
c．現在のクライエントが誰か，予約はいつか，といったことが必要に応じて他のスタッフにもわかるようにしておくこと。
d．記録にクライエントの連絡先を明記しておくこと。
e．相談室のこうした対応のしかたをクライエントと話し合い，それぞれのクライエントが希望する対応方法を明確にしておくこと，その話し合いの内容を記録に明記しておくこと，そして，事が起こった場合には，クライエント一人一人の意思を尊重して対応することを忘れないようにする。秘密の扱い方，リファーされることを望むか担当の心理臨床家の回復を待つことを望むかなど，複雑な要因が絡むので，クライエント個々人の希望を尊重すべきであろう。

　そして，仕事に復帰した後は（あるいは場合によっては療養中に），当の心理臨床家本人からすみやかにクライエント一人一人に事情を直接説明することが必要であろう。もっとも，具体的にどの程度説明するかは，個々のクライエントによって異なる場合もあろう。
　最も甚だしい例として，心理臨床家が命を落とす場合を考えてみよう。APAの最新の倫理綱領（APA, 2002）には次のように記されている。

　3.12　心理サービスの中断
　　契約によって他の取り決めが存在する場合を除き，サイコロジストの病気，死亡，不在，転居，あるいは退職，あるいは，クライエントの転居や経済的事情等の要因によって心理サービスが中断される場合に備え，

サイコロジストは，サービスがスムーズに行われるように，相応の努力をもって計画しておくこと。

　6.02　専門的および科学的な業務の秘密記録の保持，頒布，および廃棄
　　　(c) サイコロジストは，自分が職や臨床業務から退く場合に備え，記録やデータの適切な移動がスムーズに行われ，記録やデータの秘密が守られるよう，予め計画を立てておくこと。

　ここでのポイントは，「予め計画しておく」ことであると言える。心理臨床家が急に不在になることは，心理臨床家の死亡だけではなく，既に論じたように，病気やケガ，家庭の事情，職場の異動など，様々な状況が考えられる。こうした場合に備えて，クライエントが見捨てられることのないよう，ふだんから対応策を準備しておくことが肝要と言える。したがって，上述のa～eの対応策には，臨床家の病気や家庭の事情などによる不在だけではなく，死亡という状況も含めておかなくてはならない。

　自分を担当している心理臨床家が病気のため長期不在になる，あるいは亡くなるという状況が，クライエントに何の影響も及ぼさないということは考えにくい。一方，臨床家にとって，自らの病気についてクライエントに語ることは，自分自身の個人的な事柄をクライエントに対して開示するという，多重関係のおそれ（第3原則を参照）がある。また，自分の弱さを知られたくない，あるいは，臨床家自身の中でも，自分の病気を認めたくないという気持ちが生じるかもしれない。逆に，何も知らされずにいたクライエントが，臨床家の突然の長期不在や死去に際して，自分には知らされなかったことについて，信頼を裏切られた，見捨てられたという気持ちをもつことも容易に想像ができる。

　自分の病気や自分のおかれている状況についてクライエントに伝えるのか否か，伝えるとしたらどの程度説明すべきなのだろうか。この問題に関する文献をレビューしたブラム（Bram, 1995）は，明確なコンセンサスやガイドラインは得られていないとしながら，職業倫理的ならびに臨床的観点から，文献に基づき以下を提唱しており，参考になる。

a．自分のおかれている状況や病状について，臨床家側からのある程度の説明は必要である。クライエントとの間の援助関係がどのような質のものであり（たとえば，人格構造の変容を目的とする長期的な援助なのか，短期的な問題解決的援助なのか等），現在どのような段階にあるのか，クライエントのパーソナリティ要因はどのようなものか，臨床家の病状はどのようなものであり，病気・治療が援助関係にどのような影響を及ぼすのか，などによって，どの程度の説明が必要なのかを判断することが求められる。もちろん，個々のクライエントが，セラピストの病状や説明にどのような反応を示すのか，どのような意味づけを行うのか，といった事柄について注意深く考慮することも忘れてはならない。
　b．クライエントが見捨てられる状況に陥らないよう，適切な時期に終結やリファーを行わなくてはならない。そのためには，病気に罹患しているか否かにかかわらず，全ての臨床家は，自分自身が健康を害した場合にはどのように対応すればよいのか，予め手段を講じておくべきである。
　c．長期療養の後に職務に復帰しようとする場合には，臨床家は，その職務復帰が，自分自身のニーズ（たとえば，自分自身のアイデンティティや有能感の確認，経済的必要性，など）を満たすための復帰ではないのかどうか，慎重に吟味する必要がある。この点について客観的に判断するために，他の専門家へのコンサルテーションやスーパービジョンなどを受けるべきであろう。

　いずれにせよ，基本は，生じうるダメージを最小限に抑えること，また，クライエントが「傷つく」可能性を予想して，予防的な措置を講じておくこと，と言ってよい。

③「傷つけない」ことの法的な側面
　法的には，専門家が相手を傷つけたとして訴えられる場合は，業務過誤（malpractice）の訴訟となる。医療の場合に，患者側が，誤診や誤った手術，

手術の際の事故などをもとに医師を訴えるという，医療事故の裁判を想像するとわかりやすいであろう。

業務過誤とは，「医療過誤，弁護過誤，等の専門家の業務過誤。専門家が，その業務を正しく行わず，患者や依頼人に損害を負わせること」であり，その過誤についての責任の有無の判断にあたっては，「当該専門家が，同じ情況にある評価の定まった同種の専門家が有したであろう知識，技術をもち，行使したであろう注意を尽くしたか否か」という注意義務の基準による（田中，1991）。この点から考えると，過誤とみなされるのは，同様の状況のもとで，適切な注意を払っていた他の専門家であったならば行ったであろうと判断されるレベルの対応を下回った，「悪い臨床実践のしかた（bad practice）」と言ってよいだろう（Smith, 2000）。

業務過誤としては，医療過誤が代表的なものであるが，医療過誤は，「医師の過失に基づく医療行為によって患者に損害を与えること」（法令用語研究会，2000）である。医療過誤による医師の責任についての判断は，医療契約に基づく債務不履行を根拠とする場合と，不法行為を根拠とする場合とに分かれるが，判例上は，不法行為の問題として処理されることがほとんどであり，この場合は，被害者（患者）が医師の過失を立証しなければならないとされている（金子・新堂・平井，1999）。過失があったか否かの判断には，注意義務違反があったか否かが大きく影響する。ここでは，専門家が行った行為と，相手が被った被害との間に因果関係が認められるか否かが法的判断のポイントとなる。専門家には，「同じ情況にある評価の定まった同種の専門家が有したであろう知識，技術をもち，行使したであろう注意」（田中，1991）を尽くすことが求められているわけであるが，このことは，後述の「注意の標準」と深く関わる事柄である。他の心理臨床家であればどうするであろうかを常に臨床の場では留意すること，必要に応じてコンサルテーションやスーパービジョンを受けることは，問題発生を未然に防ぐことにつながるであろう。なお，「注意の標準」については第4章で後述する。

後述のインフォームド・コンセントの中でふれる「契約」の観点からも，「傷つけない」ことの法的な義務を論じることもできる。医療について言えば，ふつう，一般市民は，専門家と呼ばれる人々について，その知識や能力を判断

することは困難であり，医師に対する信頼が，診療を依頼するにあたって重要な要因を占めている。それに対して医師側は，専門家としての水準（すなわち，第4章で後述する医療水準）に合致した医療サービスを提供することを暗黙のうちに合意しているとみなされる。ここから，医療水準に応じた医療サービスを提供し，必要に応じて他の専門家への紹介や転医の義務が発生することに加えて，そのような医療サービスを提供することが困難な場合（自己の専門外，負担過剰により依頼に十分応じられない，など）には，診療契約締結を拒まなくてはならないことになる（莇・中井，1994, pp.71-72）。心理臨床家も同様に，クライエントを引き受けた場合には，専門家としての水準に合致したサービスを提供することに合意しているとみなされ，水準に応じた心理臨床サービスを提供すると共に，必要に応じて他の専門家への紹介を行う義務が発生すること，さらには，そのようなサービスを提供することが困難であるとわかっている場合には，援助契約の締結を避け，他の適切な専門家を紹介しなくてはならないと言える。

　業務過誤の訴えが起こりやすい状況としては，他に，北米（本書中「北米」とはアメリカ合衆国およびカナダを指す）では，児童虐待の場合の対応，面接などが必要であるにもかかわらず必要な対応を怠ること，第三者の保護（第6章で説明する「警告・保護義務」）を怠ること，措置入院が必要であるのに怠ること，退院すべきでない患者を退院させること，および，自殺の危険に対する対応が挙げられている（VandeCreek, Knapp, & Herzog, 1987）。またスミス（Smith, 1994）は，性的接触，クライエントの自殺，不適切な診断，ECT (electroconvulsive therapy, いわゆる「電気けいれん療法」) に関する問題，処方ミス，秘密の開示，必要なリファーを怠ること，措置入院にあたっての対応，インフォームド・コンセントの不備，不適切なスーパービジョン，および警告・保護義務や報告義務の不履行を，北米で業務過誤の訴えがしばしば起こされる状況として挙げている。リーヴズらは，警告・保護義務を怠る，入院患者の適切な管理を怠る，自殺や他害などの危険性のある患者を退院させてしまう，処方すべきでない薬を処方する，クリニック・相談室の他スタッフの過失，児童虐待にかかわる対応，クライエントとの性的関係・性的虐待，秘密の開示，不適切な記録や不適切な記録開示，インフォームド・コンセントの不備，他専門

家への必要情報の不開示，暴力・暴行，詐欺，不適切な料金請求，法的に義務づけられた報告を怠ること，および資格の詐称という広範囲にわたる問題を挙げる（Reaves, 1986 ; Reaves & Ogloff, 1996）。ここに挙げられている問題の中には，日本では医師の業務となる事柄が含まれているものの，それ以外は，後述の秘密保持の原則をはじめとする職業倫理の諸原則に関連する状況である。本項で論じている第1原則が，職業倫理的問題の根本でもあり，他の諸原則が最終的にはこの第1原則に帰結することは，法的な過誤という側面からも理解することができよう。

④ 心理臨床家の「一人職場」ではどうするか

本項で論じている状況への対応については，複数の心理臨床家が勤務する相談室であれば，他の臨床家が対応する体制をとることができるが，心理臨床家が単独で業務を行っている相談室（たとえば心理臨床家一人による個人開業機関）では，現実には対応がしづらいであろう。単独で業務に就いている心理臨床家は，したがって，他の信頼できる専門家との間に予め取り決めを行っておくことが望ましい。そして，クライエントに対しては，臨床家自身に何か起こった場合の連絡先を知らせておき，その際にはその専門家がクライエントについての記録を見ることが許可される，といった話し合いをしておく必要がある。

なお，心理臨床家のどのような職場であっても，クライエント側の事情でリファーが必要な場合がある。転居や，「この人は自分と相性が合わない」という感触など，様々な理由がありうる。クライエントには心理臨床家を選ぶ権利があることは覚えておきたい。アメリカカウンセリング学会（ACA）の倫理綱領（ACA Code of Ethics, 1995）では，次のように定められている。

>「カウンセラーは，クライエントに，カウンセリング関係を結ぶか否かを選択する自由，ならびに，どの専門家がカウンセリングを行うかを決定する自由を与える。クライエントの選択肢を限定する制約については十分に説明する。」（American Counseling Association, 1995, A.3.b.「選択の自由」）

つまり，クライエントには，自分に適していないと思う心理臨床家や心理的

援助方法を拒否する権利があるのだから，クライエントによる拒否を心理臨床家が拒む理由は乏しい。もっとも，中には臨床家を次から次へと変えてしまうようなクライエントがいる。また，クライエントによっては，不安や，臨床家の注意をひきたい欲求，自己開示の困難さなど，様々な心理的要因によってリファーを望む場合もある。したがって，クライエントがなぜリファーを望むのかについて，十分話し合う必要がある。

2) 同僚の非倫理的行為を注意する

「相手を見捨てない」以外に重要なこととして挙げられるのは，同僚が非倫理的に行動した場合にはその同僚の行動を指摘し，改善を求めることである。自分だけが倫理的に行動していればよいというものではない。臨床心理学という分野全体が社会から信頼されるためには，自分一人だけが善人であっても同業者が皆悪人であったとしたらどうしようもない。筆者はかつて，スーパーバイザーから非倫理的行為を注意されたという経験を持つが（金沢，1995a），互いに互いを高めようとする姿勢と厳しさが専門職には求められている。それは，先述のように，職業倫理には専門家同士の行動を規定するという側面があるからであり，また，専門家同士のコントロールが分野としての社会的な責任にもつながるからである。

日本臨床心理士会の倫理綱領第8条においても，臨床心理士の非倫理的行為については，まず臨床心理士同士が注意すること，そこで改善・解決が見られない場合には都道府県臨床心理士会の倫理委員会あるいは日本臨床心理士会倫理委員会に記名により申し出ることが定められている（日本臨床心理士会，2005）。認定協会が定める臨床心理士倫理綱領第9条でも，臨床心理士は，倫理綱領に違反することがないよう，相互の間で常に注意することが求められている（財団法人日本臨床心理士資格認定協会，1990）。

●第2原則──十分な教育・訓練によって身につけた専門的な行動の範囲内で，相手の健康と福祉に寄与する

専門的能力を発揮して他者の福祉に貢献することは，心理臨床家の責務の根

幹を成していることは言うまでもない。このことは，逆に言えば，自分の専門的能力の範囲外のことについては，他の適切な専門家や機関にゆだねること（他の専門家へのリファー）を意味する。「自分にできることは行う，できないことは自分では行わずに，できる人に任せる」という，一言で言えば実に常識的な原則である。

しかし，常識的な原則ではあるものの，実際には様々な問題を引き起こす原則でもある。そして，筆者の職業倫理研修の経験では，研修参加者に見落とされやすい問題でもあるようだ。そこで本章では，専門的な知識や能力をまだ十分に身につけていない学生が実習を行う場合について取り上げ，それ以外の問題については，章を改めて説明したい。

さて，自分に何ができるのか，何ができないのかを見極めることは，単に職業倫理的な意義を離れても，臨床家としての基本であることはいうまでもない。同時に，クライエントがどのような状態なのか，的確なアセスメントを行うことも不可欠である。相手の状態を正確に把握し，それに対して，自分に何ができるのか，何ができないのか，誰（あるいはどこの機関）であれば適切に対応することができるのか，臨床家は判断しなければならない。したがって，周囲の他機関・他の専門家とのネットワークを日頃から築いておくことも前提として必要になる。また，自分の知識や能力，技術を高めるよう，研鑽を積み続けることも当然のことである。この意味では，日々新たな実践や研究が行われ続けている専門分野では，専門的能力の訓練には終わりがないといえる。

自分の知識や技術で対応できない場合に適切な他の専門家にリファーするだけではなく，専門的な知識・技術をもっていたとしても，その時の心理臨床家が知識やスキルを十分にあるいは適切に用いることができない場合（たとえば，心理臨床家の心身の不調などの場合）には，他の専門家にリファーするといった対応が必要となる。心理臨床家自身のストレスやバーンアウトの問題も，臨床家が十分な能力をもってクライエントに接する上ではマイナスの影響を及ぼす問題である（Pope & Vasquez, 1991）。この問題について分野としての取り組みが必要であることは，筆者が既に（金沢，1998）論じたことである。

大切なことは，クライエントにとってその時に最適な専門家が対応するという点であり，相手にとってその時点で誰が対応するのがより良い対応であるの

かを臨床家は判断しなくてはならない，という点である。したがって，臨床経験が乏しいにもかかわらず一人で個人開業を行ったり，あるいは，自分一人で十分に実践を行いうること以外の業務内容を宣伝したりすることは，不適切な行いであることは言うまでもない。過剰宣伝をしたり，能力以上の事柄を行うなど，相手の状態に合わせた適切な対応を怠ることは，専門的能力の上からも問題であるだけではなく，最終的には，相手を傷つけ，分野全体への社会的信頼を失墜させることにつながる。また，心理学ならびに臨床心理学の十分な裏付けのない見解や発言も，誤解を生み，時には人を傷つけてしまうことも生じるのであるから，慎まなくてはならない。

1) 臨床実習の場合はどのように考えればよいのか

　ここで一つ気になることが生じる。どんな専門家でも，一足飛びにいきなり有能な専門家になるわけではない。有能な専門家になるにはそれなりのプロセスを踏まなくてはならない。医師であれば，医学部の学生として教室で学び，臨床実習を行い，研修医としての研修を受け，さらに実践経験を積んでいく。弁護士も，司法試験に合格し，司法修習を受け，その後弁護士事務所などでの研修が行われる。心理臨床家の場合も同様で，大学・大学院での勉学，実習，実務での経験などを積むことによって能力を高めていく。しかしこれらのプロセスの中では，医師も弁護士も心理臨床家も，自分一人で実習や実務経験を重ねることはできず，患者にしろ依頼者にしろクライエントにしろ，「相手」が必要である。能力がまだ十分ではない専門家あるいは専門家の卵が，能力がまだ十分ではないからといって実習も実務経験も得ることができなければ，専門家は永遠に養成されることがなくなってしまう。これでは社会にとっても困ったことになる。この点をどのように判断したらよいのだろうか。

　APAの倫理綱領（APA, 2002）では，

　　2.05　他者への業務の委任

　　　サイコロジストが，業務を，被雇用者，スーパーバイジー，あるいはリサーチアシスタントあるいはティーチングアシスタントに委任する場合，あるいは，通訳などの他者のサービスを利用する場合には，……(2) それらの人々が，彼ら・彼女らの教育，訓練，あるいは経験に基づいて，

一人で，あるいは現在与えられているスーパービジョンを受けながら，遂行する力量があると期待される責務のみを許可するよう，適切な措置を講ずる。また，(3) それらの人々によるそれらのサービスが十分に行われるよう，必要な措置を確実に講じなければならない。

9. 07　無資格の人によるアセスメント
　サイコロジストは，無資格の人が心理アセスメント技法を用いることを助長してはならない。ただし，そのような使用が，適切なスーパービジョンのもとに訓練目的で行われる場合を除く。

10. 01　セラピーへのインフォームド・コンセント
　(c) セラピストが訓練生であって，行われている治療の法的責任がスーパーバイザーに存する時には，クライエントは，インフォームド・コンセントの手続きの一環として，セラピストが訓練中であってスーパービジョンを受けていることについて説明を受け，スーパーバイザーが誰であるのかを知らされる。

ACAの倫理綱領でも，
　「他者のカウンセリングサービスをスーパーバイズするカウンセラーは，クライエントに提供されるカウンセリングサービスが，専門的なものとなるよう，適切な措置を講じなければならない。」(ACA, 1995, F. 1. g.「クライエントに対するサービスへの責任)

　以上からは，スーパービジョンを行う専門家の責任が重いことがわかる。
　つまり，臨床実習のような訓練の場や，まだ実務経験が十分ではない状況では，訓練生は十分なスーパービジョンを受けながら実践を行うこと，その際に行う実践の範囲とは，そのスーパービジョンを受けながら行うことのできる範囲内の行為に限られる，ということになる。
　逆の言い方をすれば，臨床実習のような訓練の場や，臨床家としての資格は有していたとしても実務経験がまだ十分ではない人に実践を行わせなければな

らない場合には，その実習機関（大学院所属の心理臨床センターなど）や雇用者が，十分なスーパービジョンを提供し，クライエントへのサービスが適切な内容のものとなるよう，責任を負うことになる。スーパービジョンを行う側は，スーパーバイジーによって行われる実践の質が，有能な専門家が行う場合に著しく劣ることのないよう，常に注意しなくてはならない。そして，スーパービジョンが行われていることについて，クライエントに十分な説明を行い，インフォームド・コンセントの原則を忘れないことも大切なことである。

　上記の倫理綱領が示すように，スーパーバイジーの行為についてスーパーバイザーが負わなければならない責任は大きい。スーパーバイジーが行っている臨床行為が「注意の標準」（第4章参照）に達しておらず，クライエントが適切なケアを受けていない場合には，スーパーバイザーは介入する責任がある（Harrar, VandeCreek, & Knapp, 1990）。クライエントがスーパーバイジーによって傷つけられたとされる場合には，法的責任は，スーパーバイジー本人のみならず，スーパーバイザーとスーパーバイザーの雇用者（スーパーバイザーが大学教員であればその大学）が負うことになる（Harrar, VandeCreek, & Knapp, 1990）。まだ訓練の途中にあるスーパーバイジーが完璧な行動をとれないのは致し方ないとしても，クライエントは不適切なケアを受けることに同意しているとは解釈されないからである。

●第3原則――相手を利己的に利用しない

　この原則は，海外だけではなく日本でも，臨床心理学領域の職業倫理的問題の中で，おそらく最も有名な原則となっていると言ってよいであろう。特に，心理臨床家―クライエント間の性的関係という，きわめてショッキングな問題に代表される多重関係の問題の存在は，心理臨床領域の多くの専門家の頭を悩ませており，筆者の前著（金沢, 1998）でも一つの章として取り上げた問題である。多重関係の問題については，特に章を改めて論じることとして，ここでは，勧誘の禁止と商取引的な関係の禁止について取り上げたい。

　「勧誘」というと，なにやら怪しい響きがある。歓楽街での客引きを読者は想像するかもしれないが，ここで話題にしているのは，リファーの場合に留意

しなくてはならない事柄である。リファーする場合には，複数のリファー先を相手に提示してそれぞれの機関・専門家について十分に説明し，相手の自己決定に任せることが必要である（インフォームド・コンセントの原則）。特定のリファー先を指定してそこに行くよう勧めることは，クライエントの勧誘とみなされてもしかたがない。たとえば，大学の臨床心理相談室のような所に勤務している心理臨床家が，他の相談室などと兼務している場合，「ここではできないから私の勤めている〇〇クリニックに来てください」といった形で「リファー」する。行っている側は「勧誘」であると意識せずに行っているようであるが，行き先を心理臨床家が指定しており，クライエントが複数のリファー先について説明を受けて自分で決めるのではないのだから，「強要」とみなされてもしかたがない。したがって，後述のインフォームド・コンセントの原則を満たしておらず，勧誘と解釈される可能性があるので，注意が必要である。

　もっとも，現実には，クライエントに適切と判断される機関や専門家が，クライエントの近隣には一人（あるいは一ヶ所）しか存在しない場合もありえる。大都会以外の地域では，心理臨床家の数が非常に少ないのが日本の現実である（金沢, 1998, 第8章参照）。このような現実の中，クライエントの現実的なリファー先として，一ヶ所しか挙げることができず，それ以外には，他県や相当な遠距離の機関を紹介しなくてはならない場合もあろう。そのような状況の場合は，特定の機関・専門家を紹介することのプラス・マイナスと，遠距離の機関・専門家を紹介することのプラス・マイナスとについて，クライエントに説明して，どうすることがクライエントにとって最善なのか，話し合うことが必要である。なお，この場合の単一のリファー先が公的な機関であれば，「勧誘」という利益誘導とはみなさなくてよいと筆者は考える。

　クライエントとの間で商取引的な関係を持つことも，相手を利己的に利用する例として挙げられる。たとえば，クライエントを相手にして，何らかの物品などを購入させることは，クライエントに対する半ば強制的な購入の指示と受け取られる可能性が大きい。あるいは，クライエントとの間で物々交換を行うことも，厄介な問題につながる可能性が高い。たとえば，3ヶ月間心理療法を行う代わりに，臨床心理士の確定申告作業を代行してもらう，クライエントからお金で料金を支払ってもらう代わりに物（クライエントの畑で収穫された野

菜，クライエントが所有している宝石，など）を受け取るといったことは，その「物」の価値についての評価の難しさや，利害の対立，クライエントに対する「搾取」と受け取られる可能性（たとえば，臨床心理士の確定申告作業を代行してもらったとすると，臨床家はクライエントの時間や労力を自分の個人的利益のために利用しているのみならず，客観的には，援助を求めてきたクライエントを臨床家が「働かせている」と見られてしまう）などの問題点が挙げられ，お金ではなく「物」で受け取ることの正当性を臨床家が説明する責任を負っていることを考えると，リスクが非常に大きい（Woody, 1998）。これらの行為は，臨床的な視点から考えても適切ではないことは読者にもご理解いただけよう。

● 第4原則――一人一人を人間として尊重する

　職業倫理の主旨が，相手を守り相手の人権を尊重することであるなら，一人一人の個人に対して，その尊厳に敬意を払って行動することは当然のことである。相手を単なる「患者」や「研究・実験の被験者」として冷淡に扱うことや，相手に親しみを見せずに接すること，セラピストが全く自己開示をせずに過度の距離をもって相手に接すること，騙すこと。これらはいずれも一人一人を人間として尊重していることにはならない。自分の資格や専門的能力，実務経験，学歴や経歴を偽ることはもちろん，自分の専門的能力を実際以上に誇張して宣伝をすることも，相手を欺くことになる。

　逆に，心理臨床家自身が適度に（過度にではなく）自己開示することや，適度な親しみをもって接することは，相手と自分が同じ人間であり，人間として対等であることを示す方法となろう。細かいことかもしれないが，相手に対する呼びかけのしかたもこの原則に関係する（Pope, Tabachnick, & Keith-Spiegel, 1987, 1988）。相手の年齢や，その場の状況に応じた，社会的に見て常識的な呼び方を用いることが自然である。したがって，通常の場合，小学校低学年のクライエントに対しては，「山田さん」と呼びかけるよりも「花子さん」という方が自然であろうし，一方，50歳のクライエントに対しては，「太郎さん」よりも「田中さん」と呼ぶ方が自然である。名前を呼ばない，代名詞だけで接す

るなどは，社会的に見ても不自然であり，避けるべきである。

　最近では，心理臨床家が社会的な注目を集めるにつれ，マスメディアなどで発言を行ったりする機会が増加している。マスメディアに限らず，たとえば，保護者を対象とした講演会や，一般の人々向けの講習会，ボランティアや専門家以外の人々を相手にした研修会，他職種とのコンサルテーションや連携など，専門家のみならず，多くの人々を対象として，また，多くの人々と共に心理臨床家が業務を行うようになってきた。不特定多数の人々を対象とした活動も活発になってきている。これまでの，面接室内での一対一の活動に比べて，心理臨床家の活動が飛躍的に多くの人々の目に触れるようになってきているのは喜ばしいことである。一方，このことは，心理臨床家の一挙手一投足や，発言の一つ一つが，多くの人々に対して影響を与える可能性が広がってきていることを意味する。

　このような状況の中，誤解を招くような発言や，相手あるいは関係者を決めつけるような一方的な発言や一方的な批判，断片的な情報をもとにした断定的な発言が発せられると，その結果として，当の心理臨床家の意図のいかんにかかわらず，その発言を聞いた人たちが，不快感を感じたり，その発言を基に自分自身や他者について誤った理解をしてしまったり，あるいは，心理臨床家の業務や臨床心理学という分野について，不正確な理解をしてしまうであろうことが容易に想像される。

　言論は自由ではあるものの，心理臨床家による発言は，その個人に対する評価のみならず，他の心理臨床家や，さらには，分野全体に対する評価につながることに留意しなければならない。また，好むと好まざるとにかかわらず，専門家としての発言は，社会的影響も大きいことを忘れてはならない。自分以外の人間のプライバシーを侵害する発言や，誹謗中傷等は，社会的ルールに反するのみならず，心理臨床家全体に対する評価をおとしめるものである。

●第5原則――秘密を守る

　「守秘義務」や「秘密保持」という言葉で知られるこの原則は，原則3の多重関係の問題と並んで，心理臨床家を最も悩ませることの多い問題である

(Pope & Vetter, 1992)。そこで、この原則についても章を改めて、紙幅を割いて論じたい。

●第6原則──インフォームド・コンセントを得、相手の自己決定権を尊重する

　前著（金沢, 1998）で筆者は、インフォームド・コンセントの基本的な考え方や、専門家の側がインフォムすべき内容、また、未成年者および重い精神病理の場合の留意事項について述べた。主として、インフォームド・コンセントの実務的な側面を中心に説明したことになる。インフォームド・コンセントについて理解するためには、実務的な側面だけでは不十分と思われる。また、筆者が職業倫理に関する研修を行ってきた経験からは、インフォームド・コンセントという言葉を知っている人は多いものの、心理臨床の実践の中で、インフォームド・コンセントをどのように実践するかについては、多くの受講者の方が見落としがちな問題のように思われる。そこで、この原則についても独立した章を設けて、インフォームド・コンセントの基本を含め、実務的な側面以外の観点からインフォームド・コンセントについて考えてみたい。

●第7原則──すべての人々を公平に扱い、社会的な正義と公正と平等の精神を具現する

　クライエントの基本的人権を尊重し個人の尊厳を重視するのであれば、クライエント一人一人を独自の人格として扱うことになる。通り一辺のアプローチや、どんなクライエントに対しても同じ技法で対応したり、どのような状況でも同じように相手を扱うというのは職業倫理に反することになる。相手の文化的背景、期待、要求、価値観、情緒的・認知的状態などについて、正確なアセスメントを行い、それに応じて対応のしかたを吟味することは当然である。

　後で述べることだが、現実の状況について、どのように考えどのように対応するか判断する際には、個々人のもっている価値観や、その時の感情といった主観的要素や、その場の状況が大きく影響していることが研究で示されている（本書第8章参照）。人間は誰でも、多少なりとも偏った見方をしているもので

ある。物事や人々について理解する際の枠組みであるステレオタイプ，特定の人々に対する好き・嫌いという感情的な側面である偏見，そして，実際の行動面に表れる差別——人は誰でも，すべての人々について公平に見ているわけではなく，誰でもステレオタイプ，偏見，差別をもっていることを認めなくてはならない（金沢，1992）。心理臨床家といえども，一人の人間として，クライエントや何らかのカテゴリーの人たちについて，他のカテゴリーの人たちとは異なったステレオタイプや偏見を持っていることは確かであろう。自分はどのようなステレオタイプや偏見を持っており，どのような差別を行っているのか，それに気づき，具体的な状況の中で，そうした自分自身の個人的な要因が，クライエントへの対応について悪影響を及ぼすことのないようコントロールしていくことが，心理臨床家には求められる（金沢，2003）。

　また，クライエント個人への対応だけでは問題が解決しないことも多い。クライエントを取り巻くシステムへの介入，周囲に対するクライエントの擁護（advocacy），周囲に対する啓発や教育的活動など，コミュニティ心理学的アプローチも心理臨床家の立派な役目であるだけではなく（金沢，1995b，2003，2004b），これらの行動は倫理的にも求められているのである。幅広いレパートリーをもち，多様な領域の知識とスキルを習得し，それらを一人一人のクライエントの福祉に貢献するように応用して用いることが，より良い臨床家の姿であり，クライエントならびに社会全体の福祉につながっていく。

第4章 職業倫理の7原則・Part 2
―― 専門的能力

　先に述べたように，職業倫理の第2原則の内容は常識的なものであるにもかかわらず，自分に何ができるのか，何ができないのかを見極めること，自分の専門的能力の範囲とは具体的に何であり，範囲外のことが何であるかを，クライエントを目の前にして即座にその場で判断することは，必ずしも容易なことではない。「あなたは何ができるのか，何ができないのか。どのようなクライエントのどのような問題については十分な対応をすることができ，どのようなクライエントのどのような場合には十分に対応することができないのか」と尋ねられて，即座に答えることのできる心理臨床家は少ないのではないだろうか。

1.「専門的能力」をどのように判断すればよいのか

(1)「医療水準」とは？

　この原則について，筆者の前著（金沢, 1998）では，「専門的能力」をどのように判断すればよいのかについて論じた。その中で，医事法の世界で用いられる「医療水準」という概念を紹介した上で，医療水準に類した概念であり，個別具体的な状況に適用される「注意の標準」（注4-1）について説明した。

　「医療水準」は，その時点での医師の一般医学的知識・技術とされ，公刊された実証的な論文，厚生労働大臣の告示，医師会による通知，医療上の慣行，臨床医の知識の習得や医療施設の機能強化などによって一般の臨床医に普及し，現実の治療法として認められ，実際の治療の指針となる程度に達していてはじめて医療水準とすることができる（大谷, 1995；田中・藤井, 1986, pp. 124-126；中谷, 1982）。したがって医師は，医学の進歩に伴う新たな知識・技術を修得し，常にその時点の水準に達すべき義務を負うことになる。

医療水準は医療の世界での概念だが，後で述べるように，その基本的な考え方は心理臨床家にとっても重要な事柄である。そこで，ここで少し医療水準について吟味してみたい。

　医師や医療関係者が行う「医療行為」であっても，法的には，次の3条件がそろっていない場合には正当な行為とは見なされず，違法（傷害罪などの適用対象）とみなされる（伊藤，2002；植木・斎藤・平井・東・平栗，1996）。

　①医学的適応性
　　医学的に必要性のない行為（検査や投薬など）は，たとえ医療行為として行われても違法である。その医療行為が医学上一般に認められた方法で行われなければならない。
　②医療技術の正当性
　　当時の医療水準に照らして正当と判断される方法で行われていない医療行為は違法となる。
　③患者の同意
　　医療行為の多くは，患者の身体に対する侵害（侵襲）であるため，その侵襲が正当な医療行為として，違法性を阻却するためには，正確な情報の提示に基づく患者の同意が必要不可欠な条件である。

　つまり，医学的に必要性があり，かつ医学的に容認される方法で行われているかどうか，医療水準に合致しているかどうか，および，インフォームド・コンセントが的確に得られているかどうか，という3条件を満たさなければ，形としては医療行為として行われたとしても，法的には違法であり，刑事ないし民事責任を問われることになるのである（伊藤，2002）。③のインフォームド・コンセントについては別の章で取り上げるが，本章で重要なのは，必要性（適応性）と医療水準ということである。この2つの条件は，互いに密接に関連しているように思われる。医療水準に合致した行為であれば，必然的に，医学的適応性を満たしていることになる。一方，医療水準に合致しない行為の多くは，医学的に必要性の乏しい行為であろう。

　日本の医事裁判を見ても，医師側の過失の有無に関する判断要素としては，

主に，医療技術上の過誤と，説明義務違反の2点が中心であり，それに加えて，患者の秘密の漏洩などが今後の課題として挙げられると言われている（手嶋，2003）。説明義務違反は，後述（第7章）のインフォームド・コンセントが関係する事柄である。一方，医療技術上の過誤の場合，医師の責任の有無についての判断は，「注意義務の基準となるべきものは，診療当時のいわゆる臨床医学の実践における医療水準」（注4-2に引用の最高裁判所判決より）であるとされ，医療水準が判断基準として採用されることは上に述べた通りである。

(2) 未熟児網膜症訴訟

少し脇道にそれるかもしれないが，日本で医療水準がどのようにして確立されてきたのか，簡単にふれておきたい。日本の医事法・医事訴訟での医療水準の判断基準に関する議論には，主として，未熟児網膜症についての裁判が果たしてきた役割が大きい。

未熟児網膜症とは，極小未熟児に多く発症する疾患であり，酸素投与が関連していることで知られる。網膜血管の未熟性のために，酸素投与により動脈血酸素分圧が上昇すると，網膜血管の収縮や先端部の閉塞が生じ，その結果，周辺部に無血管領域が出現する。そのための低酸素症に対応して血管新生が起きる。重症の場合は網膜剥離から失明に至ることがあるため，定期的に眼底検査を行い，不要な酸素投与を控えて動脈血酸素分圧をモニターすることが予防上必要とされている。治療法としては光凝固と冷凍凝固が挙げられる（以上，『南山堂医学大辞典 第17版』南山堂刊，1990年による）。

この未熟児網膜症の診断における眼底検査の必要性や，治療における光凝固法の採用などについて，診断・治療を行った医師・医療機関が，その当時の時点で，それらを行うべきであったのかどうか問われたのが，一連の未熟児網膜症訴訟である。未熟児網膜症に関する訴訟は全国で数多く提訴されたが，最高裁判所が下した一連の判決の中で最も有名な判決は，昭和57（1982）年3月30日に最高裁判所第三小法廷が下した「日赤高山病院未熟児網膜症訴訟上告審判決」（注4-2）である。

(3) 医療水準はどのようにして形成されるのか

　医療水準は，医事裁判において重要な判断基準であるだけではなく，医師が医療実践を行う上でも留意すべき水準であるといえる。では，医療水準はどのようなプロセスを経て形成されるのだろうか。

　特定の医学知識や治療技法が開発され，その有効性が認められて，医師の間に知られ実践されていくには，一定の時間が必要である。新しい医学知識や治療法が，一般の臨床医に認識されて，通常の臨床の場で実践すべき具体的な可能性のある治療法となるまでには，大きく分けて次の3つの段階があるとされる（田中・藤井，1986, pp. 124-126；中谷，1982）。

①実験的段階：治療法が学会や専門誌に発表されていても，それについての議論や追試が十分に行われていない段階。まだ客観的評価を受けているとは言えない段階である。

②医学水準の段階：研究水準や学問的水準とも呼ばれる。①の段階で発表されたものが，客観的評価に耐える症例数を蓄積し，検討や追試を経て，学問的には診断や治療基準の客観化が図られてくる段階である。専門的な研究者の間で共通の認識とされる段階に至ってはいるものの，その治療方法は，当該の疾患に接する機会の多い医療機関の医師，あるいは研究を行っている医師のみが可能な状況と言え，この段階ではまだ一般の臨床医にとっての具体的可能性のある治療方法とはみなされない。

③医療水準の段階：②の医学水準が，一般の臨床医にとって具体的可能性のある治療法として認められる段階である。実験的段階から，学会でのシンポジウム，厚生労働省などの特別研究班の報告の段階を経て，体系書中の記載として登場しており，一般臨床医の間にも十分な知識の普及が見られる段階である。つまり，研究水準の段階であった知識・技術が，臨床医の知識の習得や医療施設の機能強化によって普及し，その診療方法の有効性，合併症，副作用などが明確になった段階と言える。しかしこの場合にも，地域性や医師の専門性，医療機関の性質・規模などによって，その水準はある程度個別的に判断されてよいと考えられる。

　この3段階を見ると，医学の研究と，医療という実践との違いとつながりが

見えるような気がする。研究と実践とは別々の領域ではあるものの，実践の中から課題が見いだされ，その課題を研究によって追究し，研究によって見いだされた新たな知見や技法を実践に持ち帰ってその有用性が吟味され，新たな課題が見えてくる，という循環である。この循環が，分野としての進歩につながり，社会へのより良い貢献へとつながっていく。研究と実践の循環は，医学・医療に限ったことではなく，臨床心理学と心理臨床実践との間にも当然存在するはずである（下山，2000, 2001）。

(4) 心理臨床の実践における「注意の標準」

医療水準は医療の世界での「標準」であるが，心理臨床の世界では，「医療水準」に相当する「水準」というものは何であろうか。

心理臨床の領域で，こうした「水準」を判断する際に大いに助けとなるのは，様々なガイドラインである。アメリカ心理学会（APA），カナダ心理学会（CPA），またアメリカ精神医学会（American Psychiatric Association）は，種々のガイドラインを出版・公開している（たとえば American Psychiatric Association, 2000 ; American Psychological Association [APA], 1993a, 1993b, 1993c, 1994 ; APA Working Group on the Older Adult, 1998 ; Canadian Psychological Association [CPA], 2001a, 2001b ; Division 12 Task Force, 1995）。これらの諸ガイドラインの多くは，インターネットで容易に入手することができるようになっており，臨床家の日々の実践の上で有益である。また，これらの諸ガイドラインは，心理臨床家が被告となる裁判などの紛争調停の際にはきわめて重要な判断基準となる。複数の専門家が検討を重ねた上に辿り着く結論としてのガイドラインは，「注意の標準」の重要な要素をなすと考えてよい。

日本ではこうしたガイドラインは整備されているとは言い難い状況にある。ガイドライン作りを行うことは，臨床心理学の分野全体としての課題であり，臨床心理学関連団体が果たすべき大きな役割である（金沢，2001）。明確な「水準」のない分野というのは，専門職として社会的認知を得ることが難しいであろうから，心理臨床における「注意の標準」は，単に臨床家の日々の臨床実践に有益であるのみならず，臨床心理学という分野全体の社会的信頼という観点からも必要である。

もっとも，ガイドラインは完璧なものではないことも覚えておかなくてはならない。ガイドラインは，実践や研究の積み重ねや，新たな知見によって改善し改良していくものである。医療水準は日進月歩の医学・医療実践，ならびに，現実医療の問題によって変化してきている。心理臨床のガイドラインも同様に，常に改善・改良されるべきものである。

　種々のガイドラインは，臨床心理学における研究と実践の蓄積の上に立ち，どのようなクライエントに対してどのように対応することが有効であるか，分野全体としてある程度の統一見解を示すものである。別の見方をすれば，クライエントを無用にかつ必要以上に傷つけることなく，より効果的にクライエントに対して援助を行うにはどのようにすればよいか，分野全体としてのこれまでの研究・実践の蓄積は何を教えてくれるのかを明確にするものである。既述の専門職の定義（第1章）にある，職業集団に属する人々の行動をコントロールする自律機能や，体系的な専門知識・技能を長期間の教育によって訓練する，ということが，「注意の標準」と密接に関係してくるのである。「注意の標準」の定義（注4-1）にあるように，医師のような高度な専門技術をもつ人たちの注意の標準として求められる基準は，「その職業に従事する者としての通常人の基準による」（田中，1991, p. 803）である。好むと好まざるとにかかわらず，心理臨床家は，一般の人とは異なる高度な専門知識・技術を有していることは否めない（これを否定すれば自己否定になる）。このような専門家集団の「スタンダード」としての基準を示さなくてはならないのである。

(5) 倫理綱領に見る「専門的能力」の基準

　以上は，「医療水準」と，それに類した概念である「注意の標準」という，主として法的な概念を用いた「専門的能力」について見てきた。ここでは，職業倫理的な側面から「専門的能力」について考えてみたい。

　手始めに，倫理綱領を見てみよう。残念ながら，日本の臨床心理学に関連する団体の倫理綱領には，「専門的能力」をどのように判断するか，明確な定義・記述が見られない。では，海外の倫理綱領ではどのように記載されているのだろうか。

　カナダ心理学会（CPA）の倫理綱領では，自分の専門的能力の範囲内でのみ

活動を行うことが明記されている（CPA, 2000, II. 6）が，その専門的能力の範囲をどのように判断するのかについては具体的な説明がない。しかし，カナダの隣国アメリカの2つの団体，APAの倫理綱領とACA（アメリカカウンセリング学会）の倫理綱領を見ると，この両者が，専門的能力の範囲について似通った定義を示していることに気づく。

　まずAPAの倫理綱領では，「サイコロジストは，自分が受けた教育，訓練，スーパービジョンを受けての経験，コンサルテーション，勉学，あるいは専門的経験に基づく自らの専門的能力の限度内で……」（APA, 2002, 2.01「専門的能力の限界」(a)）と専門的能力を定義している。ACAも，「カウンセラーは，自分が受けた教育，訓練，スーパービジョンを受けての経験，州および全国の専門的資格，および，適切な専門的経験に基づく自らの専門的能力の限度内でのみ実践を行う」（ACA, 1995, C. 2.「専門的能力」, a.「専門的能力の限界」）と定義しており，この両者はほとんど同一の用語を用いている。ただし，APAの文面を見ると，「自分が受けた教育，訓練，スーパービジョンを受けての経験，<u>コンサルテーション，勉学，あるいは専門的経験</u>」，ACAでは「自分が受けた教育，訓練，スーパービジョンを受けての経験，<u>州および全国の専門的資格，および適切な専門的経験</u>」（アンダーラインは本書筆者による）とあり，よく読んでみると，微妙なニュアンスの違いが見える。この文面のみからは，ACAの方がより厳しい基準といえる。

　さらに，American Board of Professional Psychology（ABPP，アメリカン・プロフェッショナルサイコロジー試験委員会，後述）の定款では，ABPPの目的の最初に「心理学の種々の専門分野においてABPPが証明書を与えるサイコロジストが，その専門分野の教育，訓練，および経験の要件をすべて有している……ことを証明することによって，大衆と分野全体に仕える」（American Board of Professional Psychology, 1968）ことを挙げている。

　倫理綱領とは異なるが，専門的経験に関する類似の定義が，アメリカの裁判におけるexpert witness（専門家証人，鑑定人）に関する要件に見られるのは興味深い。アメリカの連邦裁判所での裁判手続きに関する規則（Court Rules：連邦裁判所規則）の一つに，連邦証拠規則（Federal Rules of Evidence）がある。その規則のRule 702「専門家による証言」によれば，「……知識，スキル，経

験，訓練，あるいは教育によって，専門家としての資格があると認められた証人は，意見あるいは他の形で証言することが認められる……」（注4-3）と規定されており，ここでも教育，訓練，経験の3要件が含まれている。

　専門的能力をどのように定義するのか，明確な定義は難しいことが海外でも以前から指摘されており（Corey & Herlihy, 1996; Haas & Malouf, 2002; Kitchener, 2000; Koocher & Keith-Spiegel, 1998），本書でも，簡単に定義することは容易ではない。また，日本の臨床心理学関連団体の倫理綱領を見ても，何をもって「専門的能力の限界」と判断すればよいのか，明確な定義が見られない。

　しかし，以上に提示した定義をもとに考えると，教育，訓練，経験（スーパービジョンを受けての経験および専門的な経験）の3要素が，専門的能力に関しては必要不可欠な条件といってよいのではないか。それぞれの綱領などの中で，これら3要素がさらに具体的に定義されているわけではないが，一般的には，次のように考えてよいであろう。

教育：いわゆる教室内での教育であり，専門家としての教育という意味では，大学院レベルでの講義や演習，卒後研修での講義などが考えられる。
訓練：大学や大学院の科目分類で言えば，実習と考えてよいだろう。
経験：ここには，スーパービジョンを受けての経験および専門的な経験が含まれる。スーパービジョンを受けながらの実務経験は必須と考えられる。

　通常，専門家の教育カリキュラムでは，基礎から始まって，より高度な内容へと段階的につながっていくようにカリキュラムが組まれている。したがって，まず講義が行われ，その上に実習が行われ，最後に実務経験を積む，というのが常識的な段階である。上記の3要素は，専門家の教育訓練という意味では階層的に配置されていると考えられ，どれか一つだけを有しているのでは，専門家の教育訓練としては不十分である。したがって，ACAが提示しているように，上記3つの必要不可欠条件は，3つのすべてを満たすことが求められていると考えるべきであろう。

ただし，すでに (1) で説明したように，医療水準は，一般的な判断ではなく個別具体的な医療行為についての水準であることから，ここで言う教育，訓練，経験とは，一般的あるいは全般的なものではなく，個別具体的な事柄・行為についての教育，訓練，経験と考えるべきである。たとえば認知療法については，認知療法に関する教育，訓練，経験。神経心理学的検査については，神経心理学的検査についての教育，訓練，経験となる。

　ところで，ACAの倫理綱領が示す「専門的能力」の定義では，「資格」にも言及されている。専門家にとって資格は必要であると一般的には考えられているであろうし，本書の第1章で述べた通り，資格は専門家として社会的認知を得る上で必要な条件の一つであることは疑いがない。しかし，資格は個々の臨床家のもつ「専門的能力」の程度，あるいは「専門的能力」の有無を判断する際の基準と考えてよいのだろうか。

(6) 資格とはそもそも何なのか

　法律的には「免許（許可）」とは，「法令によってある行為が一般的に禁止されているときに，特定の場合にこれを解除し，適法にその行為をすることができるようにする行政行為」（金子・新堂・平井，1999）とされている。つまり，本来行ってはいけない行為を特定の人たちだけに許すことが免許や資格であるから，許可するためには相当の根拠が必要である。たとえば誰かがメスで人体を切ったとしたら傷害罪となる。しかし，がんにかかっている人の患部を，本人の同意のもとに専門医がメスを用いて切ったとしたら，これは手術と呼ばれる治療行為であり，人の益になる。禁止されている行為であっても，公共の利益にかなう行為が妥当な状況で行われているのであれば，特定の人たちに許可を与えて行ってもらう方が社会の利益になる。

　別の観点から見ると，資格法の対象となる行為は，危険を伴う行為であると言える。心理職の資格を設けるということは，その業務内容が，他者のプライバシーを暴いたり，クライエントが自分では気づいたり直面したりすることのなかった事柄を知ってショックを受けたり，あるいは，自分を変えるための苦難を経験するなど，他者に苦痛や危害を及ぼす可能性のある行為であるという認識が根底にあることは，読者も十分に留意する必要がある。

北米では，アメリカ合衆国全土およびカナダの9州でサイコロジストの資格法（ただし，両国とも臨床心理学に限らず心理学の実践全般に関わる資格法）が制定されている。これらの法律の目的は，心理学を実践する能力のある人にのみ免許を与えることによって，一般市民を守ることである（Association of State and Provincial Psychology Boards, 1996）。一般市民がそのサービスを受ける際に，それがどのような内容でどのような人がサービス提供者としてふさわしいのか，自分で判断し選ぶことが困難な場合，法律として最低限の基準を定めて，市民が被害を被ることのないよう保護することが，資格の法律上の目的である。

　言い換えると，資格を定める目的は，本来は危険を伴う行為であるにもかかわらず，市民の利益になる事柄について，その行為の内容ならびに，その行為を行うことのできる人を一定範囲に限定することによって，一般市民を保護することである。この意味では，法的な資格は，個々の専門家の能力の高低・善し悪しを決めたり，個別のケースについて特定個別の臨床家が対応する能力があるかどうかという，細かな判断を行う目的で制定されているわけではないことになる。法的な資格はそもそも，能力判定ではない。むしろ，一般市民を守ることができるよう，当該の職種に従事する人や業務の内容・方法などについて，最低限の条件を定めているといってよいであろう。

(7) 資格の種類

　ここで資格の種類について説明しておきたい。「資格」と一口に言っても実に様々なものがある。法的な資格に絞った場合，心理職の資格には，主として「公認（certification）」と「免許（license）」の2種類が挙げられる（Saffir, 1950 ; Sanford, 1955）。具体的には，技術や知識，教育訓練などの点で一定の条件を満たした人に対してのみ特定の肩書きを与える場合，公認あるいは認定・認可（certification）または登録（registration）と呼ぶ。この場合，その肩書きの使用は認定された人にのみ許されるが，業務の内容を規制するものではない。一方，免許（license）は資格の諸段階の中で最も規制の厳しいものである。肩書きだけではなく業務内容も規制され，どのような人が免許を与えられるかという資格要件だけではなく，業務内容についても，その範囲と内容を細かく定義される。その免許を持たない人がその肩書きを使う場合も，その免許を持た

ない人がその業務を行う場合も，いずれの場合も禁止される。「公認」の場合は，違反した場合の罰則が定められていない場合もあるが，「免許」の場合には違反した場合の罰則が定められているのが普通である。したがって，たとえば，心理テストの使用が免許制度によって心理臨床家の業務として規定されている場合は，心理臨床家の免許非取得者が心理テストを実施すれば違法になるが，公認制度の社会では，心理臨床家という名称をその人が用いない限り，心理テストを行うことは違法とはみなされない。

なお，この2種類の資格は，通常，「名称独占」資格（前者）と「業務独占」資格（後者）という言葉で呼ばれている。本書では認定（法）と免許（法）を一括して「資格」・「資格法」として扱うこととする。

例として，日本の関連職種の国家資格を挙げてみよう。専門職の代表とも言える医師や弁護士は業務独占の資格である。精神科医は医師免許をもっており，業務独占の資格を有している。一方，新しい資格である精神保健福祉士（通称PSW）の資格は，1997年12月に国会で成立し，1998年4月に施行された精神保健福祉士法によって定義されている。精神保健福祉士法の第42条では，「精神保健福祉士でない者は，精神保健福祉士という名称を使用してはならない」と定め，第28条ならびに第29条では，「精神保健福祉士となる資格を有する者が精神保健福祉士となるには」，厚生労働省に備えてある精神保健福祉士登録簿に登録しなければならないとされている。つまり，精神保健福祉士は業務独占ではなく「名称独占」の資格なのである。精神保健福祉士という名称を用いることは，この資格取得者でなければできないが，その名称を用いない限り，精神保健福祉の業務を行うことは，少なくともこの法律上は，資格取得者でなくとも可能である。

精神保健福祉士に限らず，日本の資格の多くは「名称独占」の資格であり，「業務独占」の資格は少ない。これは，主として次の2つの理由による（今野・下田，1995）。一つは経済的な理由である。業務独占の資格は，その職に就こうとする人の数を制限することになり，賃金水準を高めて雇用量を減らすという結果につながるおそれがあるため，経済的には非効率的である。また法的な観点からは，憲法で保障されている職業選択の自由を規制することになるため，公共の福祉との関連で必要最小限に留めておかなければならない。つまり，業

務独占の資格を制定するには，この2つの理由を上回るだけの十分な公共的な理由が必要ということになる。さらに，既に類似あるいは関連の資格が制定されている社会で，業務独占の資格を新たに制定すると，以前から存在している他の資格や職種との間に業務の重複が生じる可能性がある。そのような重複が生じた場合，既存の資格・職種の人たちは，業務を行うことができなくなってしまう。このように，業務独占資格の制定は，既存の社会秩序を崩す可能性も無視できない。この点からも，業務独占の資格の設置は，慎重に行わなければならないのである。

(8) 専門的能力の判断基準としての「資格」？

日本では，法的資格以外にも，いわゆる民間資格として，臨床心理学に関係する様々な学会や団体が多数の「資格」を定めていることは読者もご存じであろう。しかし，これらの民間資格の多くは，その内容も対象者も，資格要件もバラバラである。狭い領域内での多様なレベルや内容の資格の乱立は，領域内および一般市民に混乱をもたらすことにつながり，「資格」が本来目的とする一般市民の保護を危うくするおそれがある（金沢，2001a）。

さて，法的な資格は，一般市民を傷つけないよう，最低限の条件を定めているのだから，法的資格の存在する職種については，法的資格を有していない人は最低限の条件をクリアしていないと考えられる。もとより，どのような職業を選ぶかは個人の自由であり，資格をもっていないから能力がない，と簡単に言い切れない場合もあるかもしれない。しかし，業務独占の資格の場合には，その資格を有していなければその業務を行うことができない。名称独占の資格の場合には，その名称を用いなければ，同様の業務を行うことが可能と考えられ，たとえば，上に述べたように，日本のPSWは名称独占の資格であるから，PSWの名称を用いなければ同様の業務をPSW無資格者が行うことは，少なくとも法律上は可能と考えられる。しかし，社会的信頼という観点からは，無資格の人が業務を行うことについては，疑念をもたれる場合があるかもしれない。

法的資格が存在する職種では，法的資格は最低限の条件であり，個々の臨床家の能力評定ではないのなら，個々の専門家の能力の高低・善し悪しについて，あるいは，個別のケースについて個別の臨床家が対応する能力があるかどうか

を判断するには，どのような物差しがあるのだろうか。

　たとえば日本の医師を見ると，医師という国家資格（医師免許）は，医師と名乗って医業を行うことについての免許であり，特定の科（内科，消化器外科など）を指定しているものではない。しかし日本の医師の場合には，学会の認定する「専門医」や「認定医」という制度がある。これは，各学会がそれぞれの基準を定め，その基準を満たした医師については，その分野についての専門家であることを認定する仕組みである。

　アメリカやカナダの心理職についても，これと類似した認定の仕組みがある。これらの国の法的な心理職資格は，各州が資格試験を行って認定しており，心理学の実践全般についての許可証であって，州によって若干の違いはあるものの，心理学の特定の専門領域（たとえば健康心理学，法心理学）についての資格ではない（金沢，1998，第1章参照）。ここに登場するのが American Board of Professional Psychology（ABPP，(5) 参照）という認定団体である。この団体は APA の関連団体であり，心理学の臨床系各領域（臨床心理学，法心理学，健康心理学，など）について，それぞれ一定の条件を定め，試験を行って，合格したサイコロジストに対してはディプロマ（認定証）を発行している。この ABPP のディプロマ取得者（diplomate）であるサイコロジストは，その分野での専門的能力を備えた実践家として社会的に認められている。北米の一般市民にとって，ABPP のディプロマを有しているかどうかは，その臨床家の専門領域を明らかにする上で有用であることは確かである。

　とはいえ，認定医・専門医にしろディプロマ取得者にしろ，個々のクライエントについて個別に対応する能力があるかどうかを定めているわけではなく，当該専門領域の全てのクライエントについて高い能力があるという具合に無条件に認定しているわけでもない。そもそもこれらの認定を受けるかどうかは任意であり，認定を受けていないから必ずしも能力が劣ると断言することはできない。やはり個々のクライエントを前にした場合には，それぞれの臨床家が，その時その時に判断せざるをえないことになる。こうした判断力を養うことは，専門家の教育訓練の重要な役割と言えよう。

　また，第7章でも話題に上る，民事上の過失責任に関する善良な管理者の注意（善管注意）（注4-4）も，専門的能力に関わる事柄である。この注意を欠く

と，民事上の過失責任を問われるおそれがある。

そうすると，その時々の状況で，何をもって妥当な注意義務の基準として判断したらよいのだろうか。ここでも上述の注意の標準が重要となる。

したがって，資格を有することは大切なことであり，特に，法的資格が存在する職種においては，その法的資格を有することは必要といえる。しかし，それらの資格の多くは最低限の基準であることも覚えておかなくてはならない。すべての状況についての能力判断の基準として「資格」が設けられているのではない。注意の標準，善管注意，諸ガイドライン，心理臨床家個々の能力・経験・訓練などを総合して判断しなくてはならないのである。直接的には，個々の専門家が，個々のクライエントや状況について個別的に判断を行うのであり，これは専門家個々人の責任である。一方，クライエントなどのユーザーの側も，専門家のスキルや能力を自分なりに評価することが望ましい。そうすることにより，臨床家・ユーザー相互の観察と注意により，分野やサービスの質を高めていくという，社会全体の利益につながっていくであろう。

2. 専門的情報が誤用・悪用されないように——情報化社会における課題

専門的能力をもっている人でなければ適切に用いることができない知識や技術が，専門的能力をもっている人以外の人々の手に渡ってしまうと，誤解・誤用されたり悪用されたり，情報を部分的に取捨選択したり，歪曲したり，曲解したりしてしまう危険が生じる。その結果，傷つけられる人が出てしまう可能性がある（「傷つく」ことについての議論は3章の「第1原則」を参照）。加えて，誤用や悪用を許していると，専門的な知識・技術，さらには専門家に対する誤解を招き，社会からの信用を失ってしまい，結局は専門家にとっても一般の人々にとっても，マイナスの結果につながってしまう。現在のように情報化の進展の著しい社会では，専門家でなければ用いることのできない知識・技術をきちんと管理することが以前にも増して一層重要であり，かつ，困難になっている。

マスメディアや書籍などが氾濫する現代社会では，心理検査の図版や質問紙，あるいは，その回答のしかたや，時には実施・採点方法までが，様々な形で一

般の人々の目に触れるようになってしまっている。テレビの番組や映画などで，心理検査の図版が画面に登場したり，その解釈が語られる場面が現実に起こってしまっている。これらの情報が，専門家を対象とした書籍や学術雑誌に掲載されることには特に問題はないが，問題は，専門家以外の人たちにこうした情報が伝わってしまうことである。

　特に憂慮すべきは，インターネットなどを通じて，これらの情報に容易にアクセスができる現状である。手術用のメスが病院外に持ち出されたり，医師の処方箋なしには得ることのできない処方薬が，一般市民を相手に無許可で売買されることがないよう管理するのは，医療機関や医師，薬剤師，そして関連業者の責任であろう。同様に，心理臨床家にとっても，専門的な器具（心理検査や箱庭など）や情報等の悪用・誤用を防ぐ責任がある。こうした情報や器具などが専門家以外の人々に流出することのないよう，厳重に管理しなくてはならない。

　特に心理検査は著作物でもあり，著作権者以外の人物・機関が，当該の著作権者に無断でホームページなどに心理検査などを掲載することには，著作権上の問題という法的な問題があることにも注意しなくてはならない。こうした器具や検査用具，情報の管理は，心理臨床家一人一人の責任であると共に，関連する業者や専門家の団体などが連携して取り組むべき課題と言える。

注4-1　「**注意の標準（standard of care）**」　筆者は以前，"standard of care" を「注意の水準」と訳して用いた（金沢，1998）が，本書では，『英米法辞典』（田中，1991）にならい，「注意の標準」として用いる。この辞典の定義によれば，"standard of care" とは，「特定の情況のもとでの過失の有無を判定するための標準」であり，通常は，「その情況におかれた通常人が払うと考えられる注意の程度が基準となる」が，「医師のように特別の技量を要する職業にある者の業務に関しては，その職業に従事する者としての通常人の基準による」とされている（同辞典，p. 803）。

注4-2　極小未熟児として生まれた男児が，総合病院の保育器内で酸素を投与され，眼底検査を受け，未熟児網膜症のおそれがあるためステロイドホルモン剤投与を受けた。しかし症状が悪化したため，未熟児網膜症治療の専門家であった別の病院の医師の診断を受けたが，光凝固法の治療時機を既に失していたため，結局両眼とも失明となってしまった。この男児とその両親が，日本赤十字社（総合病院）に対して損害賠償を求めた訴訟である。結果としては患者側の上告が棄却されたのだが，医療水準に関してこの判決が示した判断は，次のようなものだった（最高裁昭五四（オ）一三八六号，昭57・3・30三小法廷判決より）。

「思うに，人の生命及び健康を管理すべき業務に従事する者は，その業務の性質に照らし，危険防止のため実験上必要とされる最善の注意義務を要求されるが（中略），右注意義務の基準となるべきものは，診療当時のいわゆる臨床医学の実践における医療水準であるから，前記事実関係のもとにおいて，所論の説明指導義務及び転医指示義務はないものとしたうえ，被上告人の不法行為責任及び債務不履行責任は認められないとした原審の判断は正当であって，その過程に所論の違法はない。」

つまり，この事案の診療当時の時点では，光凝固法はまだ研究者の間で実験的に試みられていた実験段階の治療法であり，確立された治療法としての医療水準には達していなかった，と判断したのである。

（以上，判例時報 1039 号，pp. 66-73（1982 年 6 月 21 日），および判例タイムズ，No. 468, pp. 76-83（1982 年 7 月 15 日号）より）

注 4-3　アメリカ合衆国連邦裁判所規則（Court Rules: 連邦裁判所規則），連邦証拠規則（Federal Rules of Evidence）（2001 年 1 月 2 日改正）ARTICLE VII. OPINIONS AND EXPERT TESTIMONY（第 7 条　意見および専門家証言）Rule 702. Testimony by Experts（専門家による証言）に expert witness の要件として記されている。

注 4-4　**善管注意**　善管注意義務，善良な管理者の注意。民事上の過失責任の前提となる注意義務の程度を表す用語。行為者の具体的な注意能力に関係なく，一般に，行為者の属する職業や社会的地位に応じて通常期待されている程度の抽象的・一般的な注意義務。その人の職業や社会的地位などから考えて普通に要求される程度の注意。善良な管理者の注意を欠くと，過失があるものとして，債務不履行責任または不法行為責任などの効果が生じる（法令用語研究会，2000；金子・新堂・平井，1999）。

第5章　職業倫理の7原則・Part 3
　　　　── 多重関係

　多重関係（multiple relationship）という用語は，かつては二重関係（dual relationship）と呼ばれていたものである。しかし，心理臨床家とその業務の相手となる人々（クライエント，学生，スーパーバイジーなど）や，心理臨床家が業務以外に関わる人々と心理臨床家との関係が，「二重」のみとは限らない場合も多い。たとえば，心理学科の教員と学生との関係が，授業での教員─学生関係，学生相談室でのカウンセラー─クライエント関係，さらには部活動の顧問─部員，といった具合に，同じ教員と学生が，二重以上の関係をもってしまう可能性もある。そこで現在では，二重関係ではなく，「多重関係」という用語が用いられている。

　多重関係とは，心理臨床家が，複数の専門的関係の中で業務を行っている状況だけではなく，心理臨床家が，専門家としての役割とそれ以外の明確かつ意図的に行われた役割（偶発的な遭遇から生じた限定的な役割ではないもの）の両方の役割をとっている状況を指す。これらの役割・関係が同時に行われる場合も，相前後して行われる場合も，両方が多重関係に含まれる（Sonne, 1994）。

　多重関係については，第3章でもその一端について述べた。第3章では，クライエントやその関係者との間の勧誘，商取引および物々交換が禁じられていることを説明した。心理臨床家やその関係者への利益誘導や，心理臨床家の個人的な都合や欲求のためにクライエントを利用することは，クライエントへの「搾取」と受け取られる可能性がある。たとえば，心理臨床家の確定申告作業を，税理士であるクライエントに依頼したとすると，臨床家はクライエントの時間や労力を自分自身の個人的利益のために利用しているのみならず，客観的には，援助を求めてきたクライエントを臨床家が「働かせている」と見られてしまう。このクライエントと心理臨床家との間に，利害の対立が生じてしまう

可能性もある。このように，援助を求めてきたクライエントに対して，心理臨床家が援助を提供するという，クライエント—臨床家関係が，クライエントの福祉に最大限役立つためには，臨床家はクライエントとの関係が個人的な関係になってしまったり，利害の対立するような関係に陥ることのないよう，注意しなくてはならない。

1. なぜ多重関係が問題にされるのか

　多重関係が問題にされる最大の理由は，上記で説明したように，多重関係が心理臨床家によるクライエントに対する搾取的な関係につながりやすいからである (Borys & Pope, 1989)。搾取的関係の顕著なものは心理臨床家—クライエント間の性的関係であるが，それ以外でも，クライエントと多重の関係をもつことにより，心理臨床家—クライエント関係における中立性や客観性が侵され，利害の対立や個人的な意見がからむおそれがある。アメリカでの研究では，非性的多重関係は性的多重関係のような悪質な搾取的関係につながりやすいことが示されている (Pope & Vasquez, 1991)。

　多重関係が問題にされる状況のキーポイントは，リスクである (Sonne, 1994)。通常の専門的関係以外の関係・役割が加わることによって，臨床家の判断が客観性を失う，臨床家としての責任を十分に果たすことが難しくなる，クライエントの秘密や心理内的葛藤などを知りながら他の関係ももつことによってクライエントを一層弱い立場に陥れる可能性がある，クライエントが臨床家に寄せる信頼を裏切り傷つける可能性が増す，社会全体からの心理臨床家に対する信頼を失墜させる可能性がある……などの問題が発生してしまう。リスクを回避するのは専門家としての責任である。

　クライエント側から見ると，多重関係が存在する場合，面接の場で話す事柄がどこまで面接以外の自分の生活に関わってくるか混乱し，十分な自己開示ができなくなるおそれがある。たとえば，大学の心理学科の教員が心理臨床家であり，学生相談室のカウンセラーを兼ねている場合，その教員の授業を履修している学生あるいは今後履修する可能性のある学生は，カウンセリング場面で話すことが自分の成績に全く響かないということをどのようにして理解したら

よいのだろうか。あるいは，直接その教員の授業を履修していなくても，その教員の所属する学部・学科の学生は，たとえば卒業判定会議などのような場合に，自分の担当カウンセラーでもあり教員でもある人間が，自分にとって不利益な発言をしないかどうか，不安にならないとも限らない。そもそもそうしたおそれのために，心理臨床的援助を求めない潜在的なクライエントもいるのではないだろうか。さらには，自分が既に知っている人をクライエントとして受け入れた場合，心理臨床家の側には，以前からもっている関係や知識や印象から，既に「予断」や「偏見」をもっている可能性がある。まったく知らない人をクライエントとして受け入れる場合に比べて，かえって相手が不利益を被るおそれがある。

心理臨床家―クライエント関係は，心理臨床家がクライエントよりも大きな権力（power）をもつという，本質的に権力の不平等を内包した関係である。心理臨床家は，こうした不平等な関係が必要以上にその不平等さを増すことのないような手段をとる必要がある。多重関係の問題の本質として指摘されている重要な要素には，臨床家―クライエント間の大きな力のアンバランスがあり，この両者の関係が不平等なものであることに対する臨床家側の理解の欠如にある（Brown, 1994 ; Gabbard, 1994 ; Sonne, 1994）。

アメリカの場合，アメリカ心理学会（APA）から除名されたり州のサイコロジスト資格委員会から処分を受ける理由の中で最も多いものは，性的関係を含む多重関係であり，こうした性的関係を含む多重関係が，クライエント側からAPAに提訴される件数のうちでも最多である（American Psychological Association, Ethics Committee, 1988, 1994, 1995）。日本でも，こうした性的関係を含む多重関係の問題が既に報告されている（小此木，1992）。

一方，アメリカのサイコロジストを対象とした調査では，多重関係は秘密保持に関する事柄と並んで最も難しい職業倫理的問題とされている（Pope & Vetter, 1992）。にもかかわらず，秘密保持に関する問題がクライエント側からAPAに提訴されたり，州のサイコロジスト資格委員会が秘密保持の問題を理由に処分を行うことは意外に少ない（APA Ethics Committee, 1988）。心理臨床家と，クライエントや一般市民との間には，多重関係の重要性をめぐって，とらえ方のギャップがあるようだ。

日本の場合，多重関係は，医療領域の心理臨床家よりも教育や産業などの領域の心理臨床家の方が問題になりやすいかもしれない。教育や産業領域の心理臨床家は，相談援助以外の場でクライエントと接する可能性があるし，また，教員などが心理臨床家を兼ねている場合もあるからである。現実場面ではどのように対応すればよいのだろうか。

2. 多重関係に陥りそうな場合の判断

　多重関係の原則も，秘密保持など他の多くの原則と同様，実際の運用には細かな判断が必要となる。多重関係の問題を扱う場合に厄介な点は，職業倫理的に見て容認される行動と，容認されない行動との間に，必ずしも明確な線引きが容易ではないことである。たとえば，小さなコミュニティ（たとえば，人口の少ない地域，学校や大学，会社，など）の中では，心理臨床家とクライエントが，臨床場面以外の日常生活の中で接する可能性をゼロにすることは難しい。何らかの多重関係が常に生じる可能性がある。
　多重関係の問題について，最もよく知られている判断のしかたは，ゴットリーブ（Gottlieb, 1993）のモデルである。彼は，役割理論の観点から多重関係の問題を捉えようとするキッチュナーの考え方（Kitchener, 1988）を発展させ，多重関係に特化した倫理的意思決定モデルを提案する。
　ゴットリーブ（Gottlieb, 1993）は，倫理的意思決定プロセスの基本には3つの次元があると考える。サイコロジストが相手に対してもつ権力，両者の関係の期間，両者が今後接触をもつ可能性がどの程度あるかに関する終結の明確性の3つの次元である。心理臨床家が，相手との間に，これまでの関係に加えて付加的な関係をもとうとする状況になった場合には，次の5つのステップを踏んで熟考することをゴットリーブは提唱する。

　①現在の関係を，上記3次元（権力，両者の関係の期間，終結の明確性）を基に評定する。その結果，2つあるいは3つの次元で問題が想定される（たとえば，両者の間の権力の違いが大きく，これまでの継続期間が長く，終結が明確ではない）場合には，相手が害を被る可能性が大きく，

付加的な関係を結ぶことは考慮すべきではない。しかしそれ以外の場合には，次の段階に進む。

②想定される両者の関係を，上記3次元を基に吟味する。その結果，想定される関係に，①で予想されたような問題が考えられ，しかも，現在の関係においても，権力，期間，終結の明確性の点で両者の間に問題が想定される場合には，その関係を結ぶことは拒まなければならない。

③上記以外の場合には，想定される関係と現在の関係とについて，両者の役割の間に不一致があるかどうか，両者の役割が相反するものであるかどうかを吟味する。相反する役割の場合には，想定される関係を拒否すべきである。

④同僚からコンサルテーションを得る。この場合には，利用者（相手）の立場から見てその付加的関係を評定することが求められる。

⑤意思決定したことを利用者（相手）と話し合う。もし相手が，新たな関係に含まれる問題点や葛藤について認識できない場合や，問題点について考えようとしない場合には，その付加的な関係は相手にとって害になる危険性があるため，新たな関係を結ばない。

ヤンググレンとゴットリーブ（Younggren & Gottlieb, 2004）は，臨床家にとって多重関係を全く行わないということは不可能である一方，多重関係は，クライエント，あるいは臨床家および援助関係にリスクを及ぼす可能性が大きいという考えから，臨床家にとって必要なことは，状況を十分に吟味し，クライエントの福祉を最大限に尊重して，リスクを最小限にとどめることであると主張する。ヤンググレンらは，臨床家がまず次の5つの点について吟味し，また，必要に応じてクライエントと話し合うことを勧める（Younggren & Gottlieb, 2004）。

①専門的な関係に加えて他の関係に入ることは必要なのか，それとも避けるべきか。

②その多重関係は，クライエントに害を及ぼす可能性があるか。

③もし害を及ぼす可能性が非常に低い，あるいは，回避可能な場合，専門

的な関係に加えて他の関係に入ったとしたなら，それは（クライエントに）有益となるだろうか。
④多重関係に入ることによって，援助関係に悪影響を及ぼす危険はないか。
⑤自分はこの問題について，客観的に判断することができるか。

　ヤンググレンらは，これら5つの質問について検討した上で，多重関係に入る（あるいは続ける）ことを意思決定したなら，臨床家は次に，リスクマネジメントの視点から行動することが必要であると述べている（Younggren & Gottlieb, 2004）。

①多重関係に入る（あるいは継続する）ことに関する意思決定のプロセスが，その根拠，他の可能性の吟味，得られたコンサルテーション，クライエントの合意なども含めて，臨床記録に適切に記載されているか。
②臨床家は，多重関係に関わるリスクについて，クライエントに詳しく説明し，クライエントに考えるための十分な時間を与えた上で，インフォームド・コンセントを得ているか。ただし，クライエントに多大な危険を及ぼしたり法を犯したりするような事柄については（たとえば，クライエントとの性的関係），「インフォームド・コンセント」は成立しえない。
③他の専門家とのコンサルテーションが適切に行われた旨，記録に記載されているか。
④クライエントを守り，クライエントの利益のために臨床家が意思決定を行った（行っている）ことが記録に十分に表れているか。
⑤コンサルテーションを行った相手は，事柄に詳しい専門家であるのか。行われた援助内容のみならず，関係する職業倫理や法的な事柄について詳しい専門家にコンサルテーションを求めることが望ましい。
⑥クライエントに関する臨床的な見立てや，精神医学的な意味での診断も，リスクを予想する上で重要な情報であり，これらが十分に検討されてい

⑦クライエントに関する上記⑥以外の情報も吟味した場合，多重関係に入る（あるいは，継続する）ことは支持されるか。
⑧自分自身の理論的立場は，多重関係について考える上で，どのような影響を及ぼしているか。

多重関係のすべてが問題を生むと言い切ることはできないものの，上記に示すように，その意思決定にあたっては，熟考とコンサルテーション，十分な記録が欠かせない。

キッチュナー（Kitchener, 1988）も，すべての多重関係は職業倫理的な問題をはらみ，有害な結果をもたらす可能性を有していると考える。そして，より有害な問題を発生させる可能性の高い多重関係と，そのような可能性のより低い多重関係とを区別する基準として，次の3点を提案する。

①当事者たちの間で，互いの役割に対する期待の違いが大きければ大きいほど，誤解や害につながる危険性が高くなる。
②当事者たちが担っている役割に必要とされる義務と義務との間に相違が生じれば生じるほど，異なる義務と義務との間の板ばさみとなり，客観性を失う可能性が高くなる。
③専門家と利用者の役割との間に，権力と威信の上で相違がある場合，その相違が大きくなればなるほど，搾取の可能性が高まり，利用者の側が自分自身にとって最大の利益を得ようとすることについて客観的に考えることが困難となっていく。

以上の意思決定のしかたを見ると，多重関係の中でも，明らかに問題とされる性的な関係などを除いた他の多重関係については，何が問題で，何が問題ではないのかというような，白か黒かという単純な図式を提示していないことが共通している。いずれのモデルも，臨床家に対して，十分に状況を吟味することを求めている。しかし，多重関係を完全に避けることが不可能である一方，

多重関係が存在しない場合に比べて，多重関係が存在する場合にはクライエントが被害を被る可能性が高い。リスクマネジメントの視点からは，多重関係を可能な限り避けるべきである。その場合の現実的な対応としては，「多重関係だから面接を引き受けられない」と簡単に拒んでしまうのではなく，相手の状況について必要十分な情報を得た上で，他の適切な専門家や機関へリファーすることが考えられる。なお，リファーについては，第1，第2，および第6原則についての説明も参照してほしい。

3. 性的な多重関係の問題

筆者は前著で，性的な多重関係の問題について詳しく論じている（金沢，1998，第7章）。ここでは，前著の内容の一部について補足的に述べておきたい。

クライエントとの間の性的な関係は，クライエントの側にしばしば精神医学的問題を引き起こすことが既に知られており（Disch & Avery, 2001；小此木，1992；Pope, 1988, 1994），諸外国でも職業倫理上ならびに法律上も禁止されている（Dickson, 1995；Pope, 1986）。アメリカのすべての州では，性的な多重関係をもった心理臨床家をクライエントが過誤あるいは暴行（罪）を理由として裁判に訴えることが，判例上認められている。また，クライエントとの間に性的関係をもった臨床家に対する刑罰を設けたり，そのような行為を過失と認定する法律を設けるなど，クライエントの立場が保護されるような法的工夫を行っている州も多い（Kagle & Giebelhausen, 1994；Pope, 1986）。

性的関係は，クライエントおよびその周囲の人々を傷つけ，分野全体への社会的信頼を失墜させ，さらには，臨床家同士の互いへの信用を失わせるという意味で，心理臨床家側の意図のいかんにかかわらず，きわめて重大な問題と言える。この問題は深刻であり，なぜ性的な関係が禁止されているのかについては，改めて説明するまでもないかも知れない。にもかかわらずこの種の問題は後を絶たない。この問題が後を絶たない背景には，性的関係やクライエントに対する性的感情についての教育訓練の不足（Pope, Keith-Spiegel, & Tabachnick, 1986；Pope & Tabachnick, 1993；Vasquez, 1988），ならびに，分野全体としてこの問題にふたをしようとする隠蔽体質（Pope, 1990）が指摘されている。この問題に

ついての教育が重要であるにもかかわらず，現状では不十分であることは筆者の前著でも指摘したところである。

医師の倫理綱領として知られる「ヒポクラテスの誓い」には，次の一節がある。

「……訪れるどの家庭でも，私は患者のためだけに尽くすのであって，意図的に悪いことをしたり誘惑したり，自由人であれ奴隷であれ，女性または男性との愛情の喜びに屈したりはしない。……」（巻末資料参照）

患者であるか否かにかかわらず，医師に対して，他者との性的関係を戒める文があるということから，この時代においても既に医師と患者あるいは患者以外の人たちとの間に性的な問題が生じていたことを想像してしまう。それだけ古い問題であるといってもよいのかもしれない。

筆者の前著で既に論じたように，いきなり性的な関係が生じるというよりも，心理臨床家—クライエント間の種々の境界が崩れていき，次第に性的な関係に発展していく，というのが一般的なパターンのようである。したがって，性的関係につながる可能性のある状況や行為を避けることが肝要である。

直接の性的関係ではないものの，旅行や会食などは，性的関係に発展しやすい行為であるといわれており，専門家のとるべき行為とはいえない（Pope, 1994；Pope, Sonne, & Holroyd, 1994）。また，身体的な接触についても，特別の状況（たとえば，身体接触が必要とされる援助技法であり，他の技法と比較してその技法の有効性が確認されていること，その内容などについて十分なインフォームド・コンセントが行われ，第三者が同席するなど，問題防止のための措置がとられている場合）以外には，避けるべきことである（Gutheil & Gabbard, 1993）。クライエントとの間のみならず，クライエントの家族など，関係者との間においても，同じルールが適用される。

ここで，時に，「相手との間に合意があった」との主張が聞かれることがある。しかし，下記に説明するように，心理臨床家—クライエントという場において，両者の間の力（あるいは権力）の違いは明白である。つまり，両者は人間としては対等であっても，臨床場面においては，知識や力（権力）の点では

非常に不平等な関係である。このように不平等な関係においては，対等な人間同士の「合意に基づく恋愛（性的関係）」が存在するとみなすことは困難である。

　心理臨床家は，相手を守り，相手の福祉に貢献する責任を負っている。その相手を自己の欲求の対象として扱うことは容認されない。同様に，「相手から誘われた」という主張も，理由として正当化されない。

1)「転移への誤った対応」説

　セラピスト―クライエント間の性的な問題で，セラピスト側の過誤が裁判で初めて認められた事例として知られているのが，「ジプキン対フリーマン」という，かつてアメリカで争われた裁判である。この事例の概要は以下の通りである（*Zipkin v. Freeman*, 1968）。

> 　ジプキン婦人は，フリーマン医師（精神科医）の治療に通うが，治療を続けるうちに，ジプキン婦人は，フリーマン医師に恋していると思うようになり，フリーマン医師は彼女と旅行に行ったり，一緒に裸で泳いだり，セックスをするようになる。さらには，ジプキン婦人は彼のために農場を買ったり，その農場で働いたり，さらには夫と離婚するようにフリーマン医師から迫られてしまう。ジプキン婦人は，精神的，身体的な苦痛を訴え，損害賠償を求めて裁判を起こす。裁判所が下した結論は，仮にセックスが行われなかったとしても，ジプキン婦人が損害を受けたであろうことは明らかであるとして，ジプキン婦人からフリーマン医師へ向けられた転移に対してフリーマン医師が誤った対応を行ったことによって生じた過誤であると判断した。つまり，フリーマン医師は，患者であるジプキン婦人の最大の利益のために行動する義務があったにもかかわらず，医師としての標準的な対応を逸脱して，患者からの信頼を裏切ったと断じたのである。

　同様の判決は多い。クライエントと臨床家との間の性的関係のみならず，精神科医が患者の妻と性的関係をもった場合（*Mazza v. Huffaker*, 1983）にも，夫婦

カウンセリングを求めた夫婦のどちらか片方とセラピストが性的関係をもった場合にも（*Figueiredo-Torres v. Nickel,* 1991；*Horak v. Biris,* 1985），臨床家側が敗訴している。また，当然ではあるが，性的関係は治療を目的として行われたという精神科医側からの主張も退けられている（*Roy v. Hartogs,* 1976）。クライエントと性的関係を結ぶ際に，クライエントの福祉を理由にする心理臨床家がいることが指摘されている（Pope & Bajt, 1988）が，それが正当な理由とみなされないことは明らかである。

　一方，これらの判決の多くに共通する点として，性的行為そのもの（あるいは，性的行為のみ）を過誤と判断しているのではなく，性的行為を含むそのほかの行動も含めて，一連の行動が，被告である臨床家の行動として，逸脱したものであったと判断していることは注目すべきである。

2)「転移に対する誤った対応」説への反論

　上述の「ジプキン対フリーマン」のように，クライエントからの転移に対する対応の誤りを判断基準とする判決は多いものの，この判断基準に対しては反論があることにも注目する必要がある。転移という概念（あるいは現象）は，臨床的にはしばしば有用であるとしても，この概念（あるいは現象）を，裁判での証拠として用いてよいかどうかが論点となっている。マルムクウィストらは，次のような問題点を指摘する（Malmquist & Notman, 2001）。

- 「転移」は，証拠として用いられるだけの明確・厳密な定義と科学的な妥当性を欠き，曖昧である。
- 必ずしもすべての臨床家が「転移」という概念を用いているわけではなく，この概念に賛同しているわけでもない。
- 現実には，短期的な援助や家族・集団を用いた援助など，フロイト流の本来の「転移」という現象が生じることなく行われる心理的援助も多い。にもかかわらず，多様な幅広い状況で，「転移への誤った対応」説が判決の基準として用いられてしまっている。
- 臨床家による援助が行われている間のみならず，援助が終結した後にも「転移」が長期間（あるいは永遠に）継続すると考えることは，クライエントには，他者と自分との関係について，自分の自由意思で理解し，

考え，判断する能力がないと主張することになる。しかし，人間はそもそも多様な経験に影響を受けている。臨床家との関係のみがそのような永続的かつ破滅的な影響を与えるという考え方には問題があるのみならず，クライエントが自分で考え，合理的な判断のもとに行動するようになることを援助するという，心理的援助本来の目的さえも反故にする考え方といえるのではないか。

　このような問題があることから，最近の研究では，「転移に対する誤った対応」という考え方よりも，「境界越え（boundary crossing）」と「境界侵害（boundary violation）」の2つに区別する考え方が注目されている。「境界越え」とは，一般に受け入れられている臨床実践のしかたからの逸脱を広く指す言葉であって，クライエントの益になる場合も益にならない場合もある。一方，「境界侵害」とは，一般に受け入れられている臨床実践のしかたからの逸脱が，クライエントあるいは援助プロセスを深刻な危険に陥れるような場合である（Smith & Fitzpatrick, 1995）。

　「境界越え」と「境界侵害」とを区別することは，「転移への誤った対応」という判断のしかたに比べると，特定の理論的立場に依拠したものではなく，汎用性があるという点で有用ではある。しかし，この場合もやはり，境界とは何か，何が境界越えで何が境界侵害になるのか，直感的には何となくわかるような気がするものの，定義しなくてはならないという課題が残る。この点について，グータイルらは次のような明確化を試みている（表5-1）。

表5-1　「境界越え」と「境界侵害」

・役　割
　ほとんどのクライエントは，心理的援助を求めるにあたり，臨床家に対して，自分の幼少期の願望をすべて満たしてくれる理想の親として無意識的に見てしまいがちである。クライエントからの依存や愛情欲求にすべて応えようとすることは，臨床的に見てクライエントの益にならないだけではなく，職業倫理的問題にも発展してしまう可能性がある。一方，クライエントの願望を全く無視することも，好ましくない場合があろう。臨床家

は，リビドー的欲求（libidinal demands）と成長ニーズ（growth needs）を区別して対応することが必要である。リビドー的欲求を満たすことは，職業倫理的問題につながる行動となる。一方，成長ニーズは，ある程度満たされることが，クライエントの成長につながる。

・時　間

　従来から，「治療の枠」というような言い方で知られている事柄の中には，クライエントと接する時間的な枠組みを明確化する必要が含まれている。面接の始まりと終わりの時刻を明確化することのみならず，遅刻や予約時以外における対応なども含まれる。また，相談室に他に誰もいない時や夜遅くにクライエントと会うといった行動は，リスクマネジメントという観点から見ても好ましくない。

・場所，空間

　臨床家のオフィスでクライエントと会うのが普通であり，それ以外の場所で会うことはあまり行われていないであろう。オフィス以外で会うことは境界越えと見なされるのが普通であるが，現実場面での脱感作療法や暴露療法のように，オフィス以外で援助を行うことが必要な場合もある。しかし，レストラン等で食事を共にしながらのセッションは，性的関係へとつながりやすい境界越えとして知られており，また，一般市民の目から見ても「心理的援助」とは見なされにくく，職業倫理的にもまたリスクマネジメントの視点からも，避けるべき行動である。

・お　金

　心理的援助は，愛情や社交関係ではなく，仕事であるということを明確に示すことのできる唯一最大の方法は，クライエントとのお金のやりとりである。クライエントとの関係が「仕事」であることを忘れると，問題が生じやすくなる。何らかの理由で無料あるいは通常よりも低い料金で援助を行う場合には，その理由や必要性などについて，クライエントと話し合うことが求められる。お金以外の「料金」を受け取る（たとえば，クライエントからお金の代わりに物を受け取る，お金の代わりに労働を対価として受け取る）ことは，その「物」の価値評価の曖昧さや，そのお金以外の「料金」がエスカレートする危険性などの点から，避けるべきである。

・贈り物やサービス

　上記に，クライエントから労働を対価として受け取ることの問題を指摘したが，対価としてではなくとも，クライエントに自分の用事を頼んだりすることも境界侵害である。一方，家族を喪って悲嘆に涙するクライエントにティッシュを差し出すことは適切な行動である。しかし，臨床家がクライエントに贈り物をすることは境界侵害と考えられることが多く，慎重な判断が求められる。

・服　装

　服装は社会的な意味でも境界を表しており，その境界を越えることは，援助プロセスにとって不適切であることが多い。極端な例ではあるが，クライエントが服を脱ごうとしたなら，それは不適切な行動であるからやめるよう指示するのが臨床家の責任である。もちろん，臨床家の側が露出の多い服装や明らかに誘惑的な服装をしたり，自分から服を脱ごうとすることなどは，境界侵害と見なされる。

・言葉遣い

　誘惑的な言葉遣いや声のトーン，軽蔑的な言葉などは，注意すべきであることは言うまでもない。クライエントとの間に良好な関係を築く一方で一定の距離を保つ，という背反する現実を考えると，クライエントに対する名前の呼び方にも注意する必要がある。

・自己開示

　臨床家自身の夢，ファンタジー，社会的関係，性生活，経済的状況，休日の予定，家族の状況などを話すことは，クライエントが知る必要のない情報であることから，境界侵害と見なされる。臨床家が自発的に発言することは臨床的に有益な場合があるが，臨床家が自分自身について話すことは，自分自身の満たされない欲求に基づいているのではないか，客観的に見て援助プロセスに必要なのか，吟味すべきであろう。

・身体接触

　グータイルらは，臨床家を取り巻く現在のアメリカの職業倫理的・法的な状況を考えると，握手が身体的接触の限界であろうと述べている。臨床家は，直接の身体的接触による「ケア」ではなく，言語的なやりとりによ

って援助を行う必要がある。身体接触は，クライエントにとって，本来は自分の親から提供されるはずであった身体接触が臨床家によって与えられることになり，クライエントのもっていた無意識的な欲求が活性化され，それ以上の欲求が満たされるのではないかとの誤解を与えてしまう可能性がある。

なお，直接の身体接触を必要とする援助技法の場合には，クライエントとの間のインフォームド・コンセントのもと，その技法に必要な範囲において身体接触が行われることになる。

(Gutheil & Gabbard, 1993 をもとに作成)

境界越えの様態は多様であり，その結果も一様ではない。すべての臨床家―クライエント関係を綱領の文言に規定したり，厳密に定義したりすることは不可能であることは言うまでもない。しかし臨床家には，境界越えについての文献を理解し，自分が通常行っている行動とは異なる行動をとる場合には，慎重に行い，自分が行う行動について，その理由や根拠を明確にし，プラス・マイナスを十分に考慮し，必要に応じてクライエントや同僚・他の専門家と話し合い，そして，細かな記録をつけておくことが，臨床的にもまたリスクマネジメントの上からも求められる，とグータイルらは指摘する (Gutheil & Gabbard, 1993)。このことは，境界越えの問題の複雑さと，この問題に関する教育の重要性を示唆するものと考えてよいであろう。

グラス (Glass, 2003) も，境界越えが必ずしも問題を生み出すのではないと主張するが，境界越えや境界侵害の定義ではまだ不明確な点が多いとして，次のような定義を試みている。

①境界越えそのもの

一般に受け入れられている臨床実践の枠組みを，当該のクライエントに適合するよう創造的で良心的な形で逸脱した行動がここに含まれる。たとえば，手術前に不安が高かったクライエントに対して，手術後に電話で様子を尋ねる，職を失ったクライエントに面接料金の減額を提案する，クライエントが泣いている時にセッション時間を延ばす，などである。これらは，

伝統的な治療的枠組みを，個々のクライエントのその時のニーズに合わせるために臨床家によって行われる行動であり，クライエントとの間の援助関係を作り上げていく上で有益である。

②境界越えの灰色領域

上記①よりも，標準的な臨床技法からの逸脱が大きい。遠方に転居したクライエントと電話で心理療法を行う，クライエントの許可を得て（しかしクライエントが不在の状態で）クライエントにとって重要な人と会う，援助を行う過程で経済的に裕福になったクライエントの料金を上げる，などである。このような場合には，クライエントとの間で境界越えが援助関係にどのような影響を与えているか，クライエントにとってどのような意味があるかを探っていくことにより，誤解を最小限にとどめ，臨床家―クライエント関係を良好なものにしていくことができる。

③多くの境界越えの結合状態（aggregated boundary crossings）

境界越えが頻繁に行われ，長期化し，クライエントと話し合われることもなく，援助目的と直接関係のない状態に至ってしまうと，過誤とほとんど同じ状態に陥ってしまい，クライエントは臨床家に依存した状態から抜け出せなくなってしまう。当該の臨床家がこのような状況を客観的に判断することは難しく，コンサルテーションを求めるべきである。

④境界侵害そのもの

臨床家―患者間の性的接触が，もっともよく知られ，また，もっとも明白な境界侵害である。

⑤境界侵害の灰色領域

臨床家側から行われる行動で，一般的に受け入れられている臨床実践から逸脱しているものの，④ほど極端ではなく，より微妙な状況である。たとえば，クライエントからの適切な形での合意あるいは十分な改変を行うことなく公表された事例報告，請求書を不注意で別のクライエントに渡してしまうミス，クライエントの肩を叩いて励ますこと，などが挙げられる。不注意はともかく，これらの行動の多くは，クライエントのニーズから発するのではなく，臨床家側のニーズを満たす行動であることが多い。グラスによれば，これらの行動については様々な意見があろうが，臨床家側に

悪意がなく，クライエントと率直に話し合うことによって，むしろ援助関係を強化することができるのではないか，と述べている。

⑥疑似境界侵害

クライエントにとって境界侵害と感じられるが，職業倫理的に正当な行いである。たとえば，タラソフ原則による警告（本書第6章参照）や，児童虐待についての通告などが例として挙げられる。

グータイルら（Gutheil & Gabbard, 1993）もグラス（Glass, 2003）も，心理力動的な立場をとり，一般に受け入れられている臨床実践からどの程度逸脱しているか，その逸脱はどのような影響をもたらすか，という観点から境界越えと境界侵害を論じている。また，これらの主張は，性的な多重関係にとどまらず，広範囲の職業倫理的問題を考える枠組みとして提示されているようにも思われる。

多重関係の問題は複雑であり，これらの主張に対する異論もあろう。少なくとも，多重関係の問題が，何が正しく，何が間違っているかという「白か黒か」の論点では考えることが困難であり，すべての多重関係が問題とされるのではなく，多くの「灰色」状態が存在することは読者にも理解していただけよう。

3）性的な多重関係は段階的に進行する

筆者の前著（金沢, 1998）で既に述べたように，通常の臨床家―クライエント関係が，突然一足飛びに性的な多重関係に変化するのではなく，通常の臨床家―クライエント関係が少しずつ変容し，次第に性的な色彩を帯びていくことが，海外での調査研究では示唆されている。臨床家との性的関係の被害者を面接した調査によれば，性的関係の前に，様々な境界侵害が起きていたことが示されている。ソマーらの調査（Somer & Saadon, 1999）では，身体接触の前に，臨床家自身のプライベートな生活に関する情報や感情，クライエントが臨床家にとって「特別」な存在であること，臨床家の趣味，嗜好，臨床家自身が感じている問題などが語られることが多かった。典型的なパターンとして指摘されたのは，クライエントが危機状況にある時に，臨床家が身体接触を行ったり抱

いたりキスしたりすることによってクライエントを慰め，こうした身体接触が性的関係へとつながっていくというプロセスであった。クライエントとの面接予約を，昼食時に設定したり（したがって一緒に食事をとる），他のクライエントたちとの面接がすべて終わった夜の時間に設定したりする場合（したがって他のクライエントの予約を気にする必要がない）もある。性的な行為が臨床的援助に不可欠であると説明した臨床家もいたようである。クライエントにとって臨床家との性的関係が援助的に必要であるとの理由づけが，性的関係を結ぶ臨床家から示されることが多いということは，他の調査（Pope & Bajt, 1988）でも見られる結果であり，憂慮に値する理由づけである。

　ラムらの調査でも，性的な境界侵害を犯す臨床家は，性的な境界侵害を犯さない臨床家に比べて，非性的な境界越えも多く行っていることが示されている（Lamb & Catanzaro, 1998）。他の調査でも，非性的な多重関係が搾取的関係（特に性的な関係）につながりやすいことが示されており（Borys & Pope, 1989），境界を越えることについては，十分に吟味し，きわめて慎重な対応を行うことが必要であると考えられる。

　性的な多重関係は，他の多重関係の問題と質的に大きく異なる問題ではなく，むしろ，連続線上にあるということは，十分に覚えておくべき点であろう。臨床の場でも，臨床家の教育の場でも，多重関係全般について，慎重な対応を習慣づけることが，性的な問題を予防する上でも重要と言えよう。

4) 性的な多重関係の問題を起こした臨床家の「更正」は可能か？

　性的な多重関係の問題は，当該の心理臨床家―クライエント間の問題であるとはいえ，個人的な問題にとどまらず，心理臨床家全体に対する社会的信頼を失墜させる大きな問題である。後を絶たないこの問題に対して，どのように対応すればよいのだろうか。

　実際に性的な問題を起こした臨床家の「更正」が困難である（Pope, 1990）という現実を考えると，私たちにとって重要なことは，臨床家の教育を充実させ，予防に努めることである。性的な問題の教育は，大学や大学院での教育の中でまず行われるとともに，実際に臨床活動を行っている臨床家（性的問題を起こす人の大部分は，学生ではなく，実際に業務を行っている臨床家である）にも

行われるべきである。臨床家やその卵である学生たちだけではなく，一般の人々，他職種の人々，臨床家を雇用する側の人々に対する教育・啓発も欠かすことができない。なぜなら，心理臨床家が行うことはどのようなことなのか，援助場面ではどのようなことが期待されどのようなことは行われるべきでないのか，臨床家や援助場面についてどのようなことに注意していなくてはならないのかについて，心理臨床家以外の人々が知ることにより，クライエントとしての自分を守り，雇用する側の責任を果たし，問題を犯した臨床家を適切に裁いて被害者に必要な賠償を行わせることにつながるからである (Strasburger, Jorgenson, & Sutherland, 1992)。心理臨床家側の教育だけではなく，社会全体に対して，心理臨床家―クライエント間の性的な問題に関する知識を広めることにより，社会全体の関心と監視を強め，ひいては心理臨床家側の自己監視力を高めていくことが期待される。社会全体が見守ることによって，心理臨床家の行動をより良いものにしていくことが可能となるのである。

4. 非性的な多重関係の問題

　多重関係の問題については，性的な多重関係が注目を集めているが，多重関係は性的なものとは限らない。多重関係には多くの種類があるが，ここでは，臨床家を悩ませやすい問題として，クライエントからの贈り物と，小さなコミュニティで働く心理臨床家という2つの問題を取り上げたい。

1) クライエントからの贈り物にどのように対応するか

　心理臨床家を悩ませる問題の一つに，クライエントからの贈り物に対してどのように対応するかという問題がある。贈り物の授受に関しては，たとえば，「自分を特別な存在として扱って欲しい」，「あまり厳しく突っ込まないで欲しい」など，特にクライエント側の様々な心理的な動きを考えることができ，臨床的な観点からも，贈り物を受け取らないとする議論があろう。また，（たとえば医師などの）他領域の専門家に対する「お心付け」や「付け届け」に関する社会的批判を見ると，業務に対する正当な報酬以外を容認することは，社会的批判を生むのみならず，「心理臨床家に贈り物をしたからうまく問題が解決

した」,「せっかく贈り物をしたのに,特別な対応をしてくれなかった」などの誤解を生むことになりかねない。さらには,贈り物によって,心理臨床家の側が,業務に必要な客観性や公正さの上で,微妙に影響を受ける可能性も完全には否定できないと思われる。

しかし,その一方で,たとえば,クライエントとの間の援助関係がポジティブな形で終結に至り,クライエントが自発的に,心理臨床家に対して感謝の意を表そうとして,小さな手作りのお菓子を持参してきた時に,それを拒むことは,かえって人間味を失した機械的な対応と指弾されるかもしれない。自分がお世話になった人に対して,何らかの感謝の意を表したい,規定の報酬では事務的すぎるので,それに加えて他の方法で感謝の意を伝えたいという気持ちは,十分に理解することができる。

したがって,以上を勘案すると,贈り物に関しては,受け取らないということを原則とし,その上で,贈り物のタイミングと内容(たとえば金額的価値など),ならびに,その贈り物が心理臨床家—クライエント関係に及ぼす影響という点から判断することが妥当であると思われる。

日本心理臨床学会の「会員のための倫理の手引き」でも,規定の報酬以外の贈り物は受け取るべきではないとする一方で,贈り物を拒否されることをクライエントがどのように受け止めるかを含め,贈り物のもつ意味について慎重に配慮することを求めている(倫理委員会,2001)。

贈り物に関して,日本の医師と弁護士の職業倫理ではどのように考えられているのだろうか。日本医師会の「医師の職業倫理指針」(日本医師会,2004,2-17)では,「医療行為に対し定められた以外の報酬を要求してはならない。患者から謝礼を受け取ることは,その見返りとして意識的か否かにかかわらず何らかの医療上の便宜が図られるのではないかという懸念を抱かせ,またこれが慣習化すれば結果として医療全体に対する国民の信頼を損なうことになるので慎むべきである。」と,明確に贈り物を禁じている。これは,手術や入院などの際に,「付け届け」といわれる贈答により,特定の患者の便宜を図ることについて,強い社会的批判があることを念頭においた規定と思われ,妥当なものといえる。

外国語文献の翻訳ではあるが,医療倫理のテキスト(ロウ,2003,pp. 234-

240) では，患者からの贈答品について，次のように考察している。ロウは，まず，患者が医師に贈り物をする理由には，むろん，純粋な感謝の意を表したいという理由もあるが，それだけではなく，患者自身の欲望を満たしたり，今後の治療で優遇してもらったり，あるいは，社会的な慣習に従うという，個人的あるいは社会文化的な文脈の存在を指摘し，どのような理由であれ，贈り物には何らかの見返りが期待されていると論じている。そして，贈り物を受け取ることによって，患者からの個人的な期待に対する暗黙の承認を与えることになり，その結果，医師─患者関係や臨床判断に悪影響を及ぼすだけではなく，社会的な信用を低下させてしまうと指摘する。したがって，ロウは，患者からの贈答品に対しては，次のような対応を挙げている。

①ほとんどの贈答品は適切なものであり，受け取らない場合は患者は侮辱されたと感じるので，適切な贈答品は喜んで受け取る。

②自分は特別なことをしたわけではないので，自分の重要性や治療技術に自惚れることのないよう，贈答品のことはすぐに忘れる。

③贈り物の中には，問題を生じさせるものもあることを認識する。

④同僚も贈り物について悩んだ経験を有している場合が多いので，贈り物が適切なものであるかどうか，相談する。

⑤贈り物を第三者（たとえば，職場の治療スタッフ，病院内ボランティア組織，チャリティーなど）と分け合い，それを患者に説明することによって，患者からの過度の期待を減少させることができる。

⑥感謝と共感の気持ちを表しながら，患者を拒否することなく，「贈り物を受け取ることはできない」などのような形で丁重に贈答品を断る。

一方，日本では弁護士の「弁護士職務基本規程」（注5-1）第49条第1項で，贈答に関する規定として，国選弁護人について次のような定めがある（弁護士職務規程解説起草検討会，2005, p. 81）。

「弁護士は，国選弁護人に選任された事件について，名目のいかんを問わず，被告人その他の関係者から報酬その他の対価を受領してはならない。」

この条文の解釈として，「『対価の受領』は，金銭の受領に限らず，…社会的儀礼の範囲にとどまる贈答品の受領や金銭的に評価すれば少額のものであって

も，国選弁護制度の趣旨に照らし，対価性を有すると評価される場合もあり得る」（弁護士職務基本規程解説起草検討会，2005, p. 82）として，国から国選弁護費用を受け取る国選弁護人としては，注意すべきであるとしている。しかし，これ以外には，規定の報酬以外の贈り物について，弁護士職務基本規程にも弁護士法にも明確な定めがない。

　日本弁護士連合会の意図は定かではないが，少なくとも上で紹介したような明文化された倫理綱領を見る限りでは，日本医師会の考え方には見習うべきものがあるといえる。

2) 小さなコミュニティの場合

　小さなコミュニティとは，地理的な意味での小さなコミュニティも含まれるが，それ以外に，たとえば，学校や，趣味のサークル，同じ職場で働く人々のように，必ずしも地理的に近接していなくとも，ネットワークの小ささによって，互いに顔を合わせたり何らかの形で接触する可能性の高い集団も含まれる。

　小さなコミュニティでは，臨床家もクライエントも「匿名性」を維持することが困難である。特に，小さな地域社会では，両者ともコミュニティ内の多くの人々と接触しながら生活しているのが現実である。小さなコミュニティでは，人と人との関係が密であり，人と人との距離を十分に保つことがしばしば困難である。このことは，大都市のように人々の間の距離が相対的に遠いコミュニティに比べて，プライバシーの保護が難しいということであり，このような環境で臨床行為を行うことは，多重関係以外にも多くの問題を抱えやすくなる場合が多い。

　キャンベルら（Campbell & Gordon, 2003）は，小さなコミュニティで実践を行う臨床家が多重関係について注意すべき点として以下を挙げる。

　①最悪の状況を想定し，注意深く対応する。
　②他の専門家からコンサルテーションを得，その内容を記録に記載する。
　③クライエントのニーズが，臨床家のニーズよりも優先するよう，できるだけ多くの状況で「境界」を明確にする。贈り物をもらったり，料金の代わりに物を受け取るといったことは，職業倫理的に問題を生じやすいだけではなく，臨床面でも難しい状況を作り出す可能性が高いことを十

分に認識する必要がある。
④秘密を保持する。多重関係に入っているということは，自分が関わっている人が多くなるということになり，秘密が漏れていく可能性が高まる。誰から聞いた話であるかを常に意識した言動が求められる。
⑤できるだけ早く多重関係を終結する。そもそも最初の段階から，多重関係に入らないのが最善の臨床実践であるが，多重関係に入った場合には，できるだけ早く，しかし，クライエントの最大の利益に配慮しながら，注意深く終結する。

　サイモンら（Simon & Williams, 1999）は，どのような場であれ，基本原則は，クライエントを犠牲にして臨床家自身の個人的満足を得てはならないという禁欲原則であり，臨床家が中立的でクライエントとの間に一定の距離を保つことが，クライエントの成長に寄与するという立場から，上記のグータイルらによる「境界越え」と「境界侵害」との区別（表 5-1）は，小さなコミュニティでも留意すべきであると述べている。そして，どの程度の知り合いであるのか（たとえば，名前と顔だけを知っているような表面的な知り合いであるかどうか），援助内容・方法，他にその地域に臨床家が存在しているか否か，また，危機的状況であるか否かについて考慮して，対応を判断することを勧めている。その一方でサイモンらは，小さなコミュニティで臨床活動を行っている専門家に対して，他の臨床家を募集・採用したり，適切な人材を発掘してメンタルヘルスのサポート体制を築いていくことを提案している。検討に値する提案であると思われる。
　小さなコミュニティでは，多重関係の定義には必ずしも当てはまらないものの，悩ましい状況を経験することがある。本章の最初で述べたように，多重関係の定義とは，心理臨床家が，複数の専門的関係の中で仕事を行っている状況のみならず，心理臨床家が，専門家としての役割とそれ以外の明確かつ意図的に行われた役割（偶発的な遭遇から生じた限定的な役割ではないもの）の両方の役割をとっている状況（Sonne, 1994）であるが，意図せず予期せず，街の中で，デパートやスーパーでの買い物中に，クライエントとばったり出会ってしまうことがある。こうした偶然の遭遇は多重関係の定義には含まれないが，筆

者は，自分自身の臨床経験からも，このような遭遇の扱い方にも注意が必要と考える。

　グータイルら（Gutheil & Gabbard, 1993）の区別に従えば，偶然の遭遇は境界越えである。しかし，これが境界侵害にならないよう，臨床家は注意しなくてはならない。日常的な人間関係では，このような遭遇について吟味して考えることはないであろうが，心理臨床家としては，クライエントとの偶然の遭遇についても留意が必要であろう。具体的には，筆者は次のように考えている。

---

①不用意にこちらから挨拶をするのではなく，クライエントがこちらに気づいて挨拶をしてくるかどうかを見守る。クライエントが挨拶を向けてきたのであれば，それは，クライエントからの挨拶の許可（つまり，今ここでは，自分と臨床家とが接触をもっているということを周囲に対して明らかにしてもよい，という許可）であると解釈して，こちらからも挨拶を返す。先方が挨拶を向けてこなければ，こちらからも挨拶を行わない。

②その後，クライエントと面接を行う際には，必ずこの遭遇について話し合い，クライエントがどのように感じ，どのように考えたのか，どのようなことが頭の中を巡り，どのような戸惑いを感じたのか，ふりかえりを行う。さらに，今後再度，どこかで遭遇した場合にはどのようにしたらよいか，話し合う。

　偶然の遭遇の後で，クライエントと話し合うことは重要であるのみならず，臨床的にも有用である。面接室以外の場で臨床家とばったり出会ったことによって，クライエントが臨床家に対してどのような気持ちを抱いたのか，それまでの臨床家に対する印象と異なる印象をもったのか，挨拶をしようか戸惑いはなかったのか，見られて恥ずかしいと思ったのかどうか，……。このような話し合いから，場合によっては，クライエントの抱えている問題について臨床的に取り上げ，掘り下げていくこともできよう。

　なお，場合によっては，心理臨床家自身の安全を確保する必要性から，偶然の遭遇についてふだんから注意していなければならない場合もあることを付け

加えておきたい。

注5-1 日本弁護士連合会の「弁護士職務基本規程」は，2004年11月10日，日本弁護士連合会の臨時総会において，それまでの「弁護士倫理」に代わるものとして制定された。この基本規程は2005年4月1日より施行となり，同時に，それまでの「弁護士倫理」は廃止となっている。

第6章　職業倫理の7原則・Part 4
　　　——秘密を守る

　「守秘義務」や「秘密保持」という言葉は、心理臨床家の職業倫理の中で最も有名なものであろう。またこの原則は、種々の調査を見ると、海外でも（Haas, Malouf, & Mayerson, 1986；Pope, Tabachnick, & Keith-Spiegel, 1987；Pope & Vetter, 1992）、また日本でも（倫理委員会、1999；田中、1988）、心理臨床家を最も頻繁に悩ます代表的な職業倫理的問題の一つとして挙げられており、心理臨床家の多くにとって関心の高い事柄である。

　秘密を守ることが大切であることは、心理臨床家のみならず、臨床心理学を学ぶ学生にとっても、ごく当たり前のことのように受け止められている。しかし、心理臨床家を頻繁に悩ます問題であるということは、「守秘義務」や「秘密保持」がきわめて複雑な問題であることを示唆している。「クライエントの秘密を守る」だけであれば、話はそれほど難しくないのかもしれないが、単に「秘密を守る」と一言で片づけることのできない複雑さがある。この複雑さを念頭においておくことがまず大切である。

1. 「守秘義務」「秘密保持」という言葉を吟味する

　まず言葉の意味を明確にしておきたい。「守秘義務」や「秘密保持」という言葉はそもそも何を意味しているのだろうか。

　まず、「守秘義務」や「秘密保持」に共通して用いられる言葉（文字）である「秘」について調べてみたい。『広辞苑』（新村、1998）によれば、守秘義務の「秘」とは、①ひめること、かくすこと、②人知ではかりしれないこと、③通じが悪いこと、と定義されており、「秘密」を意味する場合の「秘」はこれら3定義のうちの①の意味とされている。一方、『新漢和辞典』（諸橋・渡辺・

鎌田・米山, 2002）には,「秘」の意味として, ①神, ②奥深くて知ることができない, ③ひめる, かくす, ④閉じる, ⑤めずらしい, の語義が挙げられている。

「秘」という語の語源を辿ってみると, 興味深いことがわかる。「秘」のもともとの字体は「祕」であり, これは,「示」(神) という意味と「必」という音とから成る形声文字であって, 形のない見えない神, あるいは, その神の力を意味するのが, この字の原義であったとされる (諸橋・渡辺・鎌田・米山, 2002)。人の力では知ることも見ることもできない神の姿やその力は, 隠されるべきものである。人は神を見てはいけないのであろう。

そして「秘密」とは, ①かくして人に知らせないこと, 公開しないこと, また, その内容, ②（仏教用語）ア）真言の教え, 密教, イ) 密意, 仏が理由あって秘した教え, と定義されている (新村, 1998)。上記の「秘」(「祕」) の元々の意味を考えると, 神の姿や力を人は見ることができないし, 見てはいけないので, それを隠しておくこと, というのが「秘密」という言葉の意味のようである。なお秘密の「密」という字は,「山」を意符とする形声文字であり, その原義は, 山中の静かな, という意味である (諸橋・渡辺・鎌田・米山, 2002)。このことから考えても, 見てはいけない神の姿や力を山中に静かに隠しておいて, 人には見られないようにする, ということが日本語の「秘密」の語義であると理解すべきであろう（なお, 法律上の「秘密」という概念については, 本章第7節を参照されたい)。

次に, 英語の語義について考えてみたい。日本語の「秘密」は英語では "secret" であるから, 英語で「秘密保持」とか「守秘義務」という場合には "keeping someone's secret" あるいは "secrecy" と言うのかと思うと, そうではない。英語では "confidentiality" なのである。日本語の「秘密」という言葉のもつニュアンスと, 英語の "confidentiality" という言葉のニュアンスとの間には, 少なからず違いがあるようだ。

英語の confidentiality について, *The Oxford English Dictionary* (通称 O.E.D. 第2版) (Simpson & Weiner, 1989a) で調べてみたところ, 次のように記されていた。confidentiality は confidential という形容詞の名詞形であるが, confidential の語源は, 現代英語の confidence を意味するラテン語の *confidentia* である。そ

こで英語の confidence を見ると，その語源の confidentia は，「confidentem ［英語の confident，下記参照］の状態あるいは性質」と書かれている。そして英語の confidence のもっとも古い意味は，15 世紀中頃に用いられた「人あるいは物を信じる，あるいは信頼している態度；堅い信頼，信用，信心」という意，その次に古いのが，16 世紀前半に記録のある「（自分自身，状況，神の加護などを）頼みにすることから生じる確信，大胆さ，恐れを知らぬ様子」である。一方，confident を見ると，その語源としてラテン語の confīdentem（堅く信頼している，頼っている；自信がある；大胆である，恐れを知らない；豪胆な，厚かましい）が挙げられており，現代英語の confide を意味するラテン語の confīdēre（強調接頭辞 con- プラス fīdēre 信頼する，すなわち完全に信用する・完全に信頼するの意）の現在分詞であった，との説明がある。ちなみに，現代英語で「（相手を）信用して秘密を打ち明ける」といった意味で用いられる confide は，「信頼する，信用する」がもっとも古い意であり，15 世紀終わりに記録があるとのことである。

　The Barnhart Dictionary of Etymology（Barnhart, 1988）を見ても，confide の関連語として confidant, confidence, confident, confidential が挙げられており，confide は，スコットランド英語で 1455 年以前に「完全に信用する，完全に信頼する」を意味するラテン語の cōnfīdere から借用して用いられた，とある。この辞書によれば，confidence は，ラテン語の cōnfīdere の派生語から 1400 年以前に借用，とある。confide およびその関連語の中では，英語の言葉としては confidence がもっとも古いようである。

　以上，英語の confidentiality の原義を吟味してみた。上記の O. E. D. と *The Barnhart Dictionary of Etymology* の説明をまとめてみると，どのようなことがわかるだろうか。この 2 つの辞書の記述を要約すると，誰か・何かを固く信じている態度，強い（あるいは完全な）信頼，堅い信用，というのが confidentiality の中心的な意味である。こうした強い信頼をもとにして，他人には語らない事柄を打ち明けるのであるし，神や自己への堅い信頼を有していれば，大胆で恐れを知らない行動をとることもできるようになる，ということであろう。

　日本語の「秘密」と英語の "confidentiality" の語義の違いを理解していただけたであろうか。心理臨床家にとって，中心的なものとしてとらえておかなく

てはならないのは，山中静かに隠しておいて人間が見てはいけない神の姿や力というものではなく，クライエントが心理臨床家を固く信じている態度，強い（あるいは完全な）信頼，堅い信用，つまり英語の "confidentiality" の語義ではないだろうか。こうした強い信頼があるがゆえ，クライエントは，他人には打ち明けることのない自己の内面や体験や感情や苦悩などを，心理臨床家に勇気をもって，時に大胆に，語り示すのである。職業倫理で取り上げる，心理臨床家の守秘義務や秘密保持とは，クライエントが心理臨床家に寄せる強い信頼という，心理臨床の根幹を指しているのである。

そこで本章では，以下の記述の中で，「守秘義務」という言葉の代わりに「強い信頼に基づく秘密保持」という言葉を用いることにしたい。その理由は，上記の通り，"confidentiality" という言葉の意味を尊重するためである。

2. なぜクライエントの秘密を守らなければならないのか

心理臨床家の「強い信頼に基づく秘密保持」が，クライエントが心理臨床家に寄せる強い信頼という心理臨床の根幹を指しているのであれば，臨床家が秘密を守るのは当然のことであり，守らないということはありえないはずである。守らないということは，クライエントからの堅い信用を裏切ることであり，心理臨床の根幹が失われる，すなわち，心理臨床という行為そのものが成立しなくなるということである。したがって，本節のタイトルである，「なぜクライエントの秘密を守らなければならないのか」という問いは，そもそもありえない問いかけである。

しかし，なぜ秘密を守らなければならないのかについて，ここで明確にしておくことは，「守秘義務」とか「秘密保持」といった言葉がいったい何のことなのか，その要点を改めておさえることにつながると思われる。

仮に，秘密を守らなかったらどうなるのか，考えてみよう。心理臨床家のもとに誰が来談しているのか，誰が何について相談しているのか，面接場面で誰が具体的に何をどのような表情で話しているのか，誰某の心理検査の結果はどうだったのか。こうした事柄を，心理臨床家が，本人たちに断りなしに，自分の家族や友人に話し，新聞に書き，電車やバスの中で同僚と話し合い，書物に

載せたとしたらどうなるか。話の対象となった人々は，驚き，傷つき，憤る。心理臨床家を非難する。クライエント（たち）は，面接に来なくなる。たとえ来談したとしても，話をしなくなる。あるいは，差し障りのない，表面的な話しかしなくなる。心理検査を実施してもクライエントは答えない。あるいは，その場しのぎの無難そうな回答を言う。話の対象となったクライエント（たち）は，周囲から嘲笑され，職場を解雇され，夫婦関係は破綻する……。

　クライエントとの間に信頼関係を築くことなど，とうてい無理である。心理臨床家による行いは，何の意味も成さない。

　クライエントについての情報を漏らした当該の心理臨床家の仕事がやりにくくなるだけではない。心理臨床家という人たちは，人の打ち明け話を聞いて，それをあちこちで話し回るゴシップ屋の集団と見なされる。人々が心のうちを忌憚なく表すことがなければ，心理臨床家は援助を行うことができない。したがって，結局のところ，秘密を漏らした心理臨床家のみならず，心理臨床家全体が業務を行うことができなくなることを意味する。

　このことは，心理臨床家という人々が職を失うということだけを意味するのではない。もしも医師が，患者から聞いたことや診断・治療の内容をあちこちで話して回ったらどうなるか。患者は医師に対し，症状を語ることをやめてしまう。診察にも治療にも訪れなくなる。医師は失業するだろうが，それよりも大きな問題は，人々が医療サービスを享受できなくなってしまうということである。医療サービスのない社会では，人は生きながらえることができないのは自明である。極端な表現かも知れないが，結局は人類の滅亡につながるかもしれない。

　クライエントやその周囲の人々が開示した事柄を心理臨床家が他人に漏らさないということは，人々が心理的援助を受け，問題が緩和され，より多くの人々が幸福に生きることができるようにするために不可欠なのである。秘密を守ることは，社会に対して，心理的援助を提供することを可能にし，その提供を保証するためになくてはならない最低限の条件であり，心理臨床家の社会的責任の根底をなすものといえる。

　「強い信頼に基づく秘密保持」は，専門家が依頼者との間で行う約束事として，医師のもっとも古い職業倫理綱領の一つとして知られる「ヒポクラテスの

誓い」(巻末資料参照)に既にみられる。

「……自分の仕事をしているうちに，または仕事外で，日常生活のうちで知り得た患者のことで表に出すべきでない知識については秘密を守り，決して発表したりすることはしない。……」

　医師の倫理的責任の一つとして，医師の法的資格の確立よりも古くから，危害を加えないことや，職業上の関係を乱用しないことなどに加えて，「強い信頼に基づく秘密保持」が叫ばれてきたことは，医師にとって，患者やその他の人々についての秘密を守ることがいかに肝要であるかを示している。患者が医師を十分に信頼していなければ，自分の症状や状態について医師に正直に伝えることはないであろうし，患者が正直に伝えなければ医師はその業をなすことができない。結局は医師にとっても患者にとっても（したがって社会全体にとって）マイナスである。医師の側から，秘密を守るという宣誓を立て，自分たちを戒め，患者および患者になる可能性のある一般の人々から信用を得ることの重要性は，いにしえの人々の間でも理解されていたと言える。

　ここで大切なことは，患者にとって，医師に対する信頼というのは，目の前にいる特定の医師に対する信頼であることはむろんであるが，その裏には，医師という人たち全体に対する信頼があるということである。医師という人たち一般は，医業という優れた知識と技をもっており，したがって，私の目の前にいるこのお医者さんも十分に信用することができるのだから，私は今自分の感じている問題や症状について言うことができるし，尋ねられたら質問にも答える用意がある，と患者は思うのである。したがって，医療において「強い信頼に基づく秘密保持」とは，特定の患者が特定の医師に寄せる強い信頼だけを指すのではなく，医師全体に対して一般市民が寄せる強い信頼に裏打ちされていることも覚えておかなくてはならない。

　人々が医師に対して寄せる信頼は，古来から，医師の間で，「ヒポクラテスの誓い」にあるような戒めを唱え，優れた技術を人々に提供することによって培われてきたものである。一朝一夕に信頼が形成されたのではないし，一般市民が一方的に医師に対して信頼を寄せたのではない。一般市民に対して，その

信頼を得るべく，医師の側が長年にわたって行ってきた努力と戒めの賜物である。そうした医師の医業と真摯な態度に対して，一般市民は信頼を寄せ，その信頼に医師が応えて患者を治療し快方に向かわせる，という相互作用が，医師に対する信頼，すなわち「強い信頼に基づく秘密保持」の中核を成している。

このように考えると，心理臨床家にとって秘密保持・守秘義務とは，日々の業務の中で，個々のクライエントおよびその関係者から，個々の心理臨床家に対して個別に寄せられる信頼であるだけではなく，心理臨床家と呼ばれる人たちすべてに対して寄せられる信頼であることを忘れてはならない。一人の心理臨床家がクライエントからの信用を反故にすることは，心理臨床家全体の信用を失うことにつながり，他のクライエントの人たちや今後クライエントになりうる人たちが，他の心理臨床家に援助を求めようとする気持ちを踏みにじることになる。このことは，クライエントを守り，その福祉に貢献するという，職業倫理の要点に通ずるものでもある。

現代の心理臨床という分野は，「ヒポクラテスの誓い」に遡るほどの歴史を有していない。医師が享受しているほどの一般市民からの信頼を得るだけの努力と自集団内での戒めを行ってきたであろうか。一般市民からの「堅い信頼，信用」(confidence) を得るだけのことを行ってきたであろうか。こうした自問を行うことは無駄ではない。心理臨床家の間で，常に戒め続けなくてはならないのである。

実際，海外での調査 (Hillerbrand & Claiborn, 1988; Miller & Thelen, 1987; Rubanowitz, 1987; VandeCreek, Miars, & Herzog, 1987) を見ると，クライエント側からも一般市民からも，面接記録やクライエントに関する情報の開示・漏洩については強い否定的な意見が出されており，また，「強い信頼に基づく秘密保持」が確実に実行されなければ，クライエントからの自己開示も行われにくいことが示されている。このことは当然のことと言ってよいだろう。クライエントの相談内容や面接の内容などについて，他者に開示したり漏洩したりしないことは，クライエントや一般市民にとっても至極当たり前のことなのである。

なお，「強い信頼に基づく秘密保持」について，時に，クライエントが面接で話すことは秘密として守らなければならないが，クライエントがやって来たという事実自体は，開示しても構わないと考えている臨床家がいるようである。

しかし、これは誤解である。「強い信頼に基づく秘密保持」の意味を考えると、心理臨床家は、クライエントが言語的・非言語的に心理臨床家に対して伝えることの内容を他者に漏らさないことは当然であるが、それに加えて、クライエントが心理臨床家のもとを訪れた（訪れている）ということ自体も他者に漏らしてはならない。心理臨床家を訪ねること自体が、クライエントにとっては大きな勇気を必要とすることであり、当該の臨床家以外の人には知られたくないことである。心理臨床家のもとを誰が訪れているか、誰がクライエントであるかが明らかにされたならばどのような事態が生じるかを考えてみれば、「誰某というクライエントが私の所にやってきた」と他者に伝えることの重大性を理解することができるであろう。クライエントたちは多大の被害を被るであろうし、心理臨床家が強い信頼を得ることができなくなるのは明白である。

3. 倫理綱領に見る「強い信頼に基づく秘密保持」

　医師が専門家としての行いを為す上で肝要とされてきた「強い信頼に基づく秘密保持」は、当然ながら心理臨床家にとっても中核的な事柄である。したがって、「強い信頼に基づく秘密保持」は、まず第一に職業倫理上の要請であり、法的な義務として始まったものではない (Koocher & Keith-Spiegel, 1998 ; Remley & Herlihy, 2005) ことを理解する必要がある。現在では、医師をはじめとする種々の職業について、秘密保持が法律上定められている場合があるが、それは、この倫理的要請に対して法的にも保護を加えたということであって、法的な義務が最初に存在したわけではない。

　「強い信頼に基づく秘密保持」はクライエントの権利であり、心理臨床家側が放棄できるものではない。アメリカ心理学会 (APA) の倫理綱領 (American Psychological Association, 2002) では、「強い信頼に基づく秘密保持」は、具体的な「倫理基準 (Ethical Standards)」よりも上位の規定である「一般原則 (General Principles)」に含まれ、その「原則 E : 人々の権利と尊厳の尊重 (Principle E : Respect for People's Rights and Dignity)」の冒頭に次のように記されている。

　　「サイコロジストは、すべての人々の尊厳と価値を尊重し、ならびに、一

人一人のプライバシーの権利, 『強い信頼に基づく秘密保持』の権利, および自己決定の権利を尊重する。……」(APA, 2002 より)

つまり, APA の倫理綱領 (APA, 2002) では, 「強い信頼に基づく秘密保持」はクライエントのみならず, 人が等しくもつ権利であると明示されているのである。

また, アメリカカウンセリング学会 (ACA) も, その倫理綱領の中で, プライバシーと「強い信頼に基づく秘密保持」はクライエントの権利であり, その権利を放棄できるのは, クライエント本人あるいはクライエントの法的代理人のみであることを明示している (American Counseling Association, 1995, Section B)。

「強い信頼に基づく秘密保持」がクライエントの権利であるとする見解は, 単に北米の文化的な思想というわけではない。日本の弁護士倫理でも, 「弁護士は, 本来知り得なかった他人の秘密を, 弁護士として依頼関係が生じたために知ることとなったのであるから, 依頼者が保有していた秘密保持の権利をそこなわないよう万全の注意を払い, 依頼者の信頼に応えなければならない義務を負う」(日本弁護士連合会弁護士倫理に関する委員会, 1996, pp. 86-87), また, 「依頼者は, 弁護士に対して秘密を打ち明けて法律事務を委任するものであるから, 弁護士が職務上知り得た秘密を他に漏らしてはならないことは, 弁護士の義務として最も重要であり, ……まさに守秘義務は, 弁護士の倫理の中でも最も中核となるべき義務である」(弁護士職務基本規程解説起草検討会, 2005, pp. 34-35) と記されている。他者からの強い信頼を裏付けとして行われる専門的な相談業務を旨とする専門職にとって, 「強い信頼に基づく秘密保持」は, 第一義的に尊重すべき来談者の根本的な権利と銘記すべきである。

4. クライエントの秘密を守らなくともよい場合があるのか

秘密を守ることは当たり前のことである。それだけで話が済むのであれば, この節はここで終わりである。ところが実際には, 心理臨床家にとって, 秘密を守らなくともよい場合や, クライエントについての情報を他者に知らせることが求められる場合がある。これは, 今まで述べてきたことと大いに矛盾する。

クライエントや一般の人々から寄せられる強い信頼を裏切るのだから，秘密を守らないのは，きわめて少数の例外的な場合であって，誰が見ても納得できるような条件下でなければならないはずである。

実は，クライエントが語ることなどは，いつ何時でも，どんな内容であっても，決して心理臨床家のオフィスの外に漏らされることなく守られるというわけではない。秘密保持に関する通説は「限定付き（あるいは条件付き）秘密保持」(qualified confidentiality)であり，秘密保持には限界があると言われている (Dickson, 1995; Herlihy & Corey, 1996)。ということは，クライエントの許可がなくとも，クライエントの秘密が漏らされる，あるいは開示される場合があるということになる。

では，どのような場合が秘密保持の例外状況として挙げられるのだろうか。秘密保持の限界を示す例外状況の中で，最も有名なのが，アメリカのカリフォルニア州最高裁判所で1970年代に下された「タラソフ判決」から導き出された次の(1)の原則である。

(1) 明確で差し迫った危険があり相手が特定されている場合

この原則は，アメリカのカリフォルニア州で起こった殺人事件について，カリフォルニア州最高裁判所で1976年に下された，「タラソフ判決」として知られる有名な判決（*Tarasoff v. The Regents of the University of California,* 1976）から導き出された原則である。「警告義務（あるいは保護義務）」と呼ばれるこの原則は，心理職，そして広くメンタルヘルス領域全般における職業倫理原則の中でも最も知られた原則と言える。

1) タラソフ事件

この事件（通称「タラソフ事件」）と裁判の概要は次の通りである (Buckner & Firestone, 2000; VandeCreek & Knapp, 2001)。

> この事件の犯人，プロセンジット・ポッダー (Prosenjit Poddar) は，カリフォルニア大学バークレー校に学ぶ大学院生（留学生）であった。1968年の秋，ポッダーは，バークレーにあるインターナショナル・ハウ

スでダンス教室に通うタチアナ・タラソフ嬢に出会う。その後2人は毎週会うようになり，大晦日の夜にはタラソフ嬢がポッダーにキスをするという事態に発展する。彼は，タラソフ嬢との関係が恋愛関係であると理解するが，一方のタラソフ嬢はそのようなつもりがないことを明言し，他の男性と交際していると話す。以後，ポッダーは情緒面でも行動面でも異常を示すようになり，友人に，タチアナ嬢の部屋を爆破して殺したいと漏らすこともあった。タチアナ嬢と直接会うこともあったようだが，その一方で，電話での会話を録音して，タチアナ嬢の本心を探ろうとしていたこともあったようである。

　1969年の夏，タラソフ嬢はブラジルに旅行に出かける。一方ポッダーは，友人の勧めにより，カリフォルニア大学バークレー校のコウェル記念病院（Cowell Memorial Hospital）で，精神科医とサイコロジストによる外来治療を受けることになる。1969年8月18日の面接の中で，ポッダーが，自分をふったガールフレンドがブラジルから帰ってきたら殺したいと話すのを聞き，彼の面接を行っていたサイコロジスト，ローレンス・モア博士は危機感を覚えた。8月20日，モア博士は学内警察（大学警察，campus police）に連絡し，ポッダーを捕えて別の病院に移送してくれれば，緊急保護措置の書類にサインすることを伝える。学内警察はポッダーを聴取したものの，彼がタチアナ嬢に近づかないと約束したことと，彼が落ち着いているように見えたため，警察は彼を解放する。一方，コウェル記念病院の精神科部長（ハーヴェイ・ポウェルソン医師）は，このやり取りについて知り，モア博士が警察に送った手紙と診療記録を破棄し，ポッダーについてそれ以上のアクションを起こさないよう指示する。

　10月にタラソフ嬢は旅行から帰国。10月27日，ポッダーはタラソフ嬢宅を訪れるが，タラソフ嬢は不在で，立ち去るよう彼女の母親に言われる。その後彼は，散弾銃と包丁を手に再度タラソフ嬢宅を訪れ，叫び声を上げたタラソフ嬢に対して散弾銃を撃つ。彼女は逃げ出すが，最後は包丁で刺されて息絶えてしまう。

　刑事裁判とは別に，タラソフ嬢の両親は，カリフォルニア大学やコウェル記念病院の精神科医，モア博士などを相手に民事訴訟を起こす。この

> 裁判はもつれ，カリフォルニア州最高裁判所が2度判決を下すという異例の展開となる。現在「タラソフ判決」として知られているのは，1976年7月1日に下された判決（*Tarasoff II* と呼ばれることもある）である。

　心理臨床家にとって重要なのは，裁判官の多数意見を代表したトブリナー判事（Tobriner, J.）による次の判断である（*Tarasoff v. The Regents of the University of California*, 1976）。

> 「自分の患者が，他者に対する暴力の点で深刻な危険を呈しているとセラピストが判断した場合，あるいは，その専門職の基準に従ってそのように判断すべきである場合には，セラピストは，犠牲にしようと意図されている者をそのような危険から保護するよう，適切なケアを行う義務を負う。この義務の履行は，セラピストに対して，そのケースの内容に応じて，一つあるいは複数の様々なステップを踏むことを要求することになる。したがって，その義務によって，セラピストは，犠牲にしようと意図されている者に対してその危険についての警告を行う，その犠牲にしようと意図されている者に対して危険を知らせる可能性のある人たちに警告する，警察に通告する，あるいは，その状況下で合理的に必要と判断される，他のどのような方法も実行することを要求される。」

　この判決を基に，クライエントが，自分自身あるいは他者に対して，明確かつ切迫した危険を呈している場合には，その危険を避けるために，秘密保持の原則は適用されない（American Counseling Association, 1995, B. 1. c.）という原則（いわゆる「タラソフ原則」）が一般に知られるようになっている。しかし，タラソフ判決を見ると，そのような状況の場合には秘密を漏らすことが認められる，という消極的な姿勢ではなく，むしろ，専門家は積極的に警告を行い，危険が回避されるよう様々な手段を と̇ る̇ こ̇ と̇ を求めていることを忘れてはならない。

2）タラソフ判決に対する疑問

　現在では，秘密保持に関する職業倫理的問題について，最も良く知られている判決であるが，タラソフ判決については，当初から様々な批判が寄せられたことをまず理解しなくてはならない。

　メンタルヘルスの専門家に対して，クライエント・患者の秘密保持の原則を破って第三者への危険警告を求めるという判決内容は衝撃的なものであり，タラソフ判決が出された当時は，この判決に対する批判が噴出した。たとえばストーン（Stone, 1976）は，この判決が要求していることは，治療関係を傷つけ，患者が治療に対して寄せる「強い信頼に基づく秘密保持」の期待をないがしろにし，その結果，他人を傷つける可能性のある人々に対する治療が損なわれ，結局は社会の安全を危ういものにすると主張する。そしてストーンは，患者が他者への深刻な危険を呈していると判断した臨床家は，その患者を措置入院させるよう試み，それが功を奏しない場合には，警察に連絡する（社会の安全を守るのは警察の本来の業務である）という，従来から行われている方法をとることによって，患者の秘密を漏示することなく対応することができると指摘した。

　バーソフは，この判決によって，メンタルヘルスの専門家が，クライエントを犠牲にして国家のために働く傾向が強まり，警察に通報する専門家が増えて，入院しなくとも済むようなクライエントが強制的に入院させられ，メンタルヘルスの専門家は人々の信頼を失っていくだろうと嘆く（Bersoff, 1976）。さらには，臨床家がクライエントの攻撃的衝動を知った場合には警告する義務があることを，最初にクライエントに知らせなければならないが（インフォームド・コンセントの原則），そうすることによってクライエントは臨床家を信頼しなくなり，攻撃的衝動などについて臨床家に話す可能性が減ってしまうだけではなく，クライエントの危険性を判断する基準が不明確であり，仮に臨床家が警告・保護義務を履行した場合，臨床家が逆にクライエントの名誉を傷つけた（名誉毀損）と解釈される危険性はないのだろうか（Fulero, 1988）という懸念もある。

　タラソフ判決に対するこのような批判に対しては，タラソフ判決後のメンタルヘルスの専門家に関する状況を吟味して，これらの批判が指摘したような結

果は現実には見られず,人々はメンタルヘルスの専門家を信頼して援助を求め,一方臨床家は,危険行為を行うおそれのあるクライエントを避けたりクライエントを見捨てたりするような事態には陥っていない (Buckner & Firestone, 2000; VandeCreek & Knapp, 2001) との主張も見られる。

　タラソフ判決以後に出された,患者・クライエントが他者に危害を与える危険性と秘密保持に関する多くの判決については,2つの方向性が指摘されている (Kaufman, 1991; Kermani & Drob, 1987)。一つは,危険にさらされる相手が特定されており,その相手に対する攻撃を具体的に示唆する言動が見られた場合には警告する義務がある,とする限定的な判決であり,もう一方は,そのような具体的な言動が見られなかったり,危険にさらされる相手が特定されていない場合や,攻撃の対象が人命ではなく不動産である場合においても,臨床家に警告の義務がある,と判断する拡大解釈的な判決である。前者の判決については容認する見解が,後者の判決については,メンタルヘルス専門家にとって暴力行為の正確な予測がきわめて困難であるという実態や,「強い信頼に基づく秘密保持」への悪影響といった観点から批判する意見が多い (Kaufman, 1991; Kermani & Drob, 1987)。裁判所の判決は,個々の事件についての個別的な判断だが,その一方で,北米では,警告義務について明確化したり,適切な警告・保護義務を発動した臨床家の過誤責任を免除する法律を制定するという立法的措置を講じる州が増加している (Buckner & Firestone, 2000; Fulero, 1988; Kaufman, 1991)。つまり北米の心理臨床家は,個々の判決や州の法律を常に参照しながら目の前のケースに対応しなければならないという,法的には難しい状況にさらされていると言える。

　タラソフ判決の基本的な争点は,個人のプライバシー保護と社会の安全確保との葛藤だが,この判決が公共の安全確保を優先していることは明らかである。言い方を換えると,たとえ心理臨床家であったとしても,切迫した人命の危険を察知したなら,その危険を回避すべく必要な措置をとることが一市民としての責任であることを明示したと言うこともできる。公共の安全確保を重視するならば,自傷・他害の切迫した危険だけではなく,過去の殺人事件や昨日犯した重大な強盗事件なども,今後は秘密開示のリストに含まれてしまうのだろうか。エヴァスティンら (Everstine, Everstine, Heymann, True, Frey, Johnson, & Seiden,

1980）が心配するように，秘密保持の例外状況のリストが増えていくことは，結局は臨床家に「通報者」の役割を負わせることになり，心理臨床家の本来の役割を奪い，最終的には社会が被害を被るのではないか。タラソフ判決は有名な判決であり，その判決が打ち立てた原則は，メンタルヘルスの領域で広く受け入れられているものの，この判決のもたらしたマイナス面について，当時の反論をもとに熟考することは，現在および今後の心理臨床家にとって不可欠であると考える。

3）日本の状況

　法的には様々な問題点があるとは言え，職業倫理的には，タラソフ判決は，「警告義務（保護義務）」として定着していると言ってよいことは確かである。しかし日本の臨床心理学関連団体の倫理綱領を見ると，この点について曖昧な記述が見られる。

　認定協会の臨床心理士倫理綱領（財団法人日本臨床心理士資格認定協会，1990）第3条では，「臨床業務従事中に知り得た事項に関しては，専門家としての判断のもとに必要と認めた以外の内容を他に漏らしてはならない」とあるが，「専門家としての判断のもとに必要と認めた以外の内容」とは何を指すのか，明示されていない。したがって，その時その時に個々の臨床心理士に個別の判断が求められることになる。

　一方，日本心理臨床学会の倫理綱領（日本心理臨床学会，1999）では，第6条に「臨床業務上知り得た事項に関しては，専門家としての判断の下に必要と認めた以外の内容を他に漏らしてはならない」と定められており，同学会の倫理基準（日本心理臨床学会，2000）第6条第2項では，「対象者本人又は第三者の生命が危険にさらされるおそれのある緊急時以外は，対象者の個人的秘密を関係者に伝えてはならない。この場合においても，会員は，その秘密を関係者に伝えることについて，対象者の了解を得るように努力しなければならない」として，「生命が危険にさらされるおそれのある緊急時」を秘密保持の除外状況としている。この規定からは，そのような状況では，対象者の了解を得るよう努めながら，対象者の個人的秘密を関係者に伝えてもよいと解釈される。また，日本臨床心理士会の倫理綱領（日本臨床心理士会，2005）の第2条第1項では，

「業務上知り得た対象者及び関係者の個人情報及び相談内容については，その内容が自他に危害を加える恐れがある場合又は法による定めがある場合を除き，守秘義務を第一とすること」として，ここでは，「自他に危害を加える恐れがある場合」と「法による定めがある場合」の2つを秘密保持の除外状況としている。加えて，第2条第2項では，「開示せざるを得ない場合については，その条件等を事前に対象者と話し合うよう努めなければならない」として，秘密保持の除外状況に関するインフォームド・コンセントについてふれている。

したがって，日本でも，自他の生命の危険がある場合は，秘密保持の除外状況と考えられるとともに，この除外状況における相談内容などの扱われ方について，クライエントとの間で予め十分に話し合っておくこと（インフォームド・コンセントの原則）が必要と考えられる。

4) 実務上の留意点

タラソフ判決と，その後の同様の事件についてアメリカで下された判決を分析してみると，一般的に言って，次の3つの要素が重なった場合には，心理臨床家には警告義務（duty to warn）あるいは保護義務（duty to protect）が発生すると言われている（Knapp & VandeCreek, 1990）。

①当事者間に，特別の信頼に裏付けられた関係が存在する。
②意図されている犠牲者が特定できる（つまり，クライエントが危害を加える可能性のある人すべてが対象となるのではない）。
③明確で切迫した危険が存在する，また，その危険が予測できる。

この3条件のうち，①は心理臨床という場では自明のことである。したがって，心理臨床家が考えなくてはならないのは，意図されている犠牲者が特定できるかどうか，そして，切迫した危険が存在するかどうかである。特に，③の条件については判断が容易ではないことは臨床家であれば理解できるであろう。

現実には，タラソフ原則（144ページ参照）は心理臨床家のとるべき行動および判断の基準として認められていることから，臨床家はタラソフ原則が要請される場合には実践しなくてはならない。タラソフ原則が要請される状況について，モナハンは，臨床家に対するアドバイスとして次を挙げている（Monahan, 1993）が，有用なアドバイスと言える（表6-1）。

表 6-1　タラソフ原則に関わる留意点

①リスクアセスメント

　まず，リスクアセスメントの方法について，臨床的および法的な側面から，重要な事柄について学んでおくこと，つまり，リスクアセスメントの観点からの教育が必要である。その上で，実際のケースにあたっては，過去および現在の記録，クライエントに対する面接，クライエントの周囲の人たちに対する質問などによって，必要な情報を得る。そして，得られた情報を基にして，リスクの程度について評定する。最後に，リスクに関する情報を，意思決定者に明確に伝達する。

②リスクマネジメント

　リスクマネジメントのためのプランを立てる。その際，特にハイリスクと判断されるクライエントについては，リスク行動の予防を重視する。具体的には次の3種類の予防的措置が考えられる。

　(a) 暴力行為を行うような場所を与えない（たとえば，クライエントが入院できるようにする，行動を細かく観察できる病棟に移す，など）。

　(b) 暴力行為の対象者が特定できる場合には，その本人が警戒措置をとることができるよう，その人に警告する。

　(c) 臨床的援助をより集中的に行う（面接回数や投薬を増やす，暴力行為に関係する周囲の人を交えた合同面接を行う，など）。さらに，他の専門家にコンサルテーションを依頼し，セカンドオピニオンを得る。そして，クライエントが決められた援助プランに従っているかどうか，継続的に観察し，従っていない場合には，決められた援助を受けるよう働きかける。

③記　録

　得られた情報や行われた事柄など，明確に記録することを怠らない。特に，情報が誰から得られたのか，情報の内容は何か，情報を得たりあるいは何らかの行動を行った日付はいつか，そして，臨床家が行った行動の根拠・理由は何かを記録することは不可欠である。

④規　則

　上記①から③に関する明文化された規則（たとえば，職場などのガイド

ライン）を，この領域に詳しい臨床家および法律専門家の援助をもとに作成する。その場合も，他の専門家にコンサルテーションを求めて意見を得ることは有益である。次に，この規則に関してスタッフを教育し，ガイドラインが遵守されているかどうか定期的にチェックする。臨床場面で使いやすいチェックリストのような書式を作成しておくことは，ガイドラインの実施を高める上で有用であるのみならず，ふだんから臨床家がリスクについて意識することを促す。

⑤ダメージコントロール

現実に事件が発生すると，臨床家はパニック状態に陥り，しばしば好ましくない（また，非倫理的あるいは違法な）行動を起こしてしまう。その代表例は，記録の改ざんと，「強い信頼に基づく秘密保持」が守られない場での臨床家自身による発言や感情の吐露である。これらは避けなければならない。

(Monahan, 1993 による)

危険な行いの対象となる可能性のある人に対して警告することは，心理臨床家でなくとも一般市民であれば誰でも行うことができる行動である。警告によって危険行為の可能性を減らすことは難しいが，クライエントに対する援助を行うことは専門家でなければできないことであり，それによって暴力行為を予防する可能性が高まる。したがって，アセスメントを詳細に行って危険行為のリスク要因を明確にし，それらの要因に働きかけることや，背景に存する精神病理的問題の治療を徹底的に行うなど，臨床的対応を重視することによって危険行為の可能性を減少させることを勧める論調 (Quattrocchi & Schopp, 2005) も見られる。同様に，暴力行為のリスクと，臨床家―クライエント間の援助関係の程度をもとに判断を行い，ラポールの一層の構築や，家族などにも援助に加わってもらうよう働きかけること，治療的援助を集中的に行うこと，環境調整を行うこと，あるいはリスクマネジメントに配慮する，といった方法を選択するというモデル (Truscott, Evans, & Mansell, 1995) も提唱されている。つまり，警告するか否かという判断ではなく，心理臨床家としては，まずはリスクアセ

スメントやリスクマネジメントという臨床行為によって，危険の程度を減じることに努めるべきであり，警告は最後の手段と考えることが適切であろう。

人間の行動を100%予測することは，たとえ心理学の専門家であっても不可能である。現実にクライエントが他人や自分自身に危害を加えるかどうかについて，完全な予測はできない。心理臨床家が，危険があると判断して警告したとしても，クライエントは本当は危害を加えるつもりがなく，かえって秘密を漏らされたとして心理臨床家に恨みをいだくかもしれない。心理臨床家は自分一人でかかえ込まず，同僚や他の専門家に相談すること，さらには，精神科医に相談したりリファーを行ったりすることを考慮しなくてはならない。

それでも警告・保護義務を発動しなければならないと判断される場合には，それをクライエントに伝え，できるだけクライエントの承諾を得て，そして，できうる限り，クライエントのいる場で連絡をすることが望ましい。クライエントが警告・保護義務の発動を拒んだ場合でも，切迫した危険のある場合には，警告・保護義務の発動はやむをえない。警告・保護義務は，他の方法を試みてもなお危険を回避できない場合の最後の手段とすべきである（Buckner & Firestone, 2000）。

なお情報の開示が必要な場合であっても，開示される情報は，その直接の目的に関係する情報のみであり，それ以外の情報は開示しない（ACA, 1995, B. 1. f.; APA, 2002, 4. 04）ことに注意する必要がある。したがって，警告義務（保護義務）を発動する場合であっても，たとえば，そのクライエントが心理臨床家との間で，いつから何について話し合ってきたか，どのようなやりとりを行ってきたかなど，警告とは直接関係のない事柄については開示する必要がない。

5）タラソフ原則，タラソフ原則以外の場合，そしてインフォームド・コンセント

現在では，上記のタラソフ原則以外にも，クライエントの合意が得られなくともクライエントの秘密が開示される可能性があるとされている。それはどのような場合だろうか。文献（Koocher & Keith-Spiegel, 1998; Remley & Herlihy, 2005; Tribbensee & Claiborn, 2003; Weiner & Wettstein, 1993; Welfel, 2002）を総合すると，職業倫理的観点から見て，一般的には，以下の（2）から（7）の条件のいずれかに当てはまる場合には，クライエントによる許可がなくとも，クライエント

の秘密が漏らされる可能性があるとされている。しかし，以下のいずれの場合でも，なぜ秘密を開示するかをクライエントに説明し，それについてクライエントと話し合ってから開示を行うべきであろう。いずれの場合も，開示される事柄の内容は，開示の目的に必要最小限の範囲にとどめ，当該の目的には直接関わりのない不必要な情報までも開示することは避けなければならない（Canter, Bennett, Jones, & Nagy, 1994）。したがって，たとえば，クライエントが誰であるかを知らせる必要のない場合には，クライエントの特定につながる可能性のある情報を開示することは慎まなければならない。

　「強い信頼に基づく秘密保持」の原義である，クライエントからの堅い信頼と，インフォームド・コンセントの原則とを考え合わせると，心理臨床家にとってもっとも大切なことは，秘密がどのように扱われるのか，秘密保持の例外状況はどのようなものか，その相談室では秘密の扱い方についてどのように定めているのか，クライエントに対してできるだけ早い段階で説明し，話し合い，クライエントとの間で合意に達しておくことである（APA, 2002：8.02「研究へのインフォームド・コンセント」，9.03「アセスメントにおけるインフォームド・コンセント」，10.01「セラピーへのインフォームド・コンセント」。なお，本書第7章のインフォームド・コンセントの原則も参照されたい）。秘密の扱われ方についての情報はクライエントにとっても重要な情報であるから，「できるだけ早い段階」とは，具体的には，初回面接の時点（あるいは遅くとも2回目の面接時），と筆者は考える。

　臨床家としてのセンスを働かせることによって，秘密の扱い方についての話し合いをいつどのように切り出すのか，適切なタイミングを図ることができる。たとえば，中学生が通常の授業時間中に心理臨床家の相談室を訪れたとしたなら，「先生はあなたがここに来ていることを知っているのかな？」という問いかけを行うことによって，秘密の扱い方についての話し合いにつなげていくことができよう。会社員が勤務時間中に相談室を訪れた場合，老親を介護している家庭の主婦が昼間に相談室を訪れた場合など，「この人が今ここに来ているということは，この人がふだん，この時間にいるはずの場所はどうなっているのだろう」，「ふだんこの人と接している周りの人たちは，この人の来談を知っているのだろうか」などと想像してみることにより，秘密保持について話し合

うきっかけを作ることができる。臨床的なセンスを働かせることは，職業倫理を実践する上でも不可欠である。また，実際に問い合わせが寄せられるような状況を想定して，臨床家側から具体的に問いかけることが有益である。たとえば，「家族が尋ねてきたらどうしたらよいか」，「会社の上司が問い合わせてきたら」，「学校の先生が質問をしてきたら」……。

　後日，仮にクライエントの関係者などの第三者から問い合わせがあったとしても，初回面接時に秘密の扱い方についてクライエントとの話し合いによって「契約」していれば，そうした問い合わせへの対応が容易となる。また，そのような問い合わせに対してどのように対応すればよいか，その時点で再度話し合うことは，臨床的にも有意義であろう。逆に，クライエントについての情報の扱い方について，早期の段階でクライエントと話し合いを行わずにいた場合，クライエントは，自分についての情報は必ず守られると信じていることになり，結局は，臨床家に対して不信感を抱き，援助関係にも悪影響を及ぼしてしまうことになる (Smith-Bell & Winslade, 1994)。当該の臨床家―クライエント関係への悪影響のみならず，ひいては，心理臨床家全体に対する社会的評価へも波及するおそれがある。「強い信頼に基づく秘密保持」という言葉の重要性は，心理臨床行為を成り立たせている最大の基盤であることを忘れてはならない。

(2) 緊急事態の場合

　調査によれば，アメリカのサイコロジストの4分の1，精神科医の2分の1が患者・クライエントの自殺を経験したことがあり，クライエント・患者の自殺は臨床家にとって大きなストレスとなるだけではなく，仕事上も個人的にも大きな影響を及ぼしている (Chemtob, Bauer, Hamada, Pelowski, & Muraoka, 1989)。また，別の調査によれば，セラピストの約97％がクライエントによる自殺を恐れており，セラピストの約29％は実際にクライエントの自殺を経験したことがある (Pope & Tabachnick, 1993)。クライエントの自殺は，クライエントの周囲の人々にとってのみならず，心理臨床家にとっても重大な問題である。

　クライエントの自殺に代表される緊急事態は，職業倫理的にみて，秘密保持の原則の例外状況として挙げられる。上記のタラソフ判決は他殺の危険についての判決であるが，現在では，タラソフ原則は自殺の危険についても適用され

ている。タラソフ判決は，人命を守ることと秘密を守ることの両者について比較考量を行い，人命は秘密の保護よりも優先されるべきであるとの結論に達したわけであるから，他殺ではなく自殺の場合にも同様の考え方が適用されるのが自然である。したがって，自殺について，明確で具体的かつ差し迫った危険があると判断される場合には，専門家は警告（保護）義務を履行し，クライエントの周囲の人々や警察などに連絡を取り，クライエントが自殺を企てるおそれがあることを知らせて，必要な保護措置をとるようにしなければならない。既に述べたように，アメリカカウンセリング学会（ACA）の倫理綱領でも，クライエントが，自分自身あるいは他者に対して明確で切迫した危険を呈している場合には，その危険を避けるために，秘密保持の原則は適用されない（American Counseling Association, 1995, B. 1. c.）と定められている。

　上記の「4) 実務上の留意点」の中で①〜③の3つの条件（Knapp & VandeCreek, 1990）を紹介したが，自殺の場合には「相手」は特定されているのだから，明確で切迫した危険があるかどうか（③）が判断のポイントとなる。したがって，クライエントが自殺をほのめかした場合，それが漠然とした希死念慮なのか，手段にどの程度の具体性や現実的可能性があるのか，時間的切迫性はどの程度か，心理臨床家は判断をしなくてはならない。クライエントに対して，心理臨床家の側から探っていかなくてはならないのである。

　自殺の危険がある場合に秘密保持が除外されることの主旨は，人命の保護である。したがって，クライエントが今自殺を考えている，これから自殺をしようとしている，といった場合には，上記のタラソフ原則を適用することができる。が，仮に，クライエントから，今自殺を試みたという電話が来たらどうしたらよいだろうか。このような場合にも，人命の保護という観点から，クライエントの利益を最大限に尊重し，クライエントを救うことを第一に考えて，危機介入を行う必要がある。

　しかし，自傷・他害の危険のある場合に，秘密をクライエントの許可なく漏らすことは最後の手段として考えるべきことである。前項でも論じたが，援助を集中的に行ったり，クライエントを説得することや，精神科医へのリファー，他の同僚や専門家に相談することなど，警告・保護する以外の方法も考慮に入れておくことが必要である。そして，これも前項の繰り返しであるが，自分の

とった行動や状況，自分の行動の基となった判断とその理由，クライエントなどの言動などについて十分に記録しておくことは言うまでもない。

　自傷・他害の危険性に関する判断をどのように行うかについて論じることは，本書の意図する内容と紙幅を超えてしまう。読者は，このテーマに関する専門家による文献を参照されたい。ここでは，ベネットらによる注意事項を挙げておくこととする（表6-2）。

表6-2　リスクマネジメントの注意点

> ①クライエントが自分自身あるいは他者に危害を加えるおそれがあると思われる場合，あるいは，クライエントが以前企図した犯罪行為について具体的に知っている場合には，そのような場合に専門家のとるべき対応として一般に受け入れられている臨床的な対応の方法や，警告義務（保護義務），法律などについて熟知しておく。
> ②上記の危険には，いわゆる危害のみならず，食事をとらない，大量のアルコール摂取による昏睡なども含まれる。
> ③自殺の可能性や他者への暴力的行為に関係する状況がどのようなものか，また，危険のサインや症状がどのようなものか，知識を得ておく。
> ④クライエントが示す行動や臨床家のとる対応について，また，暴力や危険な行いなどの脅しや前兆などについて，注意深く記録しておく。
> ⑤危険な行いをする可能性を判断する上で，以下について考える。
> 　・クライエントは過去に衝動的な行動をとったり，暴力的な言動を他者・自分自身に対して行ったり，武器や薬物を購入したり使用したり，激しやすい気性であるか。
> 　・既往歴はどのようなものがあるか。
> 　・クライエントは，復讐をしたり，他人に危害を加える正当な理由があると思っているか。
> 　・クライエントの生活状況の中で，自分自身あるいは他者に対して行動化（アクティングアウト）を起こす可能性を示唆するような状況が見られるか（たとえば，薬物の使用，嫉妬，最近の離婚，など）。

- クライエントは，現在の情緒的状態に影響を与えるような薬を服用しているか。
- 脅しは現実のものか，それとも，他の結果・状況（たとえば，逮捕，別居など）を避けるために発せられているのか。
- 脅しを実行する方法をクライエントは持ち合わせているか。
- 脅しの対象となっている人あるいは場所に，クライエントは行く（接する）ことができるのか。

⑥クライエントの許可を得て，クライエントの行動などについて知っていると思われる他の人たちにも話を聞いてみる。もしクライエントの協力が得られない場合には，クライエントの秘密を漏らすことのリスクと益について熟考する。関係する法律があれば，それらも考慮する。

⑦クライエントが暴力的に行動する衝動を乗り越え，暴力的行動以外の方法で解決を試みることができるよう，援助する。

⑧クライエントが，暴力的あるいは危害を加えるような行動を行わないと主張したとしても，クライエントが行動化するサインが見られないかどうか，注意深く観察する。

⑨自傷・他害の危険や，他の暴力的な行いに関する危険性の判断に不慣れな場合には，このような問題に経験のある他の専門家にコンサルテーションを得る。

⑩医学的対応が必要な場合には医師の援助を得る。措置入院の可能性についても医師と相談する。

⑪クライエントを，現在の有害な環境から他の安全な場所に移すことが必要かどうか，吟味する。

⑫自殺の危険性が高く，その手段も有していると判断した場合には，クライエントの保護者や警察などに通知する。

⑬クライエントが他者に危害を加える危険性が高く，その方法も有していると判断した場合には，その当該の人と警察などに通知する。

⑭もしクライエントが臨床家を脅した場合には，説得することができると自分を過信せずに，自分を守るよう必要な手段をとる。

(Bennett, Bryant, VandenBos, & Greenwood, 1990, pp. 66-67 による)

(3) 虐待が疑われる場合

　虐待が疑われる場合も，秘密保持の例外状況として良く知られている。児童虐待についての通告を義務付けることは，タラソフ原則と類似した考え方である。つまり，個人のプライバシー対公共の利益である。この両者を比較考量した場合，個人のプライバシーを侵したとしても，児童を守ることの方が社会にとってより重要であり，児童を守ることの方が，プライバシー保護に勝る社会的利益がある，との考え方である。

　もともとは職業倫理的な観点から，「強い信頼に基づく秘密保持」の例外として扱われていたのであるが，虐待の中でも児童虐待については，法律上も守秘義務が解除される状況として定められている。平成12年（2000年）公布・施行（平成17年〔2005年〕改正）の「児童虐待の防止等に関する法律」では，その第6条に「児童虐待を受けたと思われる児童を発見した者は，速やかに，これを市町村，都道府県の設置する福祉事務所若しくは児童相談所又は児童委員を介して市町村，都道府県の設置する福祉事務所若しくは児童相談所に通告しなければならない」と定めている。したがって，誰であっても，虐待を受けたと思われる児童を発見した場合には，速やかに，「福祉事務所若しくは児童相談所又は児童委員を介して（中略）福祉事務所若しくは児童相談所に通告」することが義務となっている。通告は，国民の義務として法律で定められているわけである。

　また「児童虐待の防止等に関する法律」第6条第3項に，「刑法の秘密漏示罪の規定その他の守秘義務に関する法律の規定は，第1項の規定による通告をする義務の遵守を妨げるものと解釈してはならない」とされており，児童虐待の通告には刑法上の守秘義務違反が問われないことが明記されている。ちなみに，この秘密漏示罪が適用される職種として，刑法第134条には，「医師，薬剤師，医薬品販売業者，助産師，弁護士，弁護人，公証人又はこれらの職にあった者」そして同条第2項では「宗教，祈禱若しくは祭祀の職にある者又はこれらの職にあった者」を挙げている。心理臨床家はこれらの職に含まれていないが，児童を保護し，児童の虐待を防止するという観点から，職業倫理の第1原則「相手を傷つけない」を適用することができる。したがって，職業倫理的に考えても，守秘義務を解除されると考えるべきである。

今日，虐待は，児童虐待にとどまらない。老人に対する虐待，配偶者に対する虐待，障害を有する人に対する虐待など，社会の多くの場で虐待が見られることが日夜報道されている。児童虐待に関する上記の考え方を援用すると，児童以外の虐待に関しても同様の判断を行うことが適切と考えられる。むしろ，児童虐待のみを取り上げ，それ以外の虐待を別個に扱う方が不自然である。したがって，児童虐待以外の虐待を発見した場合にも，心理臨床家は，関係する機関に通告したり，被害者の必要な保護を検討するという対応を考えるべきであろう。この場合は，法的に明示された行為ではなく，職業倫理によって要請される行為と考えるべきである。この場合の現実の対応にあたっては，虐待の被害者保護に詳しい人々や機関などとのネットワークや連携をもっておくことが必要となる。

(4) そのクライエントのケアなどに直接関わっている専門家同士で
　　話し合う場合（相談室内のケース・カンファレンスなど）

　本書の冒頭で紹介した「ロースクール授業」の先生は，"necessary third party"（「必要な第三者」）という言葉を用いてこの状況について説明していた。本書を執筆するにあたり，この「必要な第三者」という言葉について調べてみたのであるが，筆者が調べた限りではどの文献にも見あたらない。B教授のオリジナルな用語なのかもしれず，いずれにせよ引用文献を明示できないのであるが，筆者にとってこの用語は，その意味する内容を理解しやすいので，本書でもこの言葉を用いることにしたい。

　アメリカ心理学会（APA）の倫理綱領でも，報告（口頭および文書の両者を含む）やコンサルテーションに際しては，その目的に必要な情報のみを伝え（APA, 2002, 4.04 (a)），当該の問題に明らかに関係していると判断される人々との間でのみ，また，科学的あるいは専門的目的のためにのみ，秘密の情報を話し合うこと（APA, 2002, 4.04 (b)）と定められている。クライエントの権利である「強い信頼に基づく秘密保持」を尊重する観点からは，クライエントについての情報が伝えられる相手が限定されるのは当然のことである。

1)「必要な第三者」とは何か

　では,「必要な第三者」とは誰を指すのか。クライエントと心理臨床家は二者関係であるが, この二者以外にクライエントのケアに直接関わる人, クライエントと臨床家の援助関係に直接携わる第三者, という意味である。クライエントに直接関わる第三者, ということではなく, 専門的な援助関係に必須の第三者ということであるから, たとえば, 次のような例が挙げられる。筆者が体調不良で近所の医院を訪れたと仮定する。この場合, 筆者は, 受付の医療事務担当者, 看護師, 医師, そして薬剤師に直接会い, 関わることになる。これらの人々の中で, 医師以外は「第三者」であるが, これらの人々がいなければ筆者は適切なケアを受けることができない。この例は小さな医院の例であるが, 大きな病院を訪れて診察だけではなく検査も受けるような状況になると,「必要な第三者」は増えることになるが, それらの人々は筆者のケアに直接関わる人たちである。たとえば, 筆者が胃痛を感じて総合病院を訪れ, 内科医から, X線検査, 超音波検査, 血液検査, 尿検査を受けるよう指示されたとしよう。この場合は, 受付の医療事務担当者, 看護師, 内科医, そして薬剤師に加えて, これらの検査を行う人たちが「必要な第三者」に加えられることになる。しかし, この場合, この総合病院の眼科医は, 同じ病院に勤務していても, 筆者のケアに必要な人ではなく, 筆者のケアに直接関わる立場にいるわけではないので,「必要な第三者」には含まれないと考えられる。

　さて, クライエントのケアに直接関わっている専門家同士(援助チームのメンバー, スーパーバイザー, コンサルタントなど)は, 当然, 秘密保持の義務を負うことになる。また, 伝統的な意味では「専門家」には含まれなくとも, 職務上, クライエントに接したり, クライエントに関する情報を知りえる立場の人たちがいる(たとえば, カウンセリングオフィスの受付の事務担当者)。これらの人々は, 職種にかかわらず, 秘密保持に関して, 心理臨床家と同等の責任を負わなくてはならない。仮に, これらの人々が秘密の情報を漏らしたとしたなら, 漏洩した本人の責任であるのみならず, 関係している心理臨床家の責任も問われることになる。したがって, 心理臨床家は, これらの人々に対して, 秘密保持について十分な指導・教育を行わなくてはならない。情報を伝えられた側, 知った側も「強い信頼に基づく秘密保持」の責任を負わなくてはな

らないわけであるが，当然のことである。

　ここで重要なのは，「援助関係に直接関わっている第三者」とは具体的に誰なのか，そして，クライエントは「援助関係に直接関わっている第三者」が誰であるかを理解しているのか，あるいは，当然に理解しているものと推測することができるのか，という点である。クライエントについての情報を知る人が増えれば増えるほど，漏洩の危険は高まる。クライエントについての情報を知る人は，少なければ少ない方が良いのである。一方，クライエントに対する効果的な援助を行うには，一人の専門家のみでは不十分な場合もある。多職種が共同で関わったり，チームで援助しなくてはならない場合もある。

2) 他の専門職では「必要な第三者」についてどのように考えているのか
　「必要な第三者」の範囲は具体的にどのように定めたらよいのだろうか。ここで，日本の他の専門職ではこの問題をどのようにとらえているのか，調べてみたい。
　日本の弁護士の場合は，「必要な第三者」の定義について，明確に定めた規定は見あたらないが，弁護士倫理についての解説書の中には，次のような記述が見られる（日本弁護士連合会弁護士倫理に関する委員会，1996, p. 88)。
　「また，弁護士は，事件について知った依頼者の秘密を，単に自ら守る義務を負うばかりではなく，これを知った弁護士の家族や事務職員等にもこれを守らせる義務がある。この義務は，弁護士在職中のみならず，弁護士をやめたのちも，継続する（弁護士法第23条)。」

　事務職員はともかく，弁護士の家族に秘密が知られるというのは，本来あってはならないことのように思われるが，弁護士が開業業務であって，自宅で弁護士事務所を営んでいる弁護士もいることから，「家族」も含まれているのかもしれない。これ以上の解説がこの文献の中に見られないので，「事務職員等」の「等」に誰が含まれるのかなど，詳細は筆者には知りえないが，逆に言えば，この記述からは，弁護士の家族や事務職員等は秘密を知りえる立場にいることになる。家族や事務職員等というのは，いずれも，弁護士事務所に勤務している，あるいは，弁護士事務所に密接に関わっている人たちであり，それらの人

たちは，秘密を知りえる立場にいることになる。

　一方，日本医師会の「医師の職業倫理指針」（日本医師会，2004）では，この「必要な第三者」に関して（「必要な第三者」という言葉は用いられていないが），表6-3のような記述が見られる。

表6-3　「医師の職業倫理指針」

　患者情報については，診療の必要性から同一の医療機関内では医療関係者間で利用しうるが，関係者はこれを外部に漏らしてはならず，管理者はそのための対策を立てるべきである。(2-6)

　複数の医師が患者の診療を行う場合，患者の診療情報が適切に継承または共有される必要がある。医師は患者の診療のために必要があるときは，患者の同意を得て，担当医に対して検査記録などの診療情報の提供を直接求めることができる。他医から診療情報の提供の求めを受けた医師は，患者の同意を確認したうえで，各種検査記録，エックス線写真などを含めて，提供を求める医師が必要とする診療情報を提供すべきである。ただし，同一医療機関内の医師間では，特に患者に異存がない限り，診療情報を共有することができる。その際，患者の情報が第三者に漏れないよう配慮する必要がある。(3-6)

　患者の診療にあたっては，主治医のみならず看護師などの医療従事者をはじめ，ソーシャルワーカー，臨床心理士，事務職員など幅広い人たちと情報を共有することが必要なことも多い。この際，職務上必要な場合に限ってのみ，同一医療機関内の各医療従事者や事務職員は患者の診療情報にアクセスすることが許される。患者の医療情報は，それ自体きわめて秘密性の高い個人情報であることから，管理医師は各医療従事者や事務職員などの教育を徹底し，必要な関係者以外に患者の情報が漏れないようにする必要がある。医療機関外の者に診療情報を開示するには，裁判所の命令など法律に定められた場合を除き，原則として患者の同意が必要である。(4-3)

（日本医師会，2004より）

上記の日本医師会の指針をまとめると，医師に関しては，「必要な第三者」について，次のようなルールを見いだすことができる。
　①医師間
　　患者の診療のために，患者の診療情報を適切に継承・共有する必要がある場合は，患者の同意を得て，担当医に対して検査記録などの診療情報の提供を直接求めることができる。他医から診療情報の提供の要請を受けた医師は，患者の同意を確認したうえで，提供を求める医師が必要とする診療情報を提供すべきである。ただし，同一医療機関内の医師間では，特に患者に異存がない限り，診療情報を共有することができる。その際，患者の情報が第三者に漏れないよう配慮する必要がある。
　　つまり，法律上も倫理上も互いに守秘義務を定められている医師同士の間であっても，他の医療機関の場合には患者の同意を得ることが必要であるが，同一医療機関内の医師同士の場合には，患者が明確な「ノー」の意思表示をしない限り，情報共有ができる，というわけである。当然ながら，第三者に漏れてはならない。
　②他職種との間
　　医師以外の職種の人との間における情報の共有については，同一医療機関内と他機関との場合に明確な違いがある。同一医療機関内の場合には，職務上必要な場合に限ってのみ，他職種の人々は患者の診療情報にアクセスすることが許される。この場合，患者の同意が必要であるとは明記されておらず，患者は，自ら医療機関に出向いて医療サービスを求めることにより，看護師や薬剤師や事務職員などの医療従事者にも情報が知られることを黙示的に許可していると考えることができよう。しかし，他機関あるいは医療機関外の者に対しては，法律に定められた場合を除き，原則として患者の同意が必要とされる。
　　なお，管理医師には，各医療従事者や事務職員などの教育を徹底し，必要な関係者以外に患者の情報が漏れないようにする必要があることが明記されているが，当然のことである。

3) 心理臨床家にとっての「必要な第三者」の範囲

　日本医師会のこの指針は，医師間・他職種との間，同一医療機関内・他機関に対して，という2つの軸をもとにした対応方法の分類と考えることができ，心理臨床家にとっての「必要な第三者」について考える上で参考になる。この分類を用いると，心理臨床家の場合は次のように考えることができる。

> ①心理臨床家同士の場合
> 　クライエントに適切な援助を行うために，クライエントに関する情報を共有する必要がある場合は，クライエントの同意を得て，担当する（あるいは，担当した）心理臨床家に対して情報の提供を直接求めることができる。他の心理臨床家から情報提供の求めを受けた心理臨床家は，クライエントの同意を確認したうえで，必要とされている情報を提供する。ただし，同一相談機関内の心理臨床家間では，特にクライエントに異存がない限り，情報を共有することができる。その際，クライエントの情報が第三者に漏れないような措置をとらなければならない。
>
> ②他職種との間
> 　同一相談機関内の場合には，職務上必要な場合に限ってのみ，他職種の人々はクライエントに関する情報にアクセスすることが許される。この場合，クライエントの明示的な同意は必ずしも必要ではない。しかし，他機関あるいは相談機関外の者に対しては，法律に定められた場合を除き，原則としてクライエントの同意が必要とされる。
> 　なお，心理臨床家は，他職種の人々に対して守秘義務に関する指導を徹底し，必要な関係者以外にクライエントの情報が漏れないようにしなければならない。

　このような基準は確かに有用である。しかしこのように定めたとしても，誰が「相談機関内」で誰が「相談機関外」なのか，現実には判断が難しい場合がある。たとえば，産業領域や教育領域の場合，相談室は独立した部屋であったとしても，相談室以外に勤務する人たちは，果たして「必要な第三者」とみな

してよいのだろうか。クライエントにとって，企業内の相談室の受付事務担当者は，自分の名前や住所や予約日などを知りえる立場にあり，「必要な第三者」とみなされたとしても特段の異存はないであろう。しかし，同じ事務職員であったとしても，相談室外の職員を同じように「必要な第三者」とみなすことには，論理の飛躍があるのではないか。同様に，教育機関内の相談室受付担当者は，クライエントに関する情報に職務上アクセスしなければ受付の業務ができない（したがってクライエント側にも不都合が生じる）のであるが，同じ教育機関内の他部署の教職員については，クライエントに関する情報にアクセスしなければ業務ができないわけではない。むろん，時と場合によっては（たとえば，タラソフ事件のような殺意をクライエントが語り，その直後に相談室を飛び出して行ってしまった場合），クライエントに関する必要十分な情報を他部署の教職員に伝えなければならない場合もあろうが，それは例外状況と考えるべきである。

4) インフォームド・コンセントを忘れてはならない

　心理臨床家は，クライエントとの間で，「直接関わっている他の人たち」とは具体的に誰なのかについて，話し合いを行い，共通理解をもつことが大切である。特に，その相談室内に勤務する人以外に情報を知らせなくてはならない場合や，その相談室内に勤務する人以外に情報を知らせた方がクライエントにとって利益があると心理臨床家が考える場合には，なぜ情報を知らせることが必要なのか（あるいは，クライエントの益になると思われるのか），その理由をきちんと説明した上で，クライエントが同意するかどうかを尋ねなくてはならない。心理臨床家の側が一方的に「必要な第三者」の範囲を定め，クライエントとの間で共通の理解をもたない状態であれば，インフォームド・コンセントの原則に悖るだけではなく，クライエントとの間のコミュニケーションを通じて援助関係を築くという，心理臨床家の基本さえもおろそかにすることになる。

　複数の職種の専門家が働く職場では，職種によって秘密保持などの職業倫理に対する考え方やガイドライン，あるいは，それぞれの職種に関わる法的義務などが異なる場合がある。たとえば，日本のソーシャルワーク領域の職業倫理

を見ると，臨床心理学領域の職業倫理とは少しニュアンスが異なる印象を受ける。

　日本ソーシャルワーカー協会の倫理綱領は，「われわれソーシャルワーカーは，平和擁護，個人の尊厳，民主主義という人類普遍の原理にのっとり……」という文章で始まる前文をもち，その後に「人間としての平等と尊厳」「自己実現の権利と社会の責務」「ワーカーの職責」という3つの原則が続く（仲村，1999）。社会的視座を明確に示しているところは，ソーシャルワークという分野の歴史を考えると当然のことであろう。このように，ソーシャルワーカーは，差別・抑圧の撤廃，弱者の救済といった社会正義の実現を重視しているかもしれないし，医師のように法的にも裁量が広く認められている職種もある。あるいは，心理臨床家が一緒に仕事をする同僚の中でも，職種によっては，明確な倫理綱領をもたない職種や，倫理綱領を有していてもそれが職種の中で徹底されていない職種もあろう。個人のプライバシーよりも社会防衛や組織の維持を優先する職種もあるかもしれない。さらには，プライバシーや秘密保持について，あまり関心を示さない職場や職種もあるかもしれない。このような現実の中，秘密の扱い方，言い換えれば，情報のもつ意味や重要性，情報を得る目的，その扱い方は，異職種間の葛藤を生みやすい事柄といえる。

　しかし，どの倫理綱領がより優れているかという問題ではない。それぞれの職種の社会的役割や，職業的文化，拠って立つ基本的な考え方，そして時には，それぞれの職種を規定している法律も異なるのである。

　心理臨床家の職業倫理が要請するのは，まずもってクライエントを守ること，クライエントのプライバシーや人格を守ることであることを忘れてはならない。そして，自らの立場を明確にもちながら，職種間の境界を明確にしつつ，葛藤を乗り越える努力を行わなくてはならない。

　この点について，先述の日本ソーシャルワーカー協会の倫理綱領は，「機関との関係」の項目に次のような条文を設けている（仲村，1999, pp. 234-235）。

1. （所属機関と綱領の精神）ソーシャルワーカーは，常に本倫理綱領の主旨を尊重しその所属する機関，団体が常にその基本精神を遵守するよう留意しなければならない。
2. （業務改革の責務）ソーシャルワーカーは，所属機関，団体の業務や手続

きの改善,向上を常に心がけ,機関,団体の責任者に提言するようにし,仮に通常の方法で改善できない場合は責任ある方法によって,その趣旨を公表することができる。

所属機関や業務の改革・改善を,自らの職業倫理に基づいて行うとするのは,ソーシャルワークの特徴であろう。時には,心理臨床家も,このような明確な社会的視点が必要な場合もあるのではないだろうか。

心理臨床家が関係することの多い業種である医療,福祉,教育などの職域では,個人情報保護はきわめて重要であるにもかかわらず,医療の場でも(丸山,2000),また教育の場でも(市川,2000),患者や生徒に関する情報が本人の許可なく目的外に使用され,本人の許可なく検査などが実施されていること,本人の情報が本人に開示されないこと,内輪の処理が多く情報公開が行われていないことなど,医療者や教育者の側に都合のいいように個人情報が扱われ,日常的にインフォームド・コンセントが無視されてプライバシーが侵害されている現状が指摘されている。ある新聞記事によれば(朝日新聞朝刊,2000年2月1日,「個人の体のデータ,蓄積し疫学に活用」),毎年行われる職場の健康診断のデータが,ある大学医学部の研究室に保管され,個人名は削除されているものの社員番号が明記されているために,容易に個人を特定することが可能な状態で保管されており,社員個々人には無断で保管されていることや,がんに罹患した人が医療機関を訪れた場合に,医療機関が患者本人に無断で,ある自治体の「がん登録制度」に届け出ていることが報道されている。この記事には,上述の大学の医師へのインタビューから,研究をスタートした当時はプライバシー保護の意識が薄かったが,今の時点でいきなりやめてしまうわけにはいかない,という趣旨の発言が引用されている。

このような実態は,2005年4月1日に完全施行された個人情報保護法ならびに関係各省庁などが制定している個人情報保護ガイドラインによって改善されていくことが期待されるものの,心理臨床家各々の領域や職場でこれまで行われてきた慣行や「常識」ではプライバシー保護が危ういという指摘は,重く受け止めなくてはならない。心理臨床家の周囲の人々が,プライバシー保護や

インフォームド・コンセントについて十分に理解し，日常業務の中で実践できるよう，具体的な業務の内容を見直していく必要があるのみならず，心理臨床家が啓発的な役割を果たすことを考えるべきであろう。

5）スーパービジョンやコンサルテーションの場合

次に，コンサルテーションやスーパービジョンの場合はどのように考えたらよいのだろうか。コンサルテーションを行う上では，コンサルテーションの相手側がどのような立場であり，どのような職業倫理のもとで業務を行っているのか，こちらがきちんと判断する必要がある。相手側が，秘密保持を含めた職業倫理について，心理臨床家と同様の理解をもって業務を行っているのであればよいのだが，必ずしもそうとは限らない。アメリカでは通常，専門家の間でコンサルテーションを行う場合には，クライエントが特定されるような情報を伝えることなくコンサルテーションを行うこと，その場合にはクライエントの許可は必ずしも必要ないが，クライエントが特定される情報が流される場合にはクライエントの許可が必要である（APA, 2002, 4.06）とされている。この点，日本の臨床家にも十分な注意が求められる。

スーパービジョンにおける秘密の扱われ方については，アメリカ心理学会（APA）倫理綱領（APA, 2002）にも日本臨床心理士会の倫理綱領（日本臨床心理士会, 2005）にも，明確な規定がない。日本心理臨床学会の倫理綱領では，その倫理基準第6条に，教育・訓練などのために秘密が公開される場合には，原則として，事前にクライエントまたはその保護者の同意が必要であることが示されている（倫理委員会, 2001）。つまり，スーパービジョンを行う際には，事前にクライエントの同意が原則として必要ということになるが，この「原則として」という言葉が具体的にどのようなことを意味しているのか，明確ではない。

一方，アメリカカウンセリング学会（ACA）倫理綱領（ACA, 1995）では，スーパービジョンについて次のような定めがある。

A. 3. クライエントの権利
　a. クライエントへの開示
（前略）クライエントは「強い信頼に基づく秘密保持」を当然のことと

して期待する権利と「強い信頼に基づく秘密保持」の限界についての説明を受ける権利を有しており，この説明には，スーパービジョンや治療チームの専門家に関することも含まれる。クライエントは，自分のケース記録について明確な情報を得る権利を有している。(後略)

B. 1. プライバシーの権利

h. 部下

カウンセラーは，クライエントのプライバシーと「強い信頼に基づく秘密保持」が，被雇用者，スーパーバイジー，事務補助者，およびボランティアを含む部下によって確実に守られるよう，あらゆる努力を行う。

i. 治療チーム

もしクライエントの治療が，治療チームによって継続的に検討されるものであるならば，クライエントは，その治療チームの存在と構成について説明を受ける。

F. 3. 学生およびスーパーバイジー

d. 学生およびスーパーバイジーのクライエント

(前略) クライエントは，どのような場合に専門家が開示するのかについて，情報を与えられ，「強い信頼に基づく秘密保持」の限界について説明を受ける。学生やスーパーバイジーが，カウンセリング関係に関する情報を訓練の過程において使用するためには，クライエントの許可が必要である。

このACAの倫理綱領からは，スーパービジョンが行われる場合には，スーパービジョンが行われていることのみならず，クライエントの援助チームが誰であるのかについても，クライエントに対して説明を行うことが求められている。すなわち，スーパーバイザーを含む「必要な第三者」が誰であるのか，説明を行うことが必要ということになる。「必要な第三者」についての説明を行い，クライエントと合意に達することの必要性については既述した通りであるが，スーパーバイザーについても同様に，クライエントとの間でインフォームド・コンセントが必要ということになる。

なお，コンサルテーションの場合もスーパービジョンの場合も，その目的に

直接必要な情報のみを伝えることに留意する必要がある。クライエントが特定されるような情報は，通常のコンサルテーションやスーパービジョンの際に必要とされる情報ではないので，伝えるべきでない。もし，クライエントが特定される情報が流される場合には，上述のように，クライエントの許可が必要となる（APA, 2002, 4.06）。

(5) 法による定めがある場合

上記の (3) で説明したように，児童虐待は，職業倫理上のみならず，法律によっても通告が義務付けられている例である。他にも，成文法あるいは条例によって定めがある場合には，それに従う必要がある。

たとえば，少年法第6条第1項には，「家庭裁判所の審判に付すべき少年を発見した者は，これを家庭裁判所に通告しなければならない」と定められている。ここで言う「家庭裁判所の審判に付すべき少年」とは，「1　罪を犯した少年，2　14歳に満たないで刑罰法令に触れる行為をした少年，3　次に掲げる事由があつて，その性格又は環境に照して，将来，罪を犯し，又は刑罰法令に触れる行為をする虞のある少年―イ　保護者の正当な監督に服しない性癖のあること。ロ　正当な理由がなく家庭に寄り附かないこと。(後略)」（同法第3条第1項）と定義されている。この法律によれば，心理臨床家でなくとも，審判に付すべき少年を発見した場合には，家庭裁判所に通告することが国民の義務と言える。

この他にも，心理臨床家の職種や職場によって，関係する機関などへの通告や情報の開示が法的に定められている場合があろう。心理臨床家は，自分自身の職場や職種に関係する法律について，十分な知識をもっておく必要がある。

しかし，このように法的な定めがある場合であっても，クライエントとの間に何のやり取りもなく，機械的に法的な通告義務を実行するのは好ましくない。相手が同意するか否かは別として，心理臨床家としては，事前にクライエントに対して，法的な通告義務について説明することがまず必要である。

(6) 保険による支払い

医療保険が使用可能である時に，その保険を使うことは，クライエントにと

って経済的な意味ではプラスであり，日本の医療現場では日常的に保険診療が行われている。また，国民健康保険法（第121条）や厚生年金保険法（第79条）には，処分や罰則を伴う秘密保持の規定が定められている。これらのことから，医療保険による支払いにあたっては，患者（クライエント）に関する情報が，関係者に知られるのはやむをえず，今さら議論をするまでもないと考える読者もおられよう。しかし，クライエントや患者が直接顔を合わせることのない第三者に個人の秘密が知られてしまうことには間違いがない。

　HIVに感染した人々への筆者の援助経験から，HIVに感染した人やAIDS（エイズ）に罹患した人の中には，医療保険を使用することによって，自分がHIV感染者・AIDS患者であることが勤務先や地域の人々に知られてしまうことを恐れ，医療保険を使わずに自費診療を受けている人たちがいることを仄聞している。勤務先の規模が小さかったり，小さな自治体の国民健康保険であったりする場合には，このような不安は単に「不安」として片づけることのできない現実的な問題を有している。

　第5章で引用したグラスは，治療費を得るためにクライエントの治療の詳細が他者に提供されることによって，「境界」が危うくなることを指摘し，さらに，これらのクライエントがそのような状況について気づいていないことが多く，本当に自由意思でインフォームド・コンセントが行われているのか疑問であると論じている（Glass, 2003, p. 439）。多くの患者（クライエント）は，医療保険を用いることについて，深く考えていないかもしれないが，慎重な臨床家は，おそらく，医療保険を用いることについて，クライエントと話し合う機会をもつであろう。そのような働きかけは，患者（クライエント）にとって，自分に関する情報をどのように自分がコントロールすることができるのか，考える機会を提供することにつながるのではないだろうか。

(7) 裁判に関する状況

　裁判所からの命令による心理アセスメントや心理療法の場合は，それを命じた法廷に記録や情報が提出されることを条件としてアセスメントや心理療法が行われるのだから，心理臨床家が「強い信頼に基づく秘密保持」を理由に提示を拒むことはできないと考えられている。また，少なくとも北米では，クライ

エント自身が，自分のメンタルヘルスに関わる問題を取り上げて法廷で訴えを起こした場合には，その裁判の場では，自分自身の「強い信頼に基づく秘密保持」の権利を自分から放棄したと解釈されている。裁判は公平かつ公正に行われなければならないから，双方が必要な情報を提示しなければならない。自分が訴えを起こしたのに，必要な情報を提示しないのであれば，相手側は反論することも是認することもできなくなってしまう。そこで，クライエントが，自分自身の精神状態や心理的な問題に関連する訴えを起こした場合，その裁判を行う上で必要な情報の提供を，自らの提訴によって自分の意志で許可したと考えざるをえない。しかしこの場合は，あくまでもその裁判の場において，と考えるべきであって，社会一般に流布することを許可したと考えることはできない。

ところで，心理臨床家自身が裁判や倫理違反などに問われた場合はどうなるのだろうか。日本の弁護士の職業倫理では，弁護士自身が民事・刑事などの係争の当事者となったり，懲戒の請求対象となったり，犯罪の嫌疑が弁護士自身に及んだりした場合には，弁護士自身の名誉を守り，重大な誤解を解くための立証として，また，自らその嫌疑を払拭するために，自己防御上，必要な限度内で依頼者の秘密の開示が許容されると考えられている（注6-1）。同様に，心理臨床家がクライエントによって裁判に訴えられた場合，心理臨床家が自分の立場を主張するためには，面接場面での様子やクライエントについて知りえた情報，印象などを法廷に提示することができなければ，裁判は臨床家に一方的に不利なものとなってしまう。弁護士同様，公平な裁判が行われるためには，必要な限度内で，クライエントについての情報を，臨床家の自己防御のために，法廷に提供することはやむをえないと考えられる。同様に，弁護士の「懲戒」に相当する心理臨床家の倫理委員会での調査においても，必要限度内での秘密開示はやむをえないといってよいであろう。

　(5)の法律による定めがある場合も，また，(7)の裁判に関わる状況の場合も，いずれも法律の専門的な知識を基にした対応が欠かせない。心理臨床家は法律の専門家ではないのだから，これらの状況については，法律家の援助を求めるべきであって，断片的な知識・理解をもとにした拙速な対応は避けなくてはならないことを注意しておきたい。

(8) クライエントによる意思表示がある場合

　以上は，クライエントの許可がなくとも秘密を漏らす可能性のある場合である。しかしクライエントが，自分の相談内容などが第三者に開示されることを許可する場合もある。

　面接室での相談内容はもちろんのこと，クライエントと心理臨床家とのコミュニケーションの内容すべて，さらには，クライエントが相談に来たという事実，これらはいずれもクライエントのプライバシーに関わる事柄である。これらの事柄の全部あるいは一部について，クライエント自身が開示を許可した場合（つまり，クライエント自身が自分のもつ「強い信頼に基づく秘密保持」の権利を放棄した場合）には，心理臨床家は，秘密保持を主張する理由がなくなってしまう。実際，日本の「弁護士職務基本規程」（弁護士職務基本規程解説起草検討会，2005, pp. 34-36）でも，また日本医師会の「医師の職業倫理指針」（日本医師会，2004, pp. 8-9）でも，本人が同意や承諾をした場合には，その秘密を守らなくてよいとされている。

　しかし，たとえクライエントが許可したとしても，心理臨床家がクライエントに関する情報を相談室の外に伝えるということは重大なことである。筆者は，ベネットらの提案（Bennett, Bryant, VandenBos, & Greenwood, 1990, pp. 78-80）を参考にして，以下の3点を必ず吟味することが必要と考えている。

---

①誰に

　誰になら話してもよいのか，誰が問い合わせてきたら伝えてもよいのか。「話してもよい」「知らせてもよい」というクライエントの言葉を聞いた時に，まず心理臨床家が尋ねるべき質問である。誰でもよい，というクライエントもいれば，ある人物を特定するクライエントもいるし，複数の人々を指している場合もある。クライエントが想定している相手と，心理臨床家が考える相手とが異なっている場合もある。ここで双方が考えている相手にズレがあると大変なことになってしまう。クライエントが許可する開示対象者は誰であるのか，心理臨床家が具体的に尋ねて明確にすることがまず必要である。

②何を

次に心理臨床家が行う質問は，開示してよい内容についてである。クライエントがその相談室に来談したという事実なのか，その相談室での相談内容なのか。クライエント自身が困っている問題についてなのか，特定の面接時における会話の内容なのか，特定の人物や出来事に関する発言なのか。これについても心理臨床家の側から尋ねることによって明確化する。さらに，開示内容について，一層の明確化・具体化を求める。たとえば，「ここで話したこと」と言われても，その相談室でクライエントが話したことすべてであるのか，それとも，その一部なのか。もしも一部であるなら，具体的に何について，どの範囲までなら開示してもよいのか。クライエントが「ここで話したこと」と言ったとしても，その発言が実際には何を指しているのか，人によって様々である。話してもよい事柄の内容と範囲は何なのか，明確化する責任は心理臨床家の側に存する。

③何のために（何の目的で）

最後に，何の目的であれば開示してもよいのだろうか。たとえば，必要な医学的治療を受けるためであればよいのか，クライエントのことを心配している〇〇先生と協力して問題解決に取り組むためであればよいのかなど，開示する際の目的についても明確にする。

　心理臨床家が働く職場は多様であるから，一概には言えないであろうが，一般的に考えても，また，筆者の経験からも，クライエントの側から他者への開示を積極的に要求してくることは少ないと考えられる。現実には，多くの心理臨床家が困惑する事態は，相談室以外の人からの問い合わせに対して，秘密を漏らすべきかどうかである（田中，1988）。むろん，本章で触れている諸条件に当てはまらない場合には，クライエントの「強い信頼に基づく秘密保持」の権利を守らなくてはならないのだから，相談室外からの問い合わせがあったとしても，それに応じることはできない。しかし時には，クライエントが開示を許可する場合もあるかもしれない。

そこで筆者は，初回面接の際に，本章で論じている秘密保持の限界について説明すると共に，第三者からの問い合わせがあった場合にはどのように対応してほしいか，クライエントに尋ね，秘密の扱い方について話し合うことを勧める。相談室であるから秘密保持は当然のことであるが，第三者が問い合わせてきた場合の対応のしかたとして，クライエントはどのように対応してほしいのか，クライエントの希望をもとに対応のしかたについて合意しておくことは大切なことであると思う。「話してもよい」とクライエントが言ったとしたら，上記の①〜③について話し合い，明確化する。そして，実際に問い合わせがあった場合には，合意した方法で対応し，可能な限り，開示の前と開示後にクライエントと改めて話し合うことが大切である。誰が何のために問い合わせてきたのか，どのように対応したのか，クライエントと一緒にふり返ることは，心理臨床家―クライエント間の援助関係維持のためにも必要なだけではなく，クライエントにとって，自分自身についての情報をどのように自分でコントロールするのか，周囲の人々は自分に対してどのような考えをもっているのかなど，改めて考える機会にもなるかもしれない。

5. 未成年のクライエントについてどのように対応すべきか

筆者が職業倫理についての研修会で講師を務めると，必ずといってよいほど質問を受けるのは，この問題である。「スクールカウンセラーであるが，クライエントの担任教師からクライエントについて問い合わせを受ける。どうしたらよいか」，「クライエントの保護者からクライエントについて質問を受けるが，どのように対応したらよいか」など，クライエントの保護者あるいは教師からの情報提供を求める問い合わせについて，心理臨床家の戸惑いが聞かれる。実際，日本で行われた調査でも，心理臨床家が，保護者や学校教師からの要請と，秘密保持との間でしばしば葛藤することが示されている（倫理委員会，1999；田中，1988）。興味深いことに，アメリカ（Sherry, Teschendorf, Anderson, & Guzman, 1991）でも日本（金沢・沢崎・松橋・山賀，1996）でも，大学生を対象とする学生相談の領域では，この種の問題に葛藤を経験する臨床家が比較的少ないことが示唆されていることを考えると，クライエントが未成年であるというクライエ

ント自身の要因と，学校という環境の要因とが関係していると考えることができる。そして，心理臨床家一般の「強い信頼に基づく秘密保持」についての考え方が，この2つの要因によって揺さぶられることが多いといってよいのではないか。

　筆者には，未成年のクライエントの「強い信頼に基づく秘密保持」について考えることは，ある種の"総合問題"であるように感じられる。それは，臨床家の臨床的な要請，職業倫理的な要請，保護者の親としての要請，クライエントが多くの時間を過ごす場である学校の要請，そしてクライエント自身の要請，これらの錯綜する諸要請にどのように折り合いをつければよいのかという，実に厄介な問題であると考える。

　そこで，この問題をいくつかの角度に分けて考えてみたい。

1）クライエントは誰か

　奇妙な問いかけに聞こえるかも知れないが，まず「誰がクライエントか」からスタートしたい。ここでのポイントはインフォームド・コンセント（第6原則）である。相談に訪れたクライエントが未成年である場合，心理臨床家にとってインフォームド・コンセントを行う相手は誰か。次章で述べるように，個人を対象とした援助であれば，言うまでもなくクライエントその人である。このことは，相手の年齢や認知的能力にかかわらず，おさえておくべき点である。職業倫理的観点からは，心理臨床家が「契約」を結ぶ相手はクライエントである。次章で説明するように，心理臨床家は，契約の相手との間に，秘密保持に関する約束を結ぶのである。心理臨床家が責任を負うのは，まずもってクライエントその人に対してである。心理臨床家の職業倫理が要請する最大のポイントは，クライエントを守ること。このことをまず強調しておきたい。

2）クライエントに対してどのような援助を行うのか

　心理臨床家は，自身の専門的能力の範囲内で，クライエントに対し適切かつ最大限の援助を行う（第2原則）。そのためには，個々のクライエントについてアセスメントを行い，各人に最適と判断される援助計画を組み立て（第7原則），クライエントに提案して共に検討し，合意に達したことを実行する（第6原則）。

個々のクライエントに適した援助計画を立てるのは，心理臨床家の責任である。その際，援助計画の中に，クライエントの周囲の人たちにどの程度関わってもらうことが必要なのか（あるいは必要でないのか），クライエントにとって最大限の利益を生み出すためには，誰のどのような関わりが求められるのか（あるいは，求められないのか），心理臨床家は，援助内容・方法をクライエントに提案する際に吟味する必要がある。つまり，先述の「必要な第三者」は誰なのか（あるいは，「必要な第三者」は全く必要ないのか），「必要な第三者」が必要であれば，その人（あるいは，その人たち）にどのような関わりを求めることがクライエントにとってのプラスになると判断されるのか，心理臨床家は十分に検討する必要がある。そして，この「必要な第三者」を含めた援助計画（あるいは，「必要な第三者」が想定されない場合には，「必要な第三者」が含まれない援助計画）をクライエントに提示して，一緒に検討することになる。秘密の扱われ方については，この「必要な第三者」についての話し合いを行う中で，同時に取り上げられなくてはならない。もちろん，本章で論じている，秘密保持に関する様々な例外状況についても，この話し合いの中に含めることは言うまでもない。

　ここで強調したいのは，特に未成年のクライエントの場合には，周囲の人たちからしばしば問い合わせを受けるということを予想し，臨床家の側が予め，そのような問い合わせに対して準備しておくという点である。152～153ページで既に説明したことではあるが，「○○さんから問い合わせがあったらどうしたらよいだろうか」という具合に，クライエントと初回面接の段階で話し合っておくことは，インフォームド・コンセントの点からも，またリスクマネジメントの点からも，きわめて有益である。

　リスクマネジメントとインフォームド・コンセントという視点に加えて，クライエントに対する最適の援助を行う上からも，心理臨床家以外の人に関わってもらうことが必要なのかどうか，援助計画立案に際して心理臨床家が判断することが求められる。その援助計画をクライエントと検討し，心理臨床家以外の人の関わりが必要であれば，誰に何をいつ行ってもらうことがクライエントのプラスになるのか，合意しておくことが大切である。

　言い換えると，誰か第三者から問い合わせを受けて慌てるのではなく，こち

らからプランを立て，問い合わせを予想してクライエントと検討するという姿勢が求められるのである。

3) 保護者からの問い合わせについて

次に，保護者からの情報の求めについて考えてみたい。この点については，筆者の前著（金沢，1998）でも論じたが，改めて取り上げたい。

この問題は，親の監護権と，未成年者であるクライエントの権利との葛藤をどう考えるかという問題でもあり，一方で，クライエントに対する援助を効果的に行う上で臨床的にどのような対応が必要なのか，という問題でもある。臨床家にとっては，クライエントと親のどちらを優先させる必要があるのか，実に悩ましい葛藤である。にもかかわらず，明確なガイドラインがなく，議論も様々な考え方が提示されていることが，問題を一層厄介なものにしていると指摘されている（Gustafson & McNamara, 1987; Haas & Malouf, 2002; Huey, 1996; Lawrence & Robinson Kurpius, 2000）。

確かに，親には，自分の子どもを守り育てる責任がある。このことを理由に，自分の子どもの相談内容について，臨床家に情報を求めてくる保護者もいるであろう。医療の場合は，日本の医事法の解釈上でも，明らかに本人に不利益となる事柄や本人が他言を禁じている場合以外は，近親者への告知は，通常，患者の利益になるので，秘密の漏洩には当たらないとされる（大谷，1995）。しかし，未成年・成人にかかわらず，自分が心理臨床的援助を受けていることやその内容などを，家族が自分の許可なしに知るということを，クライエントとしては「適法」と認めがたいであろう。

この点について，個人情報保護法を基に考えると，どのような対応が適切なのだろうか。厚生労働省によるガイドライン（事例集）の中の特に次の記載が参考になる（資料6-1）。

資料6-1　厚生労働省のガイドライン

【各論】
Q5-1　患者・利用者の病状等をその家族等に説明する際に留意すべきこ

とは何ですか。

A5-1　医療機関等においては，患者への医療の提供に際して，家族等への病状の説明を行うことは，患者への医療の提供のために通常必要な範囲の利用目的と考えられ，院内掲示等で公表し，患者から明示的に留保の意思表示がなければ，患者の黙示による同意があったものと考えられます。
（参照：ガイドラインp.23）

　医療・介護サービスを提供するに当たり，患者・利用者の病状等によっては，第三者である家族等に病状等の説明が必要な場合もあります。この場合，患者・利用者本人に対して，説明を行う対象者の範囲，説明の方法や時期等について，あらかじめ確認しておくなど，できる限り患者・利用者本人の意思に配慮する必要があります（参照：ガイドラインp.8）。

　なお，本人の同意が得られない場合であっても，医師が，本人又は家族等の生命，身体又は財産の保護のために必要であると判断する場合であれば，家族等へ説明することは可能です（個人情報保護法第25条第1項第2号に該当）。

【各論】

Q5-3　未成年の患者から，妊娠，薬物の乱用，自殺未遂等に関して親に秘密にしてほしい旨の依頼があった場合，医師は親に説明してはいけないのですか。逆に，親から問われた場合に，未成年の患者との信頼関係を重視して，親に情報を告げないことは可能ですか。

A5-3　患者本人が，家族等へ病状等の説明をしないよう求められた場合であっても，医師が，本人又は家族等の生命，身体又は財産の保護のために必要であると判断する場合であれば，（第三者である）家族等へ説明することは可能です（個人情報保護法第25条第1項第2号に該当）。

　一方で，未成年だから何でも親が代理できるわけでもありません。親が，法定代理人だといって子供の個人情報の開示を求めてきても，開示についての代理権が与えられているか，本人（子供）に確認する必要があります（参照：ガイドラインp.30）。したがって，親に問われても告げない選択も医師には可能です。

> 具体的には，個々の事例に応じて判断が異なるものですが，患者の状態などを踏まえ，これまでどおり，親に告げるも告げないも，医師が判断して対応することになります。

(厚生労働省，2005 から抜粋)

　また，この「事例集」には，患者・利用者の代理人から，患者・利用者本人の委任状を提出して，保有個人データを開示するよう請求された場合であっても，その代理人の請求が本人の意思によるものなのか慎重に確認すること，したがって，本人の委任状が提出された場合でも，開示の請求を行った人および開示する保有個人データの範囲等について，本人の意思を確認しなくてはならない旨が記載されている（【各論】A 7-2）。

　つまり，個人情報の扱い方について，何らかの方法で事前に利用者に対して通知をしておくこと，家族に対して情報を伝える場合には，本人との間で，説明の内容，方法，説明相手などについて話し合い，本人の意思を尊重することが必要ということになる（A 5-1）。未成年者の場合でも，生命などの危険のある場合以外には，親が情報を求めてきた場合であっても，情報を提供するか否か，誰に何を知らせるかなどについて，本人の意向をもとに医師が判断することになる（A 5-3, A 7-2）。一言で言うなら，生命などの危険のある場合以外には，本人の意思を確認し，それを尊重すること，と言えよう。

　次に，現実に未成年の多くが所属する学校を管轄する文部科学省は，どのようなガイドラインを定めているのだろうか。資料6-2をご覧いただきたい。

資料6-2　文部科学省のガイドライン

> Ⅲ．第三　事業者が講ずべき措置の適切かつ有効な実施を図るための指針となるべき事項
> 3　安全管理措置及び従業者の監督に関する事項
> 【解説】
> 2．

第6章　職業倫理の7原則・Part 4

(1) ―省略―
(2) 生徒等に関する個人データは，その取扱いについての権限を与えられた者のみが業務の遂行上必要な限りにおいて取り扱うこと。

　さらに，ここでは，適切に個人データが取り扱われるようにするため，個人データを取り扱う者の権限を業務遂行上必要な範囲内に限定して取り扱わせることとしています。

　個人情報の安全管理の観点から，業務遂行上必要ない者や権限外の者が不正にアクセスすることがないよう，従業者の取扱状況のフォローアップ等によるセキュリティー上の措置を適切に講ずることが必要です。例えば，教員が担当のクラス以外の個人情報を取り扱う際に個人データ管理責任者等の許可を要することとすることや，教員が成績表等の個人情報が含まれる資料を学校外に持ち出す際に個人データ管理責任者等の許可を得るとともに資料の持ち出し記録を帳簿に記載するようにすることなどが考えられます。

(3) 生徒等に関する個人データを取り扱う者は，業務上知り得た個人データの内容をみだりに第三者に知らせ，又は不当な目的に使用してはならないこと。その業務に係る職を退いた後も同様とすること。

　教職員による不正使用や悪質な漏えい等が生じないようにするため，個人データを取り扱う従業者が業務上知り得た個人データの内容をみだりに第三者へ知らせたり，不当な目的に使用することがないよう必要な措置を講ずるとともに，退職後においても同様に個人情報を適切に取扱うよう必要な措置を講ずることとしています。具体的措置としては，例えば，就業規則に定めたり，教職員との雇用契約において記載することなどが想定されます。（中略）

(5) 生徒等に関する個人データ管理責任者及び個人データを取り扱う従業者に対し，その責務の重要性を認識させ，具体的な個人データの保護措置に習熟させるため，必要な教育及び研修を行うこと。

　生徒等に関する個人データ管理責任者及び個人データを取り扱う従業者に対し，その責務の重要性を認識させ，具体的な個人データの保護措置に習熟させるため，必要な教育及び研修を行うことが望まれます。……

また，学校が主催する活動に参加するボランティアや保護者に対しても，生徒等の個人データを取り扱う場合には，事前に個人データの取扱いについての説明会を行うなど，学校が講ずる安全管理の措置について周知することにも留意する必要があります。(後略)

6　保有個人データの開示に関する事項
【解説】
1. ここでは，当該本人からの開示にあたって，事業者が留意すべき事項について定めています。
　個人情報保護法第25条では，個人情報取扱事業者が，本人から，本人に関する保有個人データの開示を求められたときは原則として本人に対し書面又は開示請求者が同意した方法により遅滞なく，当該保有個人データを開示しなければならないことが規定されています。また，事業者が例外的に非開示とすることができる場合について規定するとともに，全部又は一部について非開示とする旨の決定をしたときには，本人に対し，遅滞なく，その旨を通知しなければならないことが規定されています。
　この原則の例外にあたるものとして，次のa)からc)の場合があげられていますが，事業者は，個人データの開示又は非開示の決定を行うにあたっては，個々の事案について，原則の例外にあたるかどうか，十分検討した上で行う必要があります。
a)「本人又は第三者の生命，身体，財産その他の権利利益を害するおそれがある場合」
　例えば，開示の求めがあった保有個人データの中に，不治の病であることを本人が知ることにより本人の心身の状況を悪化させるような情報が含まれる場合や，第三者の営業上の秘密に関する情報が含まれる場合などがこれに該当します。
　本指針の第3の6 (2)では，本人又は第三者の生命，身体，財産その他の権利利益を害すおそれがある場合であって，学校を設置する事業者が開示又は不開示の決定をする場合に特に留意すべき事項として，当該本人に対する児童虐待（児童虐待の防止等に関する法律（平成12年法律第82

号）第2条に規定する児童虐待をいう）及び当該本人が同居する家庭における配偶者からの暴力（配偶者からの暴力の防止及び被害者の保護に関する法律（平成13年法律第31号）第1条第1項に規定する配偶者からの暴力をいう。）のおそれの有無をあげています。……

b)「個人情報取扱事業者の業務の適正な実施に著しい支障を及ぼすおそれがある場合」

　……本指針の第3の6 (1) においては，事業者の業務の適正な実施に著しい支障を及ぼすおそれがある場合であって，学校を設置する事業者が開示又は不開示の決定をする場合に特に留意すべき事項として，本人から当該本人の成績の評価その他これに類する事項に関する保有個人データの開示を求められた場合に学校における教育活動に与える影響をあげています。

　「当該本人の成績の評価その他これに類する事項」の例としては，指導要録，調査書（いわゆる内申書），入学選抜にかかる個人情報などが想定されます。

　また，「成績の評価」には，生徒等の各教科・科目の評定などが想定され，「類する事項」には入学者選抜の成績や生徒等の特徴などに対する所見などが想定されます。……

2. さらに，本指針の第3の6 (3) においては，事業者は，非開示の決定をすることが想定される保有個人データの範囲を定め，生徒等に周知させるための措置を講ずるよう努めなければならないこととしています。……

（文部科学省大臣官房総務課，2005から抜粋）

　上記の文部科学省のガイドラインを要約すると，どのような要点が見いだされるだろうか。まず，業務遂行上必要ない者や権限外の者（本章で説明した「必要な第三者」以外の者と考えられるのではないだろうか）がアクセスすることがないよう，学校内でも，個人データ管理責任者等の許可が必要とされ(3(2))，業務上知り得た個人データの内容をみだりに第三者へ知らせたり，不当な目的に使用することが禁止される (3(3))。個人データを扱う職員に対しては，個人データの取扱いについて教育を行うと共に，保護者などの関係者に

対して個人データの取り扱い方に関する学校側の措置について周知することが求められている（3(5)）。さらに，「6　保有個人データの開示に関する事項」についての解説からは，本人からの請求であったとしても，学校が非開示とする情報があること，そして，何が非開示とされるのか，予め生徒などに対して周知することが必要とされていることがわかる。

以上の厚生労働省と文部科学省のガイドラインを総合すると，本節に関連する内容としては，次のような基本原則を提示することができる。

①個人情報・個人データの取り扱い方について，生徒や保護者に予め周知しておく。
②本人からの請求であっても開示されない情報があるが，何が開示されないのか，予め周知しておく。
③家族から情報が求められた場合でも，生命などの危険のある場合以外には，情報を提供するか否か，情報提供の相手や内容，方法などについて，本人の意向をもとに専門家が判断する。
④学校内で業務遂行上必要ない者が個人情報・個人データを入手することのないよう，個人情報・個人データへのアクセスにあたっては，個人データ管理責任者などの許可を必要とする。
⑤個人データを扱う職員は個人データの取り扱いについて教育を受けると共に，保護者等に対しては，個人データの取り扱い方に関する学校側の措置について周知する。

つまり，予め周知しておくこと，本人の意向を尊重して判断すること，学校内でも個人情報・個人データの管理体制を確立すること，この3点がポイントと言えよう。

4) クライエントの年齢について

クライエントの年齢を考慮しなければならない場合もある。現代の時代的要請は，たとえ未成年であっても，独立した個人であって，成人と同様，権利の

主体であることを認識し，自己決定権を尊重することである（荒牧，2003）。次章でパターナリズムについてふれるが，未成年に関しては，パターナリズムに基づいて，成人の意図するように未成年の行動を制限しようとする発想が生まれがちである。しかし心理臨床家としては，自分の援助対象者であるクライエントを尊重するということをまず念頭におかなくてはならない。

次に必要な視点は，子どもの有する自己決定権を尊重し，権利主体としての子ども本人の最善の利益を生み出すためには，何が必要かという点である。ここでは，子どもの成長段階に応じて，各年齢で子ども本人の権利がどのように具体的に行使できるのか，そしてそれと呼応して，大人に要求される保護・援助は，子どもが成長するにつれて徐々に減っていき，最終的には子ども本人が自立していくということ，子どもが権利の主体であって，子どもにできることは子どもに任せ，大人は子ども自身が問題解決に向けて行動することを支援するにとどまるという視点である（一場，2003）。

子ども本人の決定を尊重するということには，実際的なプラス面もある。自分で選択するという状況が与えられると，動機付けや効力感が高まり，対等な立場として援助プロセスに参画するという公平感につながり，援助効果を高める可能性がある（Melton, 1982）。

それでは，クライエントの年齢に応じて，具体的にクライエント本人の権利を行使できるようにするには，どのような事柄に注意する必要があるのだろうか。この点については，法的にも（Quinn & Weiner, 1993）また心理学的にも（Powell, 1984），同意能力・責任能力ならびに理解力・判断力は，成人であるか否かによって能力の有無が分かれる二分法の概念ではなく，乳幼児から成人へと上昇していく連続線上のものととらえられている。実際，海外で行われた研究を概観すると，未成年であってもかなりの程度まで自分の権利や選択について理解し，妥当な選択を行うことができることがわかっている（Gustafson & McNamara, 1987）。中には，10歳の子どもであっても，心理臨床的援助に関わるリスクや利益について指摘できるということを示している研究もある（Kaser-Boyd, Adelman, & Taylor, 1985）。

つまり，年齢の高い未成年の能力は，成人とまったく同じではないとしても，それと同等として扱われる可能性が高い（注6-2）。したがって，1, 2歳であれ

ば，その子のもつ理解力や判断能力は低いのだから，心理臨床家は，その保護者や法的な代理人との間でやりとりをせざるをえない。次章で述べるように，インフォームド・コンセントは，相手が理解し意思決定を行う能力を有していることを前提としているのだから，当人にそのような能力が乏しいのであれば，正当な立場の代理人を通して話し合いを行わざるをえない（大谷，1995）。一方，未成年であってもインフォームド・コンセントの内容を十分に理解し決定する能力があると判断されれば，その未成年本人の意思を尊重すべきである。未成年であっても，クライエントにはきちんとわかりやすく説明し，相手の合意を得る（あるいは拒否される）のである。

　臨床的に考えても，年齢の低い子どもの場合は，親の考え方や行動のしかたが子ども自身の行動や情緒にも大きく関係してくることは当然である。したがって，年齢の低い子どもについては，子ども自身の問題解決のためにも，親を巻き込んだ援助を提案していくことが必要となる。

　しかし，ある程度の年齢の子どもについてはどのように考えたらよいだろうか。たとえば，大学の学生相談室に18歳の大学1年生が相談に訪れたとする。その場合，クライエントが未成年だからといって，保護者に連絡し，保護者の許可がなければ相談に応じることはできないのだろうか。そして，いったん保護者の許可を得たとしたら，相談経過を保護者に連絡しなくてはならないのだろうか。あるいは，高校生を対象とするカウンセリングを行う場合には，事前に保護者の許可が必要なのだろうか。仮にそのような承諾が求められたとしたら，心理臨床活動にどのような影響が生じるだろうか。

　もし，保護者の承諾がなければ心理臨床的援助が得られないとしたなら，これらの未成年が心理臨床的援助を受けにくくなることは容易に想像がつく。このことは，心理臨床的援助を本来受けるべき人たちに対して，そのような援助を受けにくい状況を作ってしまうことになり，結局は社会にとってマイナスではないのか。また，発達的に考えても，思春期には，親から離れて友人たちとの関係が重要になり，周りの大人には知られたくない"秘密"をもつのがむしろ自然である。さらに，多くの思春期・青年期の人々にとって，親をはじめとする周りの大人との関係は，葛藤や悩みの源である場合も多い。

　このような心理臨床的援助の現実を考えた時，クライエント個々人に対して

必要な援助を提供し，ひいては社会的な福祉に貢献するという意味でも，また，子どもの権利を具体的に尊重していく上で，保護者による保護や監督は子どもの成長に応じて漸減していくべきである（一場, 2003）という観点からも，乳幼児よりも上の年齢のクライエントの場合には，成人クライエントと同様の「強い信頼に基づく秘密保持」に関する扱いをするのが当然ではないだろうか。未成年者だからすべて親の承諾を要するという具合に杓子定規に考えると，結局は未成年者である当人の利益を損ない，心理臨床的援助をきわめて困難なものにしてしまうおそれがある。

この点について，医療における未成年の扱いが参考になる。家永（2003）によれば，諸外国の例を見ても，未成年者に治療の自己決定権が認められているのは，未成年者当人の利益になるのみならず，親の承諾がなくとも医療を受けられることは，親に反対されることを恐れて未成年者が医療的ケアを避けようとすることを防ぐことによって，結局は社会全体にとっても益だからである。治療を受けないことが本人の生命に危険を及ぼすような場合以外には，判断能力の成熟した未成年の自己決定権が保護者の決定よりも優先し，判断能力の成熟に疑問がある場合においても，未成年者当人の意向を十分に尊重しながら，本人と保護者との意見調整の上で決定が行われる（家永, 2003）。したがって，医療の場でも，未成年者本人の意向が尊重されるのである。

同様の対応が心理臨床活動にも適用できよう。ワグナー（Wagner, 1978）は，クライエントである子どもの相談記録を見たいと保護者が要求し，クライエントがそれに反対した場合には，第一の義務はクライエントの福祉にあること，心理臨床家は子ども本人との間で子ども自身の拒否について話し合い，保護者との間では記録を見たいという保護者の要求について話し合うこと，記録の何を見たいのか，どのようにその記録を使いたいのか，開示した場合と開示しない場合のプラス・マイナスは何かについて話し合い，臨床家自身が保護者に同意する場合には，そのことについて，クライエントと強制することなく話し合うが，最終的にはクライエント本人の意向を尊重することを論じている。ワグナーの指摘は，上記の医療における未成年への対応と共通する視点であり，参考になる。

5) 啓発の必要性

　心理臨床家は，心理臨床的援助を行う上で，「強い信頼に基づく秘密保持」とは何か，心理臨床的援助では相談内容やクライエントについての情報などはどのように扱われ，なぜそのような扱い方をすることが必要なのか，心理臨床的援助とは何であり，自分（臨床家）の役割は何なのか，周囲の人たち（職場の周りの人たちや，生徒など潜在的クライエントの人たち）や援助を求めてきた相手に対して事前に示しておき，心理臨床的援助についての広報・啓発を行っておくことがまず必要である。その上で，保護者などから情報提供を求められた場合には，その要請への対応についてクライエント本人とも話し合い，その結果についても本人に知らせることが求められる（Huey, 1996; Welfel, 2002）。学校はもともとコミュニケーションがオープンに行われる場であるが，心理臨床場面はもともとコミュニケーションがクローズドな状況で行われる。つまり，オープンな学校という場と，個人の内面やプライバシーを重視する心理臨床活動とは互いに対極の文化を持っていることから，心理臨床家と学校関係者との間で葛藤が生じやすい環境である（Welfel, 2002）。事実，日本での調査でも，教師と心理臨床家との間で，クライエントに関する情報の扱い方について見解の違いが見られることが示されている（北添・渋谷・岡田，2005）。

　このことは，学校領域で勤務する場合，心理臨床家としては，職業倫理的に心理臨床家に何が求められているのかについて，上記の心理臨床家の役割などに加えて，説明しておくことが重要であることを示唆している。そして，このような説明は，個々の心理臨床家が行うのみならず，心理臨床家の団体としても取り組まなくてはならない啓発活動であると筆者は考える。

6) 実務上の留意点

　上記に論じた事柄以外に注意する点として，次を挙げておきたい。

　家族や教師は，未成年である子ども本人にとって，きわめて関わりの強い人たちであり，未成年クライエントの問題解決のためには，これらの人たちによるかかわりが必要であるから，臨床家は，クライエント自身が自分でこれらの人たちに相談内容などを話せるように援助すべきであって，未成年クライエントの秘密を守ろうとすることは，かえってクライエントのマイナスになる場合

がある（Taylor & Adelman, 1989, 1998）との論調もみられる。しかし，心理臨床家としては，相手が未成年であろうと成人であろうと，クライエントを守ることを最大限に優先させ，保護者や教師との関係については，クライエントの利益をもとに判断する必要がある。現実には，親が子どもを虐待したり，教師の対応に疑問がもたれるような事件が報道されたりと，社会を見ると，子どもの周りの大人たちによって子どもが被害を直接あるいは間接的に被っている場合があることを見聞きする。実際のところは，すばらしい教員や慈愛に満ちた保護者が多いことは確かだろうが，このような事件や事例に接するにつけ，大人は正しく，子どもは未熟であって正しい判断ができないという考え方はもはや通用しない時代であることを痛感する。そのような社会で，心理臨床家には，客観的な立場から，未成年である子どもをどのようにしたら守り，子ども本人の権利行使をどのようにしたら援助することができるのか，吟味することが求められる。その場合，心理臨床家は，自分のもつ知識やスキルを有用に使うべきである。

　特に，家族療法の知識やスキルは有益である。クライエントと保護者との関係のみならず，クライエントの家族のもつコミュニケーションの特徴や家族構造について，クライエントとの面接を行いながら判断することは，臨床家自身がクライエントの家族のもつ問題を強化してしまったり，クライエントの家族システムに巻き込まれて結局はクライエントにとってマイナスの結果を生じさせてしまうことのないようにするためにも重要である（Sharkin, 1995）。この点を考えると，特に未成年のクライエントについては，本人についてのアセスメントのみならず，家族全体を視野に入れたアセスメントが，臨床的にも職業倫理的にも必要と言える。

　また，場合によっては，事前に，家族を交えた全員での面接を行い，臨床家は各家族員との間にラポールを形成することを目指すと共に，秘密の扱われ方や記録へのアクセスなどについて書面で合意しておくこと，クライエント本人の提示する問題によって家族の関わりの程度を変えていくこと（たとえば，家族全員での家族療法を行う，家族の関わりは最小限にとどめてクライエント本人との個人療法を行うなど，クライエント本人の提示する問題に応じて選択し，家族員にクライエントの秘密がどの程度共有されるかは，その関わりの程度に

よって変えていく），保護者が希望すれば，クライエントの秘密を明かすことなく保護者とのセッションをもち，クライエントに対しては，保護者からの問い合わせや保護者との面接が行われたことについて知らせておくこと（Gustafson & McNamara, 1987 ; Sharkin, 1995）など，家族システムを視点に入れた対応が有用である。このような対応も，その基本にあるのは，クライエントの提示する問題についてどのような援助を行うことが最適であるかを考え，提示し，話し合い，実践する，インフォームド・コンセントを怠らない，という臨床家の基本となるプロセスである。

7）自己情報コントロールについての教育として心理臨床活動をとらえる

　日本の個人情報保護法（正式名称：個人情報の保護に関する法律）は2005年4月に完全施行された。この法律の条文には明示されていないものの，この法律が制定される契機となった背景には，自己情報コントロール権，自分についての情報をコントロールする権利という考え方が関係している（藤原，2003；岡村，2003）。心理臨床家は個人のプライバシーを特に扱う職種であることは言うまでもない。心理臨床家の周囲の他職種と比較した場合，個人のプライバシーの扱い方について，職種によって異なる基準や価値観が存在することはやむをえないということは既に論じた通りである。

　クライエントとの間で相談内容の扱い方について話し合いを行う，周囲の人々に対して秘密の扱い方や「強い信頼に基づく秘密保持」の重要性について説明するといったことには，どのような社会的意義があるのだろうか。筆者は別の機会に，メンタルヘルスの専門家は個人のプライバシーを擁護するという意味で，社会的に重要な役割を果たすべきであると論じた（金沢，2005）。個人情報保護法全面施行の現代，心理臨床家には，自己情報をコントロールするという点で教育的・啓発的な役割を果たす責任があるのではないだろうか。特に未成年に対しては，自分自身についての情報・プライバシーは自分でコントロールし守ることができるということを，臨床活動を通じて，クライエントに暗黙のうちに教育していると考えられる。個人情報について国民の意識が高まっている今日の時代を考える時，プライバシー保護の教育としての心理臨床活動の意義は，一層増していくのではないだろうか。

6. クライエントが亡くなってもクライエントの秘密を守らなければならないのか

　この質問は，逆の言い方をすれば，「クライエントが亡くなったら，クライエントの秘密を守らなくてもよいのか」という問いかけになる。もう少し難しく言えば，「強い信頼に基づく秘密保持」は，クライエントが生存している間に当てはまることであって，その「強い信頼」を寄せていたクライエント本人が亡くなってしまった場合は，もはや秘密保持は意味がなくなる，と考えていいのだろうか。

　筆者の結論は，「クライエントが亡くなったとしても，クライエントの秘密は守らなければならない」である。

　この問題について考えるために，まず，現実の事件を2つ取り上げてみたい。アメリカでは，日本に比較すると，より多くの人々が心理的援助を受けており，その中には著名人も含まれている。もともと著名人のプライバシーは人々の関心の的であることから，著名人の心理療法場面にも大衆の注目が集まることは想像に難くない。しかし，いくら著名人だからといっても，実際の面接内容が公表されてよいのだろうか。それも，その本人の生存中にではなく，死後に……。

1) O. J. シンプソン事件

　アメリカン・フットボールのスター選手だったO. J. シンプソンの前妻，ニコール・ブラウン・シンプソン（Nicole Brown Simpson）が殺害された事件は，日本でも大きく報道された。読者の皆さんも記憶にあるのではないだろうか。この殺人事件は，O. J. シンプソンが殺人罪で起訴されたものの無罪判決を受け，その一方，民事裁判では敗訴するという，センセーショナルな結果になったことも印象的であった。実は，この事件は，心理臨床家にとって別の意味で重要な教訓を残している。筆者が下記に記すことは，アメリカの新聞（『ニューヨーク・タイムズ』紙）に報道されたことであり，心理臨床的援助の秘密保持が社会的にみていかに重要なのか，その社会的重要性について示唆に富む事件と言える。

ソーシャルワーカーであるスーザン・フォーワード（Susan J. Forward）は，生前のニコール・ブラウン・シンプソンと1992年に2回の面接を行ったが，その面接内容について公言したことから，カリフォルニア州の資格委員会（California Board of Behavioral Science［カリフォルニア行動科学資格委員会］）は，クライエントの秘密を侵害したとして，フォーワードを3ヶ月間の業務停止ならびに3年間の保護観察処分とした。フォーワードは，クライエントが死亡しているのであるから秘密の侵害にはならないと主張したが，資格委員会は「心理療法はプライバシーと秘密の上に成り立っており，『強い信頼に基づく秘密保持』の漏洩は治療関係を崩壊させてしまう」として，処分を決定した（"Account of Therapy for Nicole Simpson Brings Suspension", 1995）。なお，この記事によれば，フォーワードはソーシャルワーカーであるにもかかわらず，テレビのインタビューで「サイコロジスト」と自称していた，とも報道されている。

2）アン・セクストンの伝記出版にまつわる問題

　同様の事件は他にもある。上記のO. J. シンプソン事件よりも大きな社会的問題となったのは，アメリカの著名な詩人アン・セクストン（Anne Sexton）の伝記の出版である。

　作家であるダイアン・ウッド・ミドルブルック（Diane Wood Middlebrook）が，1974年に自ら命を絶った詩人，アン・セクストンの診療記録，未公刊の詩，さらには，セクストンを治療した精神科医の一人，マーチン・オーン（Martin T. Orne）との面接を録音した300本以上のテープをオーン医師から入手し，それをもとにセクストンの生涯を描いた伝記を出版，それが賛否両論を巻き起こしていることが，『ニューヨーク・タイムズ』紙の第一面の記事として1991年7月15日に掲載された（Stanley, 1991）。5日後の社説で，『ニューヨーク・タイムズ』紙は，オーンが録音テープをミドルブルックに渡したことを強く非難する論調を展開する（"Betrayed", 1991）。これに対して，セクストンの遺著管理者である娘リンダ（Linda Grey Sexton）は，アン・セクストンの心理療法テープをミドルブルックに渡すことを許可したことの正当性を主張し（Sexton, 1991），アメリカの作家エリカ・ジョングも，セクストン自身は心理療法の内容が他人に知られることを気にしていなかったであろうし，彼女の著作

の読者が増えるであろうとして，テープの公開を支持する意見を寄せている（Jong, 1991）。当の精神科医オーンは，患者の「強い信頼に基づく秘密保持」はその本人の死後も守られなければならないとする一方で，アン・セクストン自身は自分の治療内容が公開されることを容認していたと主張する（Orne, 1991）。当の伝記著者ミドルブルック自身も，遺著管理者であるリンダから，精神科の治療記録も含めて（セクストン自身，克明な面接記録をつけていたようである），アン・セクストンに関することはすべて伝記著者に公開すると言われたことを述べている（Middlebrook, 1992）。

　セクストンの伝記がはらむ問題は，秘密保持に関する問題だけではない。セクストンは複数の精神科医から治療を受けたが，その一人（オーン以外の精神科医）がセクストンと性的な関係をもつなどの不適切な治療行為を行い，結果的にセクストンの状態を悪化させたと考えられることも指摘されている（Hare-Mustin, 1992）。

　『ニューヨーク・タイムズ』紙が指摘するように，この問題は，心理臨床の社会的信頼という点で大きな問題を提起していると言える。セクストンは既に亡くなっていたのだが，セクストンの伝記出版は，現在の他のクライエントにも影響を与えており，自分の面接記録がいつか公開されるのではないか，心理臨床家はいずれはメディアに自分のことを漏らすのではないかという不安が，一般の人々や現実のクライエントの間で広まっていることが報告されている（Burke, 1995）。しかも，セクストンの遺著管理者が治療記録やテープを作家に渡すことを許可したという事実が，問題を複雑にしている。法的には，作家本人の死後はその遺著管理者が本人の著作物を管理する権限をもっているのだから，その権限所有者が許可したことについて，他人がとやかく言う筋合いはない，と言われればそれまでかもしれない。しかし，オーンがテープの開示に協力したことは，セクストン自身の「同意」が仮に推定されるとしても，結果的に，心理療法が拠って立つ最大の基盤である社会的信頼を揺るがしたことは確かである。仮にセクストン自身が許可したと考えられるとしても，その開示が，他のクライエントおよび今後クライエントになりうる人々に対して与えた悪影響を臨床家は重く受け止めなくてはならない。セクストンの娘がオーンにテープの開示を求めることは，遺著管理者の権限として法的には許されたとしても，

専門家の職業倫理として，オーンはテープの開示を拒むべきではなかったか。その判断は，オーン―セクストンの二者間の治療関係という側面からのみ考えるのではなく，社会全体への影響，心理療法という分野全体への影響，そして，今後の心理臨床家の教育訓練への影響という多側面から吟味しなくてはならない（Burke, 1995）。

既にセクストンが死去していることから，テープの開示がオーン―セクストン二者間の治療関係に悪影響を与えることはありえない。しかし，他の臨床家―クライエント関係にはマイナスの影響を与えるというリスクを帯びていることを忘れてはならない。職業倫理の視点から考えるということは，現在のクライエントと臨床家との関係という側面のみではなく，他のクライエント，将来のクライエント，分野全体，分野対社会といった複数の側面から，どのようなリスクが予想されるか，そのリスクを冒すことと開示から得られるプラスとを，十分に吟味することだと言えるのではないか。

3）法的に，そして，総合的に考える

さて，今度は，クライエントの死後に開示することについて，法的な側面から考えてみたい。秘密とはその本人の秘密であるから，その秘密の持ち主である本人が死亡した場合には，もはや秘密を守る理由がないと考えることができる。しかし，日本の法律家の中にも，医療場面での患者の秘密について，「秘密を取得する時点で生存した患者の秘密は，患者の死後も秘匿する義務を認めなければ，受診者は，安心して診療を受けることができない」（佐久間，1995, p. 45）のであるから，職業上知りえた秘密の保持について，患者の生死によって取り扱いに違いが生じてはならないとする見解（佐久間，1995）がある。

この点について，2005年4月から全面施行となった個人情報保護法ではどのように規定されているのだろうか。

同法の第2条では，個人情報を「生存する個人に関する情報であって，当該情報に含まれる氏名，生年月日その他の記述等により特定の個人を識別することができるもの（他の情報と容易に照合することができ，それにより特定の個人を識別することができることとなるものを含む）」と定義しており，この文面からは，クライエントについての情報であっても，そのクライエントが亡く

なられた後は，個人情報保護法の対象とならないことになる。

　しかし，昨日までは個人情報が保護され，亡くなった今日からは保護されない，というのは，患者の生死が日常的な問題である医療場面では現実的とは思われない。実際，厚生労働省が作成したガイドラインでは，そのように単純な解釈をしていないことに注意する必要がある。「医療・介護関係事業者における個人情報の適切な取扱いのためのガイドライン」（厚生労働省，2004）を見ると，

　　「当該患者・利用者が死亡した後においても，医療・介護関係事業者が当該患者・利用者の情報を保存している場合には，漏えい，滅失又はき損等の防止のため，個人情報と同等の安全管理措置を講ずるものとする。」
　　（Ⅰの4）
　　「死者に関する情報が，同時に，遺族等の生存する個人に関する情報でもある場合には，当該生存する個人に関する情報となる。」（Ⅱの1）

とされている。心理臨床家が取り扱う情報，すなわち，クライエントとの援助場面において入手されるクライエントについての情報は，クライエント本人自身のみについての情報である場合はきわめて稀であることを考慮すべきである。クライエントの語る事柄の中には，他の人との関係について言及されていることが多く，クライエント以外の人物も頻繁に登場することは，心理臨床家であれば誰でも知っていることである。したがって，厚生労働省ガイドラインからは，患者（クライエント）の死後も秘密を保持することが適切と言える。

　以上を総合すると，職業倫理的にも，法的にも，クライエントについての情報は，その本人の死後も守られなければならないと考えるのが妥当と言える。

7.「秘密」の法的定義

　法律で言う「秘密」と，職業倫理で考える「秘密」とは，必ずしもイコールではない。刑法（第134条）では，「医師，薬剤師，医薬品販売業者，助産師，弁護士，弁護人，公証人又はこれらの職にあった者」や「宗教，祈禱若しくは祭祀の職にある者又はこれらの職にあった者」について，業務上知り得た人の秘密を，正当な理由なく漏らした時には，「六月以下の懲役又は十万円以下の

罰金」に処することが定められている。精神保健福祉法（正式には「精神保健及び精神障害者福祉に関する法律」平成17［2005］年改正）でも，精神病院の管理者や指定医などについて，職務上知り得た人の秘密を正当な理由なく漏らすことが禁じられている（第50条の2の2，第51条の6，第53条）。公務員についても秘密保持の義務が規定されている（国家公務員法第100条，地方公務員法第34条）。

　では，法的な意味での「秘密」とは何だろうか。「もっぱら限定された人的領域でのみ知られ，その当事者が，彼の立場上，秘匿されることにつき実質的利益を有し，かつ，本人のみが知っているだけの利益が存すると認められる事柄」とされる（佐久間，1995，p.45）。辞書的な定義でも，「秘密」とは「一般に知られていない事実であって，かつ，知られていないことにつき利益があると客観的に認められるもの」（法令用語研究会，2000），「小範囲のものにしか知られていない事実で，単にその者が主観的に秘密にしようと思っただけでは足りず，他人に知られないことについて，客観的にみて相当な利益をもつものでなければならない」（金子・新堂・平井，1999）とされている。ここでは，本人が隠しておきたいと考える事柄だけではなく，隠すことに実質的利益のある事柄が「秘密」と定義されている。

　このように，秘密の価値を判断しなくてはならないのが法的な意味での「秘密」となる。この意味での秘密の定義は，職業倫理的な秘密保持という場合の考え方，すなわち，専門職に対する強い信頼というニュアンスとは，少し異なるものと言ってよいのではないか。少なくとも価値判断を伴う法的な意味での「秘密」とは，職業倫理的な意味での「秘密保持」の「秘密」に比べると，限定的な概念のように思われる。これは，法的な秘密保持の規定には，罰則が伴うという側面があり，秘密保持をある程度限定的に定めておく必要があるからかもしれない。

8. 情報公開法と個人情報保護法

　一方，前述のように2005年4月から全面施行となった個人情報保護法の第2条では，個人情報を「生存する個人に関する情報であって，当該情報に含まれる氏名，生年月日その他の記述等により特定の個人を識別することができる

もの（他の情報と容易に照合することができ，それにより特定の個人を識別することができることとなるものを含む）」と定義しており，上記の「秘密」よりも広い概念である。また，「秘密」とは異なり，価値判断を要しない概念でもある。この意味で，個人情報保護という考え方が日本で導入されたことは，プライバシー保護へと法的に一歩進んだと言えよう。

　最近施行された2つの法律，個人情報保護法と情報公開法は，心理臨床家の業務に直接関係し，心理臨床家も熟知しなくてはならない法律であるため，筆者も既に他の機会に，これら2法の概要と，心理臨床家から見た課題について論じている（金沢，2005）。この2法は，本書の内容とも密接に関係する法律ではあるが，これらの法律について論じることは本書の紙幅を大きく超えることになってしまう。この2法については，法律関係の専門家による解説書が種々発行されており（たとえば，個人情報保護法については，藤原，2003；喜多，2005；個人情報保護基本法制研究会，2005；真野，2005，情報公開法については，北沢・三宅，2003；宇賀，2004，など），読者には，それらの文献をご参照いただくことをお勧めしたい。また，特に個人情報保護法については，関係する各省庁から様々なガイドラインが出されており，これらのガイドラインは心理臨床家にとっても必要かつ有用である。読者もこれらのガイドラインを吟味されたい。

9. 秘密保持をめぐる心理臨床家と一般の人々との間のギャップ

　先に述べたように，調査報告を見ると，クライエントを含む一般の人々は，心理臨床家の秘密保持を当然のことと考えており，他者への開示や漏洩については強い批判がある（Hillerbrand & Claiborn, 1988；Miller & Thelen, 1987；Rubanowitz, 1987；VandeCreek, Miars, & Herzog, 1987）。一般の人々に共通するこのような考え方および期待は，専門家の間での限定的秘密保持の通説とは相反するものである。そこで，心理臨床領域での秘密保持について，一般の人々に広く知ってもらうための努力を行うことが，一人一人の心理臨床家にとっても，また，心理臨床家の団体や分野全体としても必要と思われる。同時に，繰り返し本章で述べていることではあるが，個々のクライエントとの間で秘密保持の限界について説明し話し合い，共通の理解をもつことが必要と言える。

一方,心理臨床家を対象として行われた調査では,秘密の扱い方に関するクライエントへの説明について,専門家の間で意見が割れていることが示されている。ベアードとルパートが行った調査（Baird & Rupert, 1987）では,秘密を守ることが大切であり,クライエントの許可なしに秘密を漏らすのは,同僚に相談する場合とクライエントが自分自身あるいは他者に危害を加えるおそれのある場合だということに関しては,心理臨床家の間で意見の一致が見られた。しかし,クライエントに秘密保持とその限界について伝えるかどうか,伝える場合にはいつ伝えるのか,どのように説明するのか（説明の内容）,などについては個人差が大きいことがわかった。

　また,心理臨床家を対象とした海外の調査を見ると,現実にはしばしばクライエントの秘密が他者に開示されている実態が明らかとなっている（Pope, Tabachnick, & Keith-Spiegel, 1987）。日本ではこの種の実態調査は少ないが,日本の調査でも,クライエントの秘密が他者に開示される場合があることが示されている（金沢・沢崎・松橋・山賀,1996; 倫理委員会,1999; 田中,1988）。

　しかし,第7章で説明するように,インフォームド・コンセントが,心理臨床の根幹を成す援助関係構築のためのプロセスであるとするなら,心理臨床家の間で,クライエントに関する情報をクライエントにどのように説明するのか,秘密保持についてクライエントと何をどのように話し合うのか,このきわめて重要な「業務」について,臨床家の間で実践に一貫性が見られないのは不思議である。

　クライエントを含め,一般の人々は臨床心理学の専門家ではないのだから,相談・援助場面での情報の扱い方について,詳しく知らなくても無理はない。実際,海外での研究を見ると,秘密がどのように扱われるのかについて,利用者は知ることができるということさえも,一般の市民には理解されていない（Braaten, Otto, & Handelsman, 1993）。秘密をどのように扱うか,面接内容やクライエントに関する事柄がどのように扱われるのか,クライエントが尋ねるのを待つのではなく,臨床家側が積極的に説明し,共通理解を得る責任がある。

　クライエントに関する情報の扱い方を含むインフォームド・コンセントを進めていくには,心理臨床家を対象として,インフォームド・コンセントに関する訓練を行っていくことが必須である。臨床家の側が積極的に説明を行いなが

ら援助関係を築いていくことは，心理的援助の基本であり，心理臨床家の訓練の基本でもあると考える。

10. 情報化社会のもたらす危険性

　コンピューターの発達に伴う情報化社会は，私たちに多くの恩恵をもたらしている。その一方で，利便性の高いコンピューターには，重大な危険が伴うことも確かである。コンピューターウィルスによってファイルが改ざんされたり，気づかないうちにあちこちに送信されてしまったり，あるいはハッカーがファイルやネットワークに侵入する危険や，第三者がインターネットで検索を行うことにより，クライエントのファイルやケース記録などにアクセスされてしまう危険など，一昔前には考えられなかったような問題が生じている。実際，海外では，コンピューターのファイルに保存されているケース記録が第三者に読まれてしまった例がある (Sampson, 1996)。日本でも，医師のパソコンがコンピューターウィルスに感染したために，患者の検査結果などの個人情報がインターネット上に流出するという事件（朝日新聞朝刊，2005年3月30日，「検査結果50人分，ネット上に流出，東京医歯大病院」）や，児童生徒の名簿や成績表がコンピューターウィルスの感染によってインターネット上に流出したり（毎日新聞朝刊，2005年6月2日，「全児童名簿流出，ウィニーで感染，成績表も，愛知の小学校」），さらには，患者の手術記録などの個人情報の入ったノートパソコンが，学会発表準備のために自宅に持ち帰っていた医師宅から盗まれるという事件（朝日新聞朝刊，2005年6月14日，「病歴2176人分，医師宅で盗難，神奈川県立がんセンター」）など，現実に個人情報の盗難や漏洩が発生している。

　いまさらコンピューター以前の時代に逆戻りすることもできないのであるから，ここは，コンピューターの賢い使い方を工夫するしかない。サンプソン (Sampson, 1996) の提案をもとに，具体的には，次のような方策をとることが考えられよう。

①クライエントについての情報を電子メールでやり取りしない。
②ケース記録を記入したり，アセスメント報告書を作成するなど，クライエントについての情報をコンピューターを用いて記録・記述する場合には，ネットワークにつながれていない（いわゆる"スタンド・アロン"）コンピューターを用いる。もしネットワークにつながれていないコンピューターが手元にない場合には，ネットワークケーブルを外して作業を行う。
③クライエントについての情報が保存された媒体については，その保管を厳重に行うと共に，可能であれば，パスワードを設定してアクセスに制限をかけると共に，そのパスワードの管理を厳重に行う。
④クライエントについての情報が扱われるコンピューターについても，パスワードを設定してアクセスに制限をかけると共に，パスワードの定期的な変更も含め，パスワードを厳重に管理する。
⑤クライエント個人が容易に特定されることのないよう，ファイルの保存にあたっては個人のコード化を行う。
⑥コンピューターにセキュリティソフトをインストールし，定期的にウィルスチェックならびにセキュリティソフトのバージョンアップを行う。

　最近は，個人情報保護法の施行に伴い，書類の廃棄のしかたや，コンピューターに保存されている情報の管理について，人々の関心が以前よりも高まっていることは好ましいことと言える。紙に記載された情報であれば，廃棄の際にはシュレッダー処理あるいは薬品による溶解処理という方法があるが，コンピューターに保存された情報を廃棄したり，古くなったコンピューターを処分する際には，専門家の助けが必要であろう。ファイルを削除する普通の方法では完全に削除されずに，コンピューターに詳しい人であれば，一度削除された情報を復活させることが可能と言われている。コンピューターに保存された情報やコンピューター自体の処分にあたっては，専門家の助けを得ながら，細心の注意を払う必要がある。

11. 「強い信頼に基づく秘密保持」と心理臨床家の教育

繰り返すが,「強い信頼に基づく秘密保持」についての通説は限定的秘密保持であり, 秘密保持には限界がある。したがって, 相談室などが「秘密はすべて守られる」と公言するのは避けるべきである。秘密保持の限界についてクライエントに説明しないのは, 非倫理的な行いであるのみならず, 法的責任も問われる可能性が生じる (Bersoff, 1976)。

にもかかわらず, 海外での調査では,「強い信頼に基づく秘密保持」に関わる原則や, 秘密保持の限界, 秘密が開示される場合など, 秘密保持に関してクライエントが知っておくべき事柄について, 多くの心理臨床家がクライエントに十分に伝えていないこと, そして, 秘密の扱い方を左右するのは, 分野としての職業倫理ではなく, むしろ個々の臨床家のもつ倫理観に左右されていることが示されている (Thelen, Rodriquez, & Sprengelmeyer, 1994)。このことは, 単に職業倫理綱領を定めたり, 秘密保持についてのルールを唱えることだけが重要なのではなく, 分野としていかにして職業倫理を確立し, 分野全体に徹底していくかという, 臨床家の教育の根幹について, 難しい問いを投げかけているように思われる。

注6-1 　弁護士職務基本規程第23条 (弁護士職務基本規程解説起草検討会, 2005, 34-36) ならびに, 日本弁護士連合会弁護士倫理に関する委員会 (1996, pp. 85-93) による。

注6-2 　法的な意味での「成熟した未成年 (mature minor)」の判断については, 具体的な年齢について, 民法上の婚姻適齢である女子16歳, 男子18歳以上であれば医療上の同意能力ありとする考え方, 14〜15歳で十分であるとする考え方,「平均的義務教育終了程度」の知的能力を有する場合, など, 確定した説はない (加藤, 1991 ; 高柳, 1992)。結局のところ, 相手が十分に理解でき, 合理的な意思決定ができるかどうかということがポイントとなろう。

第7章　職業倫理の7原則・Part 5
――インフォームド・コンセント

1. インフォームド・コンセントの歴史的な意義

　インフォームド・コンセントは，医療における用語として今では一般の人々にも知られるようになってきた。インフォームド・コンセントは，患者・被験者と医療者との関係について，欧米で患者・医療者・法律関係者が発展させてきた，医療倫理的および法的な概念であり，第二次世界大戦以降に重要視されるようになってきた概念である。その意義は，医療者と患者が十分に対話を行い，その対話を通して信頼に基づく治療関係を構築し，両者による共同の意思決定を行うことによって，患者自身が主体的に治療に取り組んでいくことである（中島，1995）。

　それまで患者は，自分の抱える症状を医師に訴え，それに対して医師は，自分が持っている知識や技術を自分の判断のもとに患者のために用い，治癒を目指して診断と治療を行うことを誰もが当然と考えてきた。「知らしむべからず，依らしむべし」という言葉によって描写されるように，医師は知識と技術と権威を持った存在であって，患者は医師に「お任せ」していればよく，医師が患者に対して説明を行わなくとも構わない，という考えが社会一般に受け入れられていた。その裏には，社会全体として，医師に対する全幅の信頼があり，一方医師の側では，医師の役割は患者の治療であり，そのための知識と技術を備えているのは医師のみであるから，医師が考え行うことが患者のために最善の選択であるとの認識があった。医師のこうした姿勢は「パターナリズム」（「父権主義」と言われることもある）と呼ばれ（江﨑，1998），医師のこのような考えの根拠として，「ヒポクラテスの誓い」（巻末資料参照）がしばしば引用されてきた。確かに，「ヒポクラテスの誓い」には，患者の意思を尊重するといった

ことは書かれていない。しかし，医師だけがこのような考えをもっていたのではなく，個々の患者も，そして社会全体も，医師のパターナリズムを支持していたのである（星野，1991）。

インフォームド・コンセントは，このようなパターナリズムとは対極的な考え方である。医療は患者と医師の相互信頼を基盤とした共同作業であり，そのプロセスは，両者が参加する共同の意思決定プロセスである。そこでは，医師・患者双方の自己決定権が尊重されなければならないものの，最終的には，実際に治療を受ける患者自身の意思や価値観などに基づいた患者の自己決定権が優先されなければならない。インフォームド・コンセントはこうした新たな医療観を表している（門田，1995）。現在は日本でも，患者の自己決定権は憲法第13条（個人の尊重）によって保障されていると言われるまでになっているが，インフォームド・コンセントが生まれた背景には，医学における人体実験に際して，被験者の人権尊重という観点と，医療における患者の権利尊重という，2つの大きな潮流がある（江口，1998）ことは覚えておく必要があろう。

前述のように，パターナリズムには，医師が患者を救うために最善を尽くすことと，そのような医師に対する社会からの信頼という裏付けがあるが，こうした両者の信頼関係に衝撃を与えたのは，ナチスドイツが行った数々の残虐行為である。それらの蛮行の中には，医師や医療関係者が行った悲惨な人体実験や虐殺があった。第二次世界大戦後のニュールンベルク裁判でナチスドイツは裁かれ，その後同地で，人体実験において当事者の人権を尊重することを謳う「ニュールンベルク綱領」が1947年に採択される。被験者の自発的な同意が必要であることがこの綱領の中に初めて明記された点で，歴史的に意義のある綱領といえる（注7-1）。

次いで1964年，世界医師会は，第18回総会で，人体実験に関する世界医師会倫理綱領（「ヘルシンキ宣言」）（注7-2）を採択する。この宣言は，臨床研究にあたる医師への指針として採択されたものであり，患者・被験者への十分な説明と，患者・被験者の自由意思による同意を得なければならないことが明記されている。

「ニュールンベルク綱領」も「ヘルシンキ宣言」も，人体実験・臨床研究についてのガイドラインであるが，研究や実験以外の医療の場で医師―患者間の

インフォームド・コンセントが確立されるにあたり，大きな役割を果たしたのは，アメリカ病院協会による「患者の権利章典に関する宣言」である（注7-3）。この権利章典が発表された背景には，アメリカでの患者の人権運動が果たした役割がある（星野，2003）。1960年代から70年代，アメリカでは，公民権運動をはじめとして，市民運動や人権運動，消費者運動，少数民族の地位向上のための運動など，弱者の立場を擁護する運動が盛んに行われるようになる。その中で，医療では弱者である患者の立場から，強者である医師の過誤を指摘する訴訟や，医師の権威を否定して患者の権利を主張する動きが活発化した。また，医学が進歩する一方で，患者がクオリティ・オブ・ライフ（生活の質，QOL）を求め，医療に対して自分自身の意思を反映させようと考えるようになってきたこと，患者・被験者を無視した実験や医療が行われてきたことに対する社会的批判が高まったことも関係している（星野，2003）。そのような運動の中で，「ニュールンベルク綱領」や「ヘルシンキ宣言」が，医療における医療従事者側の責任を定義する上で有用と考えられるようになった（江口，1998）。

　こうした社会背景の中で，患者の選択権や拒否権，さらには尊厳死の権利も明確に示した「リスボン宣言」（注7-4）が1981年に世界医師会の第34回総会で採択され，患者の権利がより明確になっていった。

　こうして，悲惨な人体実験に関する反省と，パターナリズムの上に立つ医療実践に対して患者の人権尊重という観点から行われてきた取り組みとが，インフォームド・コンセントという医療全般における原則として結実するに至ったわけである。

2. インフォームド・コンセントの法理

　医療倫理ではインフォームド・コンセントの法理はどのように理解されているのだろうか。星野（2003）は，インフォームド・コンセントを患者の権利を守るためのものであるとし，インフォームド・コンセントのプロセスを，患者の権利と医師の義務という2つの側面から，図7-1のように図式化している。

　この図にあるように，医師には説明の義務があり，専門家としての意見を提示しなくてはならないが，患者には自己決定権がある。選択肢について決定す

図7-1 インフォームド・コンセントの法理

「患者の権利」	対	「医師の義務」
診療を受ける権利	⇨	診療の義務 （業務上，秘密情報取得）
真実を知る権利		守秘義務
1) 説明を求める権利	⇨	説明の義務 ⇦ （患者自身の情報）
2) 医療における選択権	⇨	説明の中に選択肢を提供する義務 ⇩
3) 比較検討する自主的判断権 （autonomy：自律でなく自主）	⇨	患者が比較検討できるように説明 目的・内容・利点と欠点・効果と危険性，治癒率と死亡率，必要な医学的侵襲の内容と程度，主治医の推薦とその理由など
自己決定権に基づく診療要請(self-determination) 医学的侵襲を受けることを承知で特定の医療行為を受けることに同意する意思表示	⇨ ⇦ ⇨	患者が指定した診療要請の了承 ⇩ 医学的侵襲が避けられないことにつき念を押す**説明** 合法的医療行為の実施が可能となる

（星野，2003，p. 49 より）

るのは患者本人のみに与えられた権利であり，医師に与えられているのではない（星野，2003）。また，図7-1の中で，患者の情報を得た医師に，知りえた情報の秘密を守るという守秘義務が課せられていることにも留意する必要がある。

伊藤（2002）は，インフォームド・コンセントを，医療従事者・研究者と患者・被験者との間の継続的なコミュニケーションのプロセスであり，あらゆる医療行為の必要条件であるとして，医師側には，次の3点を法的根拠とした説明義務があると主張する。

①患者の自己決定権

　　患者は，憲法第13条に保障されている基本的人権の一部として，医療を受けるか否かを選択したり，医療の内容について選択・決定する権利

を有している。
②診療契約
　診療契約を結ぶ当事者として，医師は，その診療契約の内容について，十分に説明する義務を負う（民法第644条［受任者の注意義務］，第645条［受任者による報告］）。
③医師の職務
　医師は，患者本人またはその保護者に対して，必要な事項の指導を行わなければならない（医師法第23条）と定められており，この保健指導義務には説明義務も含まれると解することができる。

　患者の同意のない医療行為は，法的には違法な行為とされる（伊藤，2002；町野，1986）。インフォームド・コンセントが得られているかどうかは，その医療行為の適法性・違法性を左右する重要な要素なのである。
　伊藤（2002）による上記3点の根拠のうち，①は憲法第13条に保障されている基本的人権であるから，医療の場の患者のみならず，心理臨床の場のクライエントにも当然適用される。③は，法的に定められた医師の職務として要請される説明義務であり，医療法第1条の4も，「医療を提供するにあたり，適切な説明を行い，医療を受ける者の理解を得るよう努めなければならない」と定めていることから，医師には法的にも，患者への十分な説明と理解を得ることが求められていると言える。しかし，日本の心理臨床家の場合，本書執筆の時点では，職務を定めた資格法が存在しないため，少なくとも成文法の観点からは③は適用されないことになる。
　ところで②の診療契約についてはどうだろうか。上記は善管注意（注4-4）を定めた民法第644条と，受任者の報告義務を定めた民法第645条を根拠として，民法に定める契約の当事者である医師には，患者に対する説明義務があると論じている。読者の中には，ここで論じられていることが医師―患者関係における診療契約であることから，心理臨床家には関係のない話，と思っている方もおられるかもしれない。心理臨床家は，クライエントとの間に，心理的援助の「契約を結ぶ」という言い方をしばしば用いるが，その場合に，「契約」という言葉のもつ法的な意味に気づかずに用いている心理臨床家が多いであろう。し

かし，次のような裁判の判決があることに注意する必要がある。

3. 東京地方裁判所による判決

　　ある女性（A）が，開業相談室Xでカウンセリングを受けるが，その後，その相談室の代表者が編集者となり，この代表者および被告カウンセラー（B）を含む4名が共同執筆した書籍を偶然見つけ，その中に，自分自身の面接内容が記載されているのを発見する。Aは，自分を担当したBカウンセラーおよび相談室の代表者，ならびに出版社を相手に，精神的苦痛に対する損害賠償を求める民事訴訟を起こした。
　　原告は，自分の面接内容が無断で記載されており，仮名ではあるものの，記述内容から，原告を知る人にとって，文中の人物が原告本人であると容易に理解することができるので，原告に対するプライバシー権侵害の不法行為となると主張した。
　　これに対してBらは，この文章は，Bが原告との面接からヒントを得て，悩みをもつ女性一般について抽象化して記述したものであり，原告についての記述ではないこと，また，原告を知る人が，この文章の内容から，当該の人物がAであると認識することはないと主張した。
　　裁判所が示した判断のうち，本書ならびに本章に重要な点は以下の点である。
　　①原告Aと被告Bとの間には，Aの心理的負担や抑うつ状態などを緩和するために，対話を行うという義務をBカウンセラーが負い，それに対してAは所定の料金を支払う義務を負うという，「医師と患者との間の治療契約に類似した，いわば心理治療契約ともいうべき契約が締結された」と認定した。
　　②面接場面では，Aの私的な事柄や心理的な状態など，他人に知られたくない事柄が語られるのは当然である。したがって判決では，「カウンセラーは，契約上，当然に，相談者に対して守秘義務を負うと解すべきである」とする判断を示している。

③出版された書籍では，登場人物を仮名にしてはいるものの，「記述の内容は，ほぼ原告についての客観的事実と合致」していることから，Bは，面接中に知ったAについての私的な事柄や心理的な状況を，概ねそのまま記述したものとみなされる。したがって，「記述事項及び記述内容から，原告を知る者にとっては，記述されている人物が原告であると容易に知り得るといえるから，被告Bは，前記契約上の守秘義務に違反した」と認定している。

(注7-5参照)

　裁判所の結論としては，この書籍が既に絶版とされ在庫も廃棄されていることに加えて，実際にこの書籍中の人物がAであると誰かに指摘されるなど，Aの生活に具体的な支障をきたしているわけでもないことから，慰謝料を50万円とし，加えて10万円の弁護士費用の支払いをBに命じている。そして，この心理治療契約が原告とBとの間で締結されている以上，相談室の代表者の責任を認めることはできないと結論づけている。

　この判決は，日本の臨床心理学領域にとって画期的な判決である。一つは，心理臨床家とクライエントとの関係を，医者─患者関係に類似した，専門家と依頼者との関係と位置付け，相談を依頼するクライエントの心理的問題などに関する援助のために，クライエントの個人的な事柄や心理的状態などについてカウンセラーは知ることになる一方で，クライエントはその対価を支払うという，「心理治療契約ともいうべき契約」の存在を認めたことである。契約の性質上，本件の場合には守秘義務が導かれているが，それ以外にも，説明義務が発生することは当然と考えられる。

　次に重要な点は，この契約を履行する上では，クライエントは，カウンセラーに対して，自分の私的な事柄などについて話したり，料金の支払いを行ったりする義務があるが，カウンセラーは，知りえた事柄を漏洩してはならないという当然の義務を負うことになるという，カウンセラーの守秘義務の認定である。

　第三に重要な点は，人物名を仮名にするといった処置を行ったからといって，守秘義務違反を逃れることはできないという点である。この判決によれば，当該書籍の記述内容から，Aを知る人がこの書籍を読んだ場合，この仮名の人物

がAであると容易に理解しえるかどうかが法的な責任を判断するポイントであると定義している。また，この場合の記述内容が，必ずしもAについて完全に一致した内容である必要はなく，Aについての客観的事実とほぼ合致していればよいのであって，あくまでも判断の中核となるのは，Aを知る人がこの書籍を読んだ場合，その人物をAと容易に推測しうるかどうかなのである。

Bが書籍への執筆を思い立った時に，執筆についてクライエントに尋ね，許可を得た上での執筆であり，さらに，クライエントを知る人がその登場人物を特定できないよう，記述の上で一層の工夫を行った後に，記述内容をクライエントに提示して，クライエントの希望を勘案した修正を行い，その上で発行の許可を得る，という注意深いプロセスをたどっていたならば，このような問題は発生しなかったであろう。インフォームド・コンセントと守秘義務の取り扱いの上で，多くの示唆に富む訴訟である。

心理臨床家の業務について，裁判で争われた例はまだ少ない。しかし，この判決で，医者―患者関係に類似した契約関係，ならびに，守秘義務が認定されたことの意義は大きい。心理臨床家―クライエント関係は，医師―患者間の診療契約と同様の法的な側面をもつ可能性が高いことを心理臨床家も認識しなくてはならない。今後，心理臨床家が関わる裁判事例は増加していくだろうが，判決を積み重ねていくことは，法的にも，また職業倫理的判断の上からも，有益である。

「契約」という言葉は心理臨床家の間で一般に用いられている。職業倫理的に見て，クライエントとの間で「契約」を結ぶことは，クライエントの権利を尊重し，クライエントが自分の意思で援助方法や内容などについて選択し，臨床家とクライエントの間の不公平な立場をより近づけるという点で重要な役割を果たす (Hare-Mustin, Marecek, Kaplan, & Liss-Levinson, 1979)。しかし，この用語に含まれている「契約」という言葉について，臨床心理学の世界ではあまり吟味されることがない。実は，「契約」には，職業倫理的な意義のみならず，法的，さらには臨床的な意義も含まれている（金沢，2004c）。そこで，この重要な用語である「契約」について，ここで取り上げてみたい。

4. インフォームド・コンセントと「契約」

まず、契約とはそもそも何を意味するのだろうか。『広辞苑』（新村，1998）によると、「契約」には次の3つの意味がある。

1) 約束；2) 対立する複数の意思表示の合致によって成立する法律行為；
3) キリスト教で、神が救いの業を成し遂げるために、人間と結ぶ恵みの関係。

宗教用語である3) は本書で取り上げる用語ではないのだから、ここでは、一般的な意味での「契約」である「約束」と、法律用語としての「契約」について、論じておきたい。

(1) 約束としての契約

まず、最低限のこととして理解できるのは、クライエントと心理臨床家との関係は、この2人の間で交わされる約束の上に成り立っている、ということである。見ず知らずの2人が、心理臨床家―クライエント関係というフォーマルな仕事上の関係を始める時、これから何が起こるのか、ここでは何をどうすればよいのかなどについて、全くわからなければ「仕事」を行うことは不可能である。また、この「仕事」を行う上では、クライエントはいつ何時にどこにやって来なくてはならないのか、やって来たら何をすることがクライエントには求められているのか、料金はいついくら支払えばよいのかなどについても、互いの間で明確な約束がなされていなければ、クライエントも心理臨床家も、相手を十分に信用することもできないであろうし、「仕事」をうまく行っていくことは難しい。友人関係や家族のようなインフォーマルな関係では、お互いの間で特に明確な約束事を交わさなくとも（ただし、夫婦関係のように、スタートの時点で明確な約束を交わさなくてはならない関係もあるが）、互いの関係が自然に作られていくため、明確な約束は不要だが、フォーマルな場では当事者間の取り決めが不可欠である。

加えて、クライエント―心理臨床家間の「約束」には、臨床的な意義も含まれている。心理臨床家の間ではよく知られていることであるが、いわゆる「治

療構造」や「枠」という考え方がここでは重要である。たとえば，仮にクライエントが，予め決めておいた約束を破ったとしたら，それはどういう意味なのか，心理臨床行為を効果的に進める上で，臨床家は，その「約束破り」をクライエントとの間で取り上げる必要がある。それは，単に「約束を破ってはいけない」という一般社会での道徳的規範に反したからという理由ではなく，この「約束破り」の中に臨床的な意味が含まれており，したがって心理臨床家は，クライエントによる「約束破り」を取り上げることによって，援助をより効果的なものにすることができるからである。クライエントは様々な方法で自分を表現する。たとえば，クライエントが面接の約束時刻に遅刻したなら，その遅刻にはどのような意味があるのか，探っていくことは大切である。しかしこの遅刻を心理臨床の場で取り上げてクライエントと話し合うためには，予め時間などについて約束を交わしておかなくてはならない。

(2) 法律用語としての「契約」

心理臨床行為は，心理臨床家という専門家と，心理臨床行為については「素人」であるクライエントという個人との間で行われる営みである。法律的に言えば「契約」とは，「互いに対立する複数の意思表示の合致によって成立する法律行為」であり，「先にされた意思表示（申込み）に対して後の意思表示（承諾）がされ」，それについて両者が合致することによって成立する。現代社会では「個人の自由が前提とされ，人を拘束するのは自らの意思であると考えられ，各人は意思の合致がある限り，自由な契約を締結できる」（以上，金子・新堂・平井，1999より）。契約が成立すると，双方は相手に対する責任を負うことになる（債権関係）。たとえば，クライエントは心理臨床家に対して問題解決を依頼し，それに対して心理臨床家は，クライエントの相談に対して相当のサービスを提供する責任を負う。一方クライエントは，得たサービスに対して対価を支払ったり，心理臨床家の指示に従うといった責任を負うことになる。

この意味での「契約」の重要性は，医療行為を考えるとわかりやすい。医者と患者との関係は，法律的には医者—患者間の医療契約（診療契約）として理解され，患者は医師に対して診断・治療を要請し，医師はそれに応えて医療行為を行い，患者はそれに対して必要な対価を支払う，といった具合に，互いの

責任をそれぞれが果たすことで契約関係が成り立つ。先述のように，日本の裁判で，心理臨床家―クライエント関係も，医師―患者関係と同様に，専門家である心理臨床家と，その専門家のサービス受益者であるクライエントとの間の契約関係であることが認定された裁判例があるのだから，心理臨床家―クライエント関係は，医師―患者関係と同様の法的な側面をもつことを心理臨床家は理解しなくてはならない。

　契約といっても様々な種類がある。アパートを借りるのは，家主と借り手との間の契約であり，車を自動車ディーラーから購入するのも契約である。種々の契約の分類がある中で，医師―患者関係がどのような種類の契約とみなされるのかについては，法律家の間でも様々な議論があるようだ。が，患者からの診療の申し込みを医師が引き受けることによって成立する「準委任契約」とするのが法律家の間では一般的な考え方とされている（大谷，1995；田中・藤井，1986；植木・斎藤・平井・東・平栗，1996）。

　委任とは，一方が他方に事務の処理を委託し，相手方が承諾することによって成立する契約である（法令用語研究会，2000）。法律上は，準委任とは，法律行為ではない事務の委託（民法第656条）とされ，法律行為の委託である委任（民法第643条）とは異なるとされるが，委任に関する規定が準委任についても準用される（民法第656条）ため，実質上の違いはないとされる。委任契約において，受任者は，善良な管理者の注意をもって委任事務を行わなければならない（民法第644条）が，「請負」とは異なり，「結果の完成を必ずしも必要としない」。また，委任の当事者は，いつでも委任を解除することができる（民法第651条第1項）が，これは，「委任は契約当事者の信頼関係を基礎とする契約だから，その信頼がなくなったらいつでも告知できるのが委任の性質に合う」からである（以上，金子・新堂・平井，1999より）。つまり，法律上も，双方の強い信頼を基盤とすることが認識されているわけである。しかし一般の準委任契約とは違い，医療行為に関わる診療契約には，医療の不確実性，危険性，患者にとっての理解の困難さなどから，医師には，患者の利益のために患者に報告する義務があり（民法第645条），その報告に対して患者が承諾しない場合には，患者はその契約を解除することができると解釈される（民法第651条）。したがって，民法的にも，不確実な医療において，圧倒的な知識と技術をもつ

医師の説明義務と，医師に対する信頼を診療契約の前提とする患者側の自己決定権の保護が導かれることになる（大谷，1995）。

　もともと，契約当事者たちの間に，専門的知識や情報収集力の点で著しい格差がある場合には，知識をもっている側からもう一方の側への情報提供義務が認められている。これは，本来，契約が当事者間の自由意思による合意を前提としているものの，当事者間に著しい格差がある場合には，この格差が解消されることによってはじめて，契約の自由が確保されると考えられるからである（横山，1996，2001）。ふつう，一般市民は，専門家と呼ばれる人々について，その知識や能力を判断することは困難であり，対等な立場で契約を行うことが難しいのだから，立場の不利な一般市民側が保護されなければならない。一般市民側は情報不足状態におかれているのだから，一般市民側の正当な利益を確保するために，専門家側からの継続的な情報提供を義務づける必要が生じる（莇・中井，1994，pp. 71-79）。患者に対する医師の情報提供義務（説明義務）を，この契約上の情報提供義務の特殊な形態と見ることもできる（野澤，2003）。

(3) 契約は誰と誰の間で結ばれるのか

　さて，契約の当事者たちは誰だろうか。医療の場合，医療提供者側としては，医療機関の開設者であり，患者側はその患者本人である（田中・藤井，1986）。これだけであれば話は簡単だが，患者側が乳幼児などのように十分な判断能力に欠ける場合にはどのように考えればよいのだろうか。このような場合でも，患者である乳幼児本人の代理として親が診療を申し込んだと理解され，契約当事者は患者本人とされる（野田，1995）。いずれにせよ，医療は患者本人の身体に対する侵襲であるから，その侵襲が何であるかを理解しえる能力（意思能力）さえあれば，患者本人を契約当事者とするのが望ましいとされている（野田，1995）。

　このことを心理臨床場面に当てはめて考えると，クライエントがたとえ未成年であったとしても，心理臨床家にとって契約の相手はそのクライエント本人であって，そのクライエントの親や教師ではないことになる。そうすると，クライエントの年齢にかかわらず，クライエント本人に対して，説明義務や守秘義務などの種々の責任が生じることになる。

ところで，契約は通常，一方的に締結されるものではなく，契約の当事者双方がそれぞれ相応の義務を果たさなければならない（たとえば，自動車販売店は客の注文に応じて納車の手配をしなければならず，客は対価を支払わなくてはならない）。医師―患者間の準委任契約で，医師には，診療義務や説明義務，守秘義務などが課せられているが，患者には何の義務も責任もないのだろうか。

むろん，患者は何もしなくてよいというわけではない。当然ながら，医療費を支払わなくてはならない。また，医療が，医師と患者との共同作業によって成り立っており，患者が医師に協力しなければ（たとえば，診察の際に正確に症状を伝える，服薬指示を守る，症状が悪化したら再受診して医師に報告する，など）医療が正常に行われない。したがって，患者には，診療に協力する義務（診療協力義務）も課せられているとの主張がある（野田，1995）。しかし，法律専門家の間では，患者の義務について十分に検討はされていないようである（植木，1998）。

このように法律的に見ると，医療契約の場合，医師・患者，それぞれに様々な責任や義務が課せられており，説明と協力もその重要な要素であることがわかる。

5. 心理臨床場面におけるインフォームド・コンセント

(1) インフォームド・コンセントの内容

それでは，クライエントが自由に自分の意思で決定できるようにするためには，心理臨床家はどのようなことをクライエントに説明する必要があるのだろうか。クライエントの主訴を聴き，それについて心理臨床家としてはどのように考えるかを説明することも必要であろう。それに加えて，筆者はこれまでの文献を基に，以下の諸点について，クライエントが理解しやすい表現で説明し，話し合い，合意に達することを前著で提案した（金沢，1998, p. 143）。ここでは，前著で提案した諸点に，ハンデルスマンらの最近の意見（Pomerantz & Handelsman, 2004）も加味した上で，インフォームド・コンセントの具体的内容として以下（表7-1）を提案したい（注7-6）。

表7-1 インフォームド・コンセントの具体的内容

①援助の内容・方法について
　1) 援助の内容，方法，形態，および目的・目標は何か
　2) その援助法の効果とリスクは何か，また，それらが示される根拠は何か
　3) 他に可能な方法とそれぞれの効果とリスクは何か，また，それらの他の方法と比較した場合の効果などの違い，およびそれらが示される根拠は何か
　4) 臨床家が何の援助も行わない場合のリスクと益は何か
②秘密保持について
　1) 秘密の守られ方とその限界について
　2) どのような場合に面接内容が他に漏らされる・開示されるのか
　3) 記録には誰がアクセスするのか
③費用について
　1) 費用とその支払いの方法（キャンセルした場合や電話・電子メールでの相談などの場合も含めて）はどのようにすればよいか
　2) クライエントが費用を支払わなかった場合，相談室はどのように対応するか
④時間的側面について
　1) 援助の時間帯・相談時間，場所，期間について
　2) 予約が必要であれば，クライエントはどのように予約をすればよいか
　3) クライエントが予約をキャンセルする場合や変更する場合はどのようにすればよいか
　4) 予約時以外にクライエントから相談室あるいは担当の臨床家に連絡をする必要が生じた場合にはどのようにすればよいか
⑤心理臨床家の訓練などについて
　1) 心理臨床家の訓練，経験，資格，職種，理論的立場などについて
　2) 当該の相談室（等）の規定・決まりごとなどについて

⑥質問・苦情などについて
  1) クライエントから苦情がある場合や，行われている援助に効果が見られない場合には，クライエントはどのようにしたらよいか
  2) クライエントからの質問・疑問に対しては，相談室・臨床家はいつでも答えるということ
  3) カウンセリング（など）はいつでも中止することができるということ
⑦その他
  1) 当該相談室は，電話やインターネット，電子メールでの心理サービスを行っているかどうか
  2) （クライエントが医学的治療を受けている最中であれば）当該相談室は担当医師とどのように連携をとりながら援助を行っていくか

　インフォームド・コンセントは1回の出来事ではなくプロセスであり，心理的援助の予約から終結，そしてフォローアップまでの間，常に行われるべきものであるが，まずは初回の面接時点でのインフォームド・コンセントが大切である。その後は随時，確認を行ったり必要に応じて変更を行うことになる。また，初回面接の時点で，臨床家が，自分自身のスキルや専門領域から考えて，あるいは自分の所属機関の守備範囲に照らし合わせて，自分のところで対応することは不適切と判断する場合は，臨床家は速やかに他の適切な機関を紹介（リファー）することが必要となる（第1および第2原則を参照）。インフォームド・コンセントの原則から考えると，リファーする場合には，適切な複数のリファー先をクライエントに提示してそれぞれの機関について十分に説明し，相手の自己決定に任せることが必要である。
　インフォームド・コンセントは単に法的・倫理的な原則にとどまらない。この章の初めに述べたように，医療におけるインフォームド・コンセントの意義は，医療者と患者が十分に対話を行い，その対話を通して信頼に基づく治療関係を構築し，両者による共同の意思決定を行うことによって，患者自身が主体的に治療に取り組んでいくことである（中島，1995）。対話を通じて信頼を深め，

信頼に基づく援助関係を構築し，その援助関係の中でクライエントが自らの問題に向き合い，洞察や解決に向けて進んでいくこと，臨床家はそのクライエントの歩みを援助すること。これはすなわち，心理臨床の基本ではないか。インフォームド・コンセントという概念は，心理臨床のまさに基本とする，臨床家―クライエントの共同作業による関係構築のプロセスを，倫理的・法的な概念として表していると考えることができる。

　心理臨床の場では，クライエントとの信頼関係が中核であることは言うまでもない。クライエントの信頼をどのようにして得，相手とどのようにして協力関係を築き維持するかということは，心理臨床的援助を効果的に進める上でも，また，法的・倫理的にも重要である。実際，海外の研究では，インフォームド・コンセントを実践することが，心理臨床家に対するクライエントからの評価を高め (Handelsman, 1990 ; Sullivan, Martin, & Handelsman, 1993 ; Walter & Handelsman, 1996)，心理臨床的援助に対するクライエントの理解を促進する (Dauser, Hedstrom, & Croteau, 1995) ことが示唆されている。インフォームド・コンセントを重視した心理臨床実践を行うことは，単に法的・倫理的原則を満たすだけではなく，心理臨床家に対するクライエントの印象をより好意的なものにし，より良い臨床家―クライエント関係へとつながっていく可能性が高い。

(2) 心理臨床家の戸惑い

　インフォームド・コンセントの職業倫理的および臨床的な意義がこのように明らかであるにもかかわらず，海外での調査研究では，インフォームド・コンセントの実践について，臨床家の間でかなりの個人差があることが指摘されている。たとえば，インフォームド・コンセントの具体的内容や，それぞれの内容ごとの重要度，説明するタイミング，説明を行う頻度については，心理療法を行う専門家の間で大きな個人差が見られることが報告されている (Dsubanko-Obermayr & Baumann, 1998)。別の調査でも，職種（精神科医，サイコロジスト，ソーシャルワーカーなど）や理論的立場によって，インフォームド・コンセントの重要性や方法，内容，役割などについての考え方が異なることが示されている (Croarkin, Berg, & Spira, 2003)。サイコロジストの間でも，インフォームド・コンセントの内容，方法，タイミング，重要性についての評価などに違い

がみられ，認知行動療法の立場をとるサイコロジストは他の立場のサイコロジストに比べて，インフォームド・コンセントの実施度や重要性への評価が高い (Somberg, Stone, & Claiborn, 1993) とする調査も発表されている。

　しかし，上記で論じたように，インフォームド・コンセントが，心理臨床の根幹を成す援助関係構築のためのプロセスであるとするなら，心理臨床家の間でインフォームド・コンセントの実践に一貫性が見られないのは奇妙な話である。インフォームド・コンセントについての理解が不十分なのだろうか。

　一般の人々を対象とした研究では，臨床家の個人的な特徴，心理療法の内容，臨床家の訓練や経験や資格，費用など，多様な情報について人々が知りたいと思っていることが示されるとともに，予約の取り方や，秘密の扱われ方，他に可能な心理療法アプローチや他の機関についての情報など，インフォームド・コンセントに不可欠とされている重要な事柄について，利用者が知ることができるということに気づいていない可能性が示唆されている (Braaten, Otto, & Handelsman, 1993)。別の調査研究でも，クライエントと非クライエントとの間で，心理臨床場面における職業倫理的問題について，知識の上で大きな違いがないことが示されている (Hillerbrand & Claiborn, 1988) ことを考えると，クライエントが心理臨床的援助について十分な情報を与えられていない可能性が想像される。現実の臨床場面では，臨床家側が積極的に十分な情報を提示して，クライエントとの間にインフォームド・コンセントを日常的に実践していくことが必要ではないだろうか。

　臨床家の側にみられるインフォームド・コンセントに対する戸惑いと，一般の人々（クライエントを含む）が示す，本来得るべき必要な情報についての理解の乏しさ。この現状を見ると，インフォームド・コンセントを進めていくには，心理臨床家を対象として，インフォームド・コンセントについての訓練を行っていくことが必要と思われる。臨床家の側から積極的にインフォームド・コンセントのプロセスを進めていくこと，臨床家の側が積極的に説明を行いながら援助関係を築いていくこと。インフォームド・コンセントが心理的援助の基本なのであれば，インフォームド・コンセントは，心理臨床家の訓練の基本でもあろう。

注 7-1　ニュールンベルクの倫理綱領　星野（1991, pp. 232-234），医療倫理 Q & A 刊行委員会（1998, pp. 244-245），ならびに，資料集 生命倫理と法編集委員会（2003, p. 24）を参照。

注 7-2　ヘルシンキ宣言　星野（1991, pp. 232-240），医療倫理 Q & A 刊行委員会（1998, pp. 252-258），ならびに，資料集 生命倫理と法編集委員会（2003, pp. 28-34）を参照。

注 7-3　患者の権利章典に関するアメリカ病院協会声明　医療倫理 Q & A 刊行委員会（1998, pp. 267-269），ならびに，資料集 生命倫理と法編集委員会（2003, pp. 71-73）を参照。

注 7-4　患者の権利に関する WMA リスボン宣言　医療倫理 Q & A 刊行委員会（1998, pp. 259-264），ならびに，資料集 生命倫理と法編集委員会（2003, pp. 34-39）を参照。

注 7-5　「カウンセラーが面接により知り得た相談者の私的事柄等を無断で書籍に記述したことについて，守秘義務違反として債務不履行責任が認められた事例」（東京地裁平成 7 年 6 月 22 日判決）。判例時報，1996 年，1550 号，pp. 40-44 に掲載

注 7-6　筆者の前著（金沢，1998）では，いくつかの文献（Braaten, Otto, & Handelsman, 1993; Handelsman & Galvin, 1988; Handelsman, Kemper, Kesson-Craig, McLain, & Johnsrud, 1986; Hare-Mustin, Marecek, Kaplan, & Liss-Levinson, 1979）を基に，インフォームド・コンセントの内容案を作成したが，表 7-1 は，これらの文献に，さらに Pomerantz & Handelsman,（2004）の内容の一部を加えて作成したものである。

第8章 問題解決をどのように行うか
―― 倫理的意思決定モデルとは？

　既に本書では，職業倫理とは，現実場面での問題解決であり，職業倫理と臨床活動の両者を十分に実践することによってより良い臨床行為が生まれ，クライエントおよび分野・社会全体への貢献につながること，職業倫理とは，いくつかの「規則」を覚えれば済むという単純なものではなく，常に複雑で流動的で，いつ何が起こるか予測できない現実状況の中で，即時に的確な判断を行わなくてはならないこと，それができるようになるためには，倫理的意思決定のプロセスという，臨床場面での問題解決の方法を身につけなければならないことを強調した。

　では，職業倫理的な問題解決とは，どのように行えばよいのだろうか。

1. 倫理的意思決定のプロセスについて，これまでどのようなモデルが提唱されてきたか

　職業倫理について学習する時には，Aという状況ではどのように対応するのが正しいのか，といった「正解」を覚えるのではなく，常に多様で複雑な現実状況に対応できるよう，意思決定の方法を身につけることが必要とされている(Canter, Bennett, Jones, & Nagy, 1994 ; Eberlein, 1987)。職業倫理の専門家の間では，職業倫理を実践することは，ある一定の倫理的意思決定プロセスを習得し，それを実行することであると考えられているのである。抽象的な理屈や，「してはいけない」式の規則を暗記するのとは訳が違う。

　では，この倫理的意思決定プロセスとはどのようなものだろうか。文献を見ると，倫理的意思決定プロセスのモデルが数多く提示されており，その分類も多様であることに気づく。たとえば，コットンとクラウスは，様々な倫理的意思決定モデルをレビューした上で，それらを，「理論あるいは哲学に基づいた

モデル」「実践に基づいたモデル」「特定の領域・問題に特化したモデル」「意思決定プロセスを描写したモデル」の4つに分類した（Cottone & Claus, 2000）。ガルシアらは，「合理的モデル」「道徳的美点（virtue ethics）モデル」「社会構成主義モデル」「協同モデル」および「統合的モデル」に分類する（Garcia, Cartwright, Winston, & Borzuchowska, 2003）。また，プリツワンスキィとウェントは，倫理的意思決定モデルの主要なものとして，キッチュナーの「倫理的正当化モデル」，ハースとマルーフによる「意思決定フローチャート」，「問題解決パラダイム」，そして「カナダ心理学会のモデル」を挙げる（Pryzwansky & Wendt, 1999）。筆者は，これまでの文献に発表されている主要な倫理的意思決定モデルを，意思決定が行われる状況と，取り扱われる問題の内容から，臨床心理学領域全般における一般的な倫理的意思決定についてのモデルと，特定の状況や問題についての倫理的意思決定モデルとに分類した（金沢，2004）。

　つまり，多くの倫理的意思決定モデルが提唱されているのだが，残念なことに，これらのモデルについての研究は乏しく，どのモデルが職業倫理判断を正確に捉えているのか，現在のところは必ずしも明らかにはなっていない（Cottone & Claus, 2000）。そこで本章では，これらのモデルの中で最も引用される頻度が高く，したがって，臨床心理学領域の倫理的意思決定モデルとして最も影響力の大きい，キッチュナー（Kitchener, 1984, 1986; Welfel & Kitchener, 1992）とレスト（Rest, 1984, 1994）のモデルをまず取り上げたい。さらに，倫理的意思決定を行う際に何を優先すべきかについて，明確に指針を示しているカナダ心理学会（CPA）のモデル（CPA, 2000），そして，問題が生じる前に行われる予防的な段階についても論じているカンターらのモデル（Canter, Bennett, Jones, & Nagy, 1994）について説明しておきたい。

　お読みいただけばわかることではあるが，これらのモデルは非常によく似ている。これらのモデルでは，実際の状況の具体的な把握，倫理綱領や倫理原則あるいは法規等を参照して行われる対応策の案出，複数の対応策を比較し吟味した上での決定，そして実行とその後のフォローアップ，というプロセスが共通して指摘されていると言ってよい。

(1) キッチュナーのモデル

「倫理的正当化 (ethical justification) モデル」と呼ばれるキッチュナーのモデル (Kitchener, 1984) は，数多くの倫理的意思決定モデルの最初のものであり，最もよく知られたモデルである。キッチュナーは，専門家の倫理的意思決定は，まず直感的なレベルで行われるとする。

この「直感的レベル」(Intuitive Level) とは，人々がふだんの生活の中で身につけていく「すべき・すべきでない」という信念や，価値観，経験，倫理についての知識，道徳的判断力の発達などを基に行われる判断である。キッチュナー (Kitchener, 1984) によれば，通常の生活の中でも私たちは様々な道徳的あるいは倫理的な意思決定を行っており，その際にはこの直感的レベルが重要な位置を占めている。直感的レベルでの意思決定・判断は，その状況の事実に直面してその場で即座に行われるのが普通であり，したがって，時間的余裕のない状況でも直感的レベルでの判断が行われている。つまり，私たちはふだんはっきりと意識してはいないものの，今何をすべきかすべきでないか，ある特定の行動を行ってもよいのか行わない方がよいのか，各自の経験やこれまでの学習などを基にして直観的に判断しているのである。

キッチュナーは，しかし，直感的レベルの意思決定が常に倫理的にみて妥当な結論を導くとは限らないと指摘する。そして，その次の「批判的・評価的レベル」(Critical-Evaluative Level) の重要性について論じている。このレベルは，次の3階層からなる，熟慮した上での判断と評価とされている。

①倫理的規則

　まず最初に，職業倫理綱領や法といった規則を用いて自分自身の意思決定が正当化できるか否かを考慮する階層が想定されている。しかし，こうした規則を用いても意思決定が困難な場合には，次の階層である倫理原則の適用が必要となる。

②倫理原則

　倫理原則の適用に際して，キッチュナーは，自律性 (autonomy)，害を及ぼさないこと (nonmaleficence)，善行 (beneficence)，公正 (justice)，忠誠 (fidelity) という，日本でも有名なビーチャムとチルドレスによるバイオエシックスの理論 (ビーチャム＆チルドレス, 1997) などで用い

られている倫理原則を取り上げている。
③倫理理論
　上記の倫理原則は重要ではあるものの，それらがどの程度妥当なのか，それらの倫理原則は絶対的なのかそれとも状況によって重要度が異なるのか，倫理原則の間で重要度の違い（優先順位）はあるのだろうか。現実の状況では様々な倫理原則が葛藤を起こすことがあるが，そのような場合，批判的・評価的レベルの最後の階層である倫理理論が，最終的な判断のよりどころとなることをキッチュナーは論じている。

　言い換えると，キッチュナーは，心理臨床家も含めて，通常，人は，直感的な倫理判断を日々行っているが，それでは不十分であるのみならず，倫理的にみて不適切な行動につながる可能性があると指摘しているのである。そこで，直観的判断に終わらせることなく，その次の段階である，職業倫理綱領や法といった規則，自律性・害を及ぼさないこと・善行などの倫理原則，そして最終的には種々の倫理理論をもとに判断を行う必要があると主張している。キッチュナーの主張は，したがって，倫理的意思決定について，直観的判断で終わらせることのないよう，しっかりした倫理的意思決定の訓練が不可欠であることを示唆しているということができる。

　その後キッチュナーは，心理臨床家の倫理的意思決定プロセスとして，後述するレストの研究をもとに，倫理的感受性，倫理的思考，選択，倫理的行為の実行という4段階のプロセスを提唱している（Kitchener, 1986 ; Welfel & Kitchener, 1992）。

①倫理的感受性
　自分の行為が他者の福祉に影響を与えるという認識。ある状況が与えられた時，臨床的，学問的，あるいは実際的側面だけではなく，その倫理的側面も認識することのできる能力。状況の中の倫理的な要素について気づくことがまず最初の段階である。
②倫理的思考
　与えられた状況のもつ倫理的な側面に気づいたら，次に，どのような行為が公正で，正しく，公平であるかを決めることが必要になる。最新の

倫理綱領や法律についての知識，文献，倫理綱領の根底にある道徳的原則，個人としての道徳的発達段階などを基にして，倫理的行為と非倫理的行為を区別することがこの段階の中心である。

③選　択

公正かつ公平な行為が何であるかがわかったなら，それを実行することが求められる。様々な選択肢や葛藤しあう価値に直面し，現実の状況の中で，倫理的と判断される行為を実行するかどうか選択するのがこの段階である。

④倫理的行為の実行

いざ実行するとなると，それは必ずしも容易なこととは限らない。最後に大切なのは，自分個人にとっての犠牲や困難や周囲からのプレッシャーにもかかわらず，倫理的な行為を実行することのできる自我の強さである。

この4段階モデルを図式化すると，図8-1のような4つのステップを順に踏んでいくことになる。

キッチュナーは，この①から④のプロセスの中で，①と②の段階は密接に関

図8-1　キッチュナーによる4段階モデル

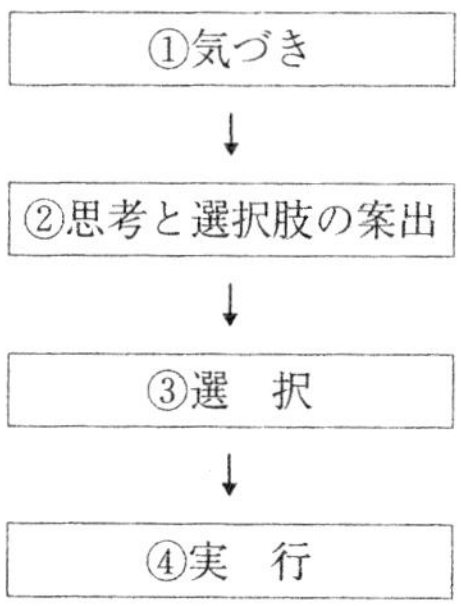

①気づき
↓
②思考と選択肢の案出
↓
③選　択
↓
④実　行

（Kitchener, 1986 および Welfel & Kitchener, 1992 を基に作成）

連しあうと述べている (Kitchener, 1986; Welfel & Kitchener, 1992)。職業倫理に関する文献や倫理綱領あるいは法律についての知識，倫理綱領の根底にある道徳的原則についての理解，個人としての道徳的発達段階に関する気づきがなければ，そもそも，職業倫理的問題とは何なのかがわからない。知識がなければ問題に気づくことができないのである。どのような状況にも常に職業倫理的要素が含まれており，それに気づくために最低限必要なのは，②なのである。むろん，②は，その次の段階の③とも密接に関連していることは明らかである。単なる直感では適切な職業倫理判断を行うことはできず，キッチュナーのこのモデルからも，しっかりとした職業倫理教育の必要性がうかがえる。

　キッチュナーによる①から④のステップの中で，もう一つ見逃してはならないのは④の段階である。職業倫理についての知識をもとにして種々の選択肢を考え出し，その中から最も適切と思われる行為を選んだとしても，それが常に容易に実行されるとは限らない。前章まで説明してきた7つの職業倫理原則の中には，たとえば，第1原則には，同僚が非倫理的行為を行った場合には，その同僚に注意を促すことが含まれている。文章で読むと，確かにもっともなことのように思われる。他の専門職に従事している人が倫理的問題を起こした場合，たとえば，医師が不正な行為を行った場合，それを見て見ぬふりをした同僚に対しては，マスコミでも厳しい批判が寄せられる。しかし，もし自分の同僚が疑わしい行為を行ったとしたら，読者はその同僚にきちんと注意をすることができるだろうか。自分自身がその場にいたとしたら，読者はどのように行動するだろうか。たとえば，クライエントに対して，他のクライエントの名前を話題に出して話をしている同僚がいたとしたら，それが職業倫理的問題であると読者は気づくだろうか，そして，その同僚に注意をするだろうか。

　自分の同僚に対して注意しないということは，自分とその同僚との間の人間関係を壊さずにすむ。仮に注意したとしたら，その自分の行いは正しいことであるし，社会的に評価される。心理臨床家という人たちは，同僚にきちんと注意できる人たちである，と周囲に認められ，分野全体としての社会的評価を維持することができるだろう。しかし，正しい行いではあったとしても，その同僚と自分との関係は崩れてしまうおそれがある。自分の職場の他の人たちとの関係もギクシャクしてしまうかもしれない。注意をした相手が自分の上司や先

輩だとしたら，ひょっとしたら職を失う事態に発展してしまうかもしれない。

　読者ならどうするだろうか。多くの人は，目の前の利益（すなわち同僚との関係維持）を優先し，長期的視野（同僚への注意）をないがしろにしてしまうのが現実ではないだろうか。無理もないことと思う。

　職業倫理の実践はきれい事ではない。実に泥臭いものである。人間は必ずしも24時間毎日勇気をもって生きているとは限らない。職業倫理の本質には，理想追求という側面もあることは本書の第1章で論じた。一人一人の心理臨床家には，自分個人にとっての犠牲や困難や周囲からのプレッシャーにもかかわらず，倫理的な行為を実行することのできる勇気が求められる。そして，職場や大学・大学院教育の場や専門家の団体には，この一人一人の勇気をさげすんだり嘲笑したり，「融通の利かない」「四角四面の頭のかたい奴」と疎んじるのではなく，讃え励ます風土がなくてはならない。個人の自我の強さだけに頼っていては，社会的責任を果たす「専門職」となることは不可能である。

(2) レストのモデル

　レストは，コールバーグの道徳性発達理論に関する研究に基づき，道徳的行動の4要素モデル（Four Component Model）を提唱し，専門家の倫理的意思決定もこの4要素モデルに従って行われると主張する（Rest, 1984, 1994）。上記のキッチュナーのモデルは，レストの研究に依拠したものであるため，キッチュナーのモデルはレストのモデルとよく似ている。が，レストはこれら4要素は4つの段階を形成しているのではなく，道徳的行動を分析する上での観点であり，これら4要素間の相互作用は複雑であって，どれか一つが欠けていても非道徳的行動が起こりうると論じている。

　レストが提唱する4つの要素とは次の通りである（Rest, 1984, 1994）。
　　①道徳的感受性：自分の行動が他者に影響を与えることへの気づきを得る。他者がどのような影響を受けるかを推測し，他者に対して共感したり嫌悪感を感じたりすることが行われる。
　　②道徳的判断：種々の選択肢の中でどの行動が道徳的に正しく，どれが間違っているかを判断する。道徳的意味付けには，抽象的・論理的側面と，態度的・価値的側面とが関わっており，何が正しいかを判断するにあた

っては，この両者，つまり認知的側面と感情的側面が関係している。
- ③道徳的動機付け：様々な葛藤し合う価値の中で，何を選択するかを決める。すなわち，自分自身の道徳的理想を満足させるか否かを決めることである。
- ④道徳的性格：実際の行動を行う上での自我の強さ，勇気，信念の強さ，我慢といった性格的要素も必要である。目標を設定し，それを達成するための課題をこなしていく粘り強さが求められる。

ここでも，④として個人の性格的要素が取り上げられている。性格的要素を含め，一人一人の個人に要求されるものは多い。しかしその一方で，職業倫理の実践を個人に任せてしまい，個人のみの責任として職業倫理を考えることは，結局は分野全体としての職業倫理を確立しないことに陥ってしまう。倫理的意思決定を行うことのできる専門家の養成と，倫理的意思決定を容易にする分野全体の風土，両方が必要と筆者は考える。

(3) カナダ心理学会のモデル

アメリカ心理学会（APA）は世界最大のサイコロジストの団体であり，したがってその職業倫理綱領（最新版は APA, 2002）は，世界で最も多くのサイコロジストが依拠する職業倫理綱領といえる。しかし，APA の倫理綱領には倫理的意思決定プロセスや判断の基準が明記されていないため，現実の問題状況が生じた場合の葛藤解決には有用ではない場合があるとの批判も聞かれる（Hadjistavropoulos & Malloy, 1999）。

一方，アメリカの隣国カナダのカナダ心理学会（CPA）は，かつては APA 倫理綱領をそのまま用いていたものの，1980 年代に独自の職業倫理綱領を作成している。CPA が独自の綱領を作成した背景には，当時のカナダのサイコロジストたちが直面していた問題（サイコロジストの雇用の問題，CPA 内の研究職サイコロジストと臨床家との間の対立，CPA と国内の各州心理学会との間の組織的問題）を解決する上で，CPA がリーダーシップをとりたいという組織上の思惑もあったようである（Dunbar, 1998）。その際，CPA は，その倫理綱領に含まれる諸原則を重要度の観点からランクづけを行い，会員にとってこの綱領が実際の問題解決を行う上で役に立つよう工夫している。つまり，複

数の原則が葛藤するような状況では,通常,上位にランクづけられている原則が優先されることになっているのである。倫理原則のランクづけと,倫理的葛藤状況における問題解決モデルの提示が,CPA 倫理綱領の独自性として知られている。

先に,キッチュナーの「倫理的正当化モデル」(Kitchener, 1984) を紹介した際に,「批判的・評価的レベル」の中で,倫理原則の適用段階では,自律性 (autonomy),害を及ぼさないこと (nonmaleficence),善行 (beneficence),公正 (justice),忠誠 (fidelity) の倫理原則が重要であることを取り上げてはいるものの,キッチュナーのモデルでは,これらの倫理原則間の重要度の違いが明らかでないことや,複数の原則同士が葛藤を起こした場合の解決方法については判断基準が示されていないことを述べた。したがって,たとえば,専門家の側が適切と考える行為を行おうとする(善行)ことに対して,クライエントが自己決定をもって反対する(自律性)という状況が生じた場合には,どうすればよいのか,倫理的正当化モデルでは判断が難しい。倫理理論には様々の理論があり(村本,1998),心理臨床家の大多数は,カントやロックやアリストテレスの理論を学ぶわけではないのだから,結局のところはどうしたらよいかわからなくなってしまう。

職業倫理とは,その職業集団に共通する原則であるから,このような葛藤状況に直面した場合にどうすべきか,個々人の判断に一任することなく,一定の判断基準を示すべきであろう。CPA のモデルは,この点,他のモデルよりも優れていると思われる。

CPA の職業倫理綱領 (CPA, 2000) の初めには,次の4つの倫理原則が階層的に記され,原則 I が最も優先順位が高く,原則 IV が最も低いことが明記されている。

原則 I: 個人の尊厳の尊重 (Respect for the Dignity of Persons)
出自,民族,能力,性別,性的嗜好等による違いを超えた個人の尊厳に対する尊重は,サイコロジストが業務を行う上で最も基本的な価値である。この原則の下には,差別をしたり軽蔑したりしないこと,専門知識の悪用を防ぎ,人々に対して公平・公正に接する,といった基準の他に,インフォームド・コンセント,対象者の保護,プライバシーの尊重,お

よび秘密保持が含まれている。

原則II：責任あるケア（Responsible Caring）

傷つけることなく他者および社会の福祉に貢献することが，原則IIの中心的価値である。そのためには，サイコロジスト各自の能力の範囲内における業務のみを行うことが求められる。自分の能力を超える事態が生じた場合には直ちにコンサルテーションあるいはリファーを行うこと，最新の知識を常に学習するとともに，自分の能力や判断が最善に発揮されないおそれのある状況を避けること，一人一人に合わせた最適の援助を行うこと，対象者との性的関係の禁止，記録の作成管理，同僚の不適切な行いに対する注意，さらには，危険を関係者に知らせることによって本人自身あるいは他者を傷つけるおそれのある行為を防ぐこと，などが含まれる。

原則III：関係における誠実さ（Integrity in Relationships）

サイコロジストが業務を行う上で，社会的信頼は不可欠である。正確さ，誠実性，客観性はそのために肝要であり，虚偽や欺瞞は容認することができない。盗用，資格・能力の虚偽記載はもちろんのこと，不正確な記録や説明，利害関係の葛藤ならびに多重関係は禁止される。

原則IV：社会への責任（Responsibility to Society）

心理学的知見を社会のために用いることは，サイコロジストの当然の責任である。この中には，望ましい社会的変化に必要な社会政策や社会構造に対する提言や改善努力も含まれる。また，心理学的知見を常に吟味し，社会における心理学の立場や役割を見直す努力を続け，研究や教育の積み重ねによって分野全体に貢献することも必要である。

続いて，10のステップからなる倫理的意思決定プロセスが記述されている。

①倫理的意思決定によって影響を受ける可能性のある人々を明確にする。
②倫理的に関係のある問題や実践などについて明らかにする。
③個人的な偏見，ストレス，私利私欲がどのように意思決定に影響を与えるかを考慮する。
④他に可能な方策を案出する。
⑤それぞれの方策をとった場合に起こりうるリスクと益を分析する。

⑥倫理原則，価値観，および基準を適用した上で，どの方策をとるかを選択する。
⑦行動した結果についても責任をとるというコミットメントのもとで行動する。
⑧行動した結果を評定する。
⑨結果について責任を負い，ネガティブな結果が生じた場合等には必要な措置を行う。
⑩将来において倫理的葛藤が生じないよう，可能な範囲で適切な行動をとる。

CPA倫理綱領（CPA, 2000）では，上記の原則ヒエラルキーや倫理的意思決定プロセスが，場合によっては適用が困難あるいは不適切な場合もあることも記されているものの，通常は，この綱領に依拠するよう会員に求めている。

(4) カンターらのモデル

倫理的意思決定を幅広く捉えるのがカンターらのモデルの特徴である。彼女らによれば，倫理的意思決定は，問題が生じた時に行われる事柄のみならず，問題が生じる前に行われる予防的な段階も含む，多くの段階からなるプロセスである（Canter, Bennett, Jones, & Nagy, 1994）。
①職業倫理綱領を熟知する。
②関係する法律や法規を熟知する。
③自分が所属する組織の規約を熟知する。
④倫理についての卒後教育を継続して受ける。
⑤潜在的な倫理的問題がどのような時に生じるかを明確にする。
⑥複雑な状況で倫理的な義務を分析する方法を身につける。
⑦倫理に詳しい専門家に相談する。

他の多くのモデルが，職業倫理的問題が生じた時点での意思決定について論じているのに比べ，カンターらは，問題が生じる以前にサイコロジストが行うべき事柄を取り上げている点が特徴的である。

問題状況が発生する前の予防的段階も含めたカンターらのモデルは，レフコ

ウィッツによる産業・組織心理学領域の倫理的意思決定モデル (Lefkowitz, 2003) にも取り入れられている。レフコウィッツも，職業倫理的問題については，まず予防が重要であることを指摘する。そして，上述のカンターらの倫理的意思決定プロセスのうちの①から⑥に，「倫理的用心深さを維持すること」を加えて，第1段階（問題の予測）としている。レフコウィッツの第2段階では，倫理理論，道徳性に関する心理学，政治理論などをレビューし，自分自身や自分の所属する機関のもつ価値観を吟味することが挙げられている。ここまでは現実の状況に至る前の段階であり，ふだんの状態の中でサイコロジストが行い続ける予防的作業といえる。現実に職業倫理的問題が発生したならば，第3段階に至る。レフコウィッツの第3段階は，問題の明確化，情報収集，問題の分析と選択，完遂の4つの部分からなるとされている。

(5) 合理的意思決定モデルと，それらに対する批判

他にも多様な倫理的意思決定モデルが提唱されている（たとえば Forester-Miller & Davis, 1996 ; Keith-Spiegel & Koocher, 1995）が，ほとんどのモデルで，実際の状況の具体的な把握，倫理綱領や倫理原則あるいは法規などを参照して行われる対応策の案出，諸対応策の比較考量に基づく決定，実行とその後のフォローアップ，というプロセスが共通して指摘されているといってよいであろう。つまり，文献に示されている倫理的意思決定モデルの大多数は，倫理的判断を行う際の客観的・論理的判断プロセスを重視した，合理的意思決定モデルと呼ぶことができる。

一方，合理的意思決定モデルを批判する立場もある。ベタンは，合理的モデルに主観性や判断を行う際のコンテクストを補う必要があると考え，解釈学的モデル (hermeneutic model) (Betan, 1997) を主張している。ベタンによると，臨床家とクライエントは，それぞれが自分なりの価値観，倫理観，欲求，自分自身に対する見方や人間関係についての信念などをセラピスト―クライエント関係に持ち込む。両者はそれぞれ，援助関係の中で起こる事柄を主体的に解釈して行動を行っている。こうした人間関係的コンテクストや臨床家の持つ心的欲求などが，職業倫理原則などを実際の場面で実践する際に大きな影響を与えている，とベタンは考える。

しかし，筆者が見るところでは，ベタンが指摘するような当事者の主観的要素は，合理的モデルでも取り上げられている。実際のところ，レスト（Rest, 1984, 1994）も感情と認知の両側面を重視しているし，キッチュナー（Kitchener, 1984）も，直感的レベルでは感情的要素が重要な影響をもたらすことを認識している。ベタンの指摘は，レストやキッチュナーらの見解との本質的な違いではなく，重点の置き方の違いのように思われる。

　社会構成主義の立場をとるコットンの批判は少し違う。合理的意思決定モデルを批判するコットンは，その社会構成主義的モデルにおいて，倫理的意思決定は，カウンセラー個人によって行われるのではなく，カウンセラーとクライエントなどとの間の相互作用によって行われると主張する（Cottone, 2001）。意思決定にあたっては，関係する人々から情報を集め，当事者間の関係について評定し，同僚や専門家あるいは職業倫理綱領・文献などを参照・相談する。これらの情報や意見などの間に相違があれば話し合い協議する。そして，コンセンサスに達したことを実行する。再度の話し合いによってもコンセンサスに達することができない場合には，仲裁が必要となる。つまり，コットンのモデルは，何が正しいか，何が適切なのかといった事柄が，倫理原則などによって予め設定されているとは捉えていない。関係者の間で協議を行うことによって，何が「正しい」のかを決めていくと考えているのである。

(6) 倫理的意思決定プロセスをまとめると，どのようなことが言えるのか

　倫理的意思決定プロセスの中心である合理的意思決定モデルは数多く提示されているものの，上記の説明を見てもおわかりのように，それらの間には共通点が多い。カンターら（Canter, Bennett, Jones, & Nagy, 1994）のように，倫理的問題が生じる前の予防的段階を明示する立場もあるが，他のモデルでも，事前にカンターらの指摘する予防的段階を踏んでおくことは当然必要となろう。

　ただし，上でふれたコットンの社会構成主義的モデル（Cottone, 2001）は例外と言ってよい。何が正しいかについて予め設定せずに，当事者間の話し合いによって決定するというコットンの考え方は，職業倫理の確立が専門職として成立するための要件の一つであり，職業倫理綱領が現実には心理臨床家に対する訴えについての判断や処分などの基準としても用いられているという現状を考

えると，予め設定された原則は必要である（Bersoff, 1996）と考えるのが自然であろう。コットンのモデルはこの点，むしろ公正さを欠く危険があり，現実的とは言いがたいと筆者は考える。

2. 倫理的意思決定モデルの提案

　合理的意思決定モデルは数多く提示されているものの，それらの間には共通点が多い。そこで，これまで説明してきた諸モデルを総合して，筆者なりに暫定的に次のような倫理的意思決定モデル（図8-2）を示してみたい。なお，この図は既に3章で予告的に示しておいた。

　職業倫理的意思決定モデルは，個人の直感的意思決定ではなく，分野全体に共通するルールを基に決定が行われるような意思決定モデルでなくてはならない。そして，この倫理的意思決定が，実際に心理臨床家によって行われるよう，職業倫理教育を行う必要があることは言うまでもない。職業倫理教育については次章で論じたい。

(1) 準備段階

　カンターら（Canter, Bennett, Jones, & Nagy, 1994）が指摘するように，まず，実際の状況に遭遇する前の段階が必要である。そこで，心理臨床家が行っておくべき準備の段階を想定する。ここでは，職業倫理綱領，関係する法律や法規，自分が所属する組織の規約などについて熟知するのみならず，自分自身や自分の所属する機関のもつ価値観を吟味することがまず必要である。その上で，潜在的な倫理的問題がどのような時に生じるかを明確にするとともに，複雑な状況で倫理的な問題を分析する方法を身につけることが求められる。

　この段階は，大学院での職業倫理教育が大きな役割を果たす。もちろん，職業倫理についての教育を継続して受けることも忘れてはなるまい。こうした教育を通じて，「倫理的用心深さを維持すること」（Lefkowitz, 2003）を涵養していくことが最初の段階と考えられる。この段階では，心理臨床家の間だけではなく，他職種，連携する相手の人々，そして広く社会全体に対して，臨床心理学領域の職業倫理について情報を広め，啓発を行っておくことも大切であろう。

図 8-2　倫理的意思決定モデルのまとめ（図 3-1 と同じ）

(1) 準備段階	
①大学院での職業倫理教育，および，職業倫理についての生涯教育	・職業倫理綱領，関係する法律や法規，自分が所属する組織の規約などについて熟知する ・自分自身や自分の所属する機関のもつ価値観を吟味する ・潜在的な倫理的問題がどのような時に生じるかを明確にする ・倫理的な問題を分析する方法を身につける
②他職種，連携する相手の人々，広く社会全体に対して，臨床心理学領域の職業倫理について啓発を行う	

現実の状況の中で

(2) 現実状況における倫理的要素の探索	
実際の状況に遭遇した段階（現状の把握）	倫理的問題が存在しているのか存在していないのか，倫理的問題があるとすればどのような問題なのか，現実状況の中から見いだす

(3) 問題の明確化と対応方法の案出・決定	
実際の状況に遭遇した段階（現状の分析・整理）	①現実状況について情報を収集し，問題を明確にする 　・状況の具体的内容は何か 　・倫理的意思決定によって影響を受ける可能性のある人々は誰か 　・それらの人々はどのような影響を受けるのか 　・問題の深刻さはどの程度か，など ②主要な問題は何か，その問題を倫理的用語を用いて言い換えるとどのように表現され

第 8 章　問題解決をどのように行うか

(3) つづき　　　るのか，どのような結果が予想されるのか記述する

　　　　　　　③ブレインストーミング
　　　　　　　倫理綱領や法・規約，これまでの文献，関係者間の譲歩，妥協，コンセンサスなどを基にして，可能な解決策を挙げる

```
・職業倫理の7原則
・倫理綱領
・諸基準
・倫理原則
・CPAの原則ヒエラルキー（CPA, 2000）
・自分自身の偏見，価値観，信念，ストレス，私利私欲，外的なプレッシャーがどのように意思決定に影響を与えるかを考慮
・第三者や他の心理臨床家に相談
```

```
分野全体として，妥当な対応策に関するマニュアルやガイドラインなどを作成し広報する
```

④それぞれの選択肢・方策を実行した場合の結果を列挙する

⑤それぞれの選択肢を採用した場合のリスクと益を分析する

⑥どの方策をとるかを選択する

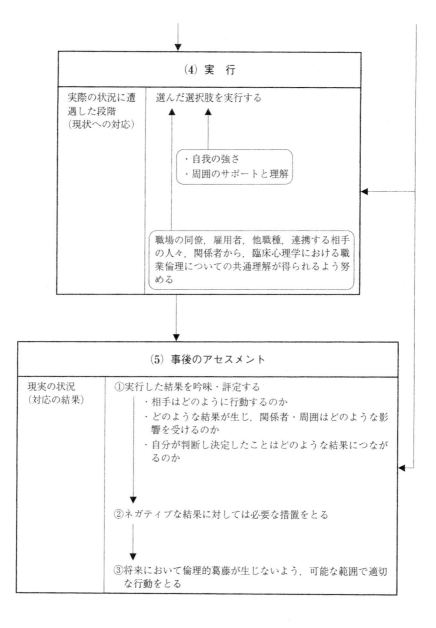

(2) 現実状況における倫理的要素の探索

　最初の準備段階には，個々人の自己吟味も含まれるものの，準備段階の多くは主として教室内で行われる。しかし第2の段階は，実際の状況に遭遇した段階である。状況の中の倫理的な要素について気づくこと，倫理的問題が存在しているのか存在していないのか，倫理的問題があるとすればどのような問題なのか，それを現実状況の中から見いだす段階である。倫理的問題を見いだすためには，上記の準備段階を通じて，職業倫理的問題とは何なのか，どのような状況でどのような形で現れるのか，何を基準として問題か否かを区別すればよいのか，理解できていなくてはならない。この点からも，上記の準備段階は非常に重要と言える。

(3) 問題の明確化と対応方法の案出・決定

　自分が直面している状況にどのような職業倫理的要素が含まれているかに気づいたなら，問題の明確化と対応方法の案出・決定へと移る。この段階でも，個々人の価値観に基づく直感のみによって行われることのないよう，準備段階の重要性は言うまでもない。

　①問題の明確化

　　　現実状況の事実について情報を収集する。この場合に収集される事実には，状況の具体的な内容だけではなく，倫理的意思決定によって影響を受ける可能性のある人々は誰か，それらの人々はどのような影響を受けるのか，問題の深刻さはどの程度か，といったことも含まれる。この明確化によって，主要な問題は何であり，その問題を，倫理的用語を用いて言い換えるとどうなるのか，どのような結果が予想されるのか，記述することがまず行われる。

　②ブレインストーミング

　　　ブレインストーミングは，心理臨床家が一人であったとしても行われなければならない。倫理綱領や法・規約，これまでの文献，あるいは，関係者間の譲歩やコンセンサスなどをもとにして，可能な解決策を挙げる。そして，それぞれの選択肢・方策を実行した場合の結果を列挙する。つまり，それぞれの選択肢を採用した場合のリスクと益を分析する，リ

スク／ベネフィットの分析である。最後に，倫理原則，価値観，および諸規則を適用した上で，どの方策をとるかを選択する。

ここでは，職業倫理の7原則や，上記に引用したCPAの原則ヒエラルキー（CPA, 2000）が役に立つ。また，個人的な偏見，ストレス，私利私欲がどのように意思決定に影響を与えるかを改めて考慮することや，自分自身の個人的価値観，信念，偏見，および，その問題に関係する外的なプレッシャーを認識することは，より適切な意思決定を導く上でも有益であろう。職業倫理に詳しい他の心理臨床家に相談することも有益である。

ブレインストーミングを行う上では，当然ながら，自分自身の中で，対応策のレパートリーを豊富にもっていなくてはならない。むろん，職業倫理に詳しい第三者や他の心理臨床家に相談することができればその方が良いのであるが，職業倫理的問題の発生が即時的であり，時間的余裕のない状況で対応をしなければならない場合がふつうであることを考えると，第三者への相談を行う余裕がないという前提で職業倫理的意思決定モデルを設定しておかなければならない。そのためには，心理臨床家一人一人が対応策のレパートリーをもっておくこと，また，分野全体として，こうした対応策レパートリーをマニュアルやガイドラインなどの形で作成し広報・教育することが求められる。

(4) 実　行

選んだ選択肢を実施するのがこの段階であるが，現実の状況の中で，いざ実行するとなると，それは必ずしも容易なこととは限らない。最後に大切なのは，心理臨床家自身にとっての犠牲や困難や周囲からのプレッシャーにもかかわらず，倫理的な行為を実行することのできる自我の強さ，そして，それをサポートする周囲の理解である。このことは，職場の同僚，雇用者，そして分野全体に，臨床心理学における職業倫理について，共通理解がなくてはならないことを意味する。心理臨床家の間だけではなく，他職種，連携する相手の人々，そして広く社会全体に対して，臨床心理学領域の職業倫理について情報を広め，啓発を行っておくことが必須である。心理臨床家の間だけで職業倫理を実践す

ることはできない。このことは，職業倫理のもつ社会性の一つの現れといえる。この社会的啓発についても，したがって，(1) の準備段階に含める必要がある。

(5) 事後のアセスメント

　実行して終わりというわけにはいかない。私たちが直面している状況は，常に相手のある状況である。相手はどのように行動するのか，どのような結果が生じ，関係者・周囲はどのような影響を受けるのか。自分が判断し決定したことはどのような結果につながるのか。実行した結果を吟味し，評定する。そして，ネガティブな結果が生じた場合などには必要な措置を行う。また，将来に倫理的葛藤が生じることのないよう，可能な範囲で適切な行動をとることをおろそかにしてはならない。

　職業倫理的意思決定をこのようにプロセスとして整理すると，職業倫理的意思決定は，心理査定と心理療法という，いわゆる臨床行為のプロセスと同様であることに気づく。臨床行為においても，準備段階としてまず知識やスキルの訓練がある。実践の中で具体的状況に接すると，その中の臨床的要素を見いだし，それらについてアセスメントを行う。たとえば，クライエントの発話や行いを注意深く聴き観察し，それらをどのように理解することができるのか，考える。クライエントの発話や，声の抑揚，立ち居振る舞い，服装，顔の表情などの非言語的情報，周囲からの情報などをつなぎ合わせ，臨床家は，クライエントについてのストーリーを作り上げる。言語のみならず非言語も観察することや，クライエントに成育歴や既往歴や過去の相談歴を尋ねること，家族関係について探っていくこと……。心理臨床家は，なぜこれらの情報を至極当たり前のこととして注目し，尋ね，探るのだろうか。それは，これらの情報が重要であると教えられ，それらをつなげていくことによってクライエントを理解するように訓練されているからである。

　成育歴の中で，現在のクライエントが抱えている問題の素地となっている可能性のある体験がないかどうか，注意深く尋ね，聴く。クライエントが自身の家族の一人一人をどのように見ているのか，育ってくる過程の中で接してきた人たちの中で，誰のどのような部分を自分に取り入れてきたのか，誰のどのよ

うな部分を拒んできたのか，考える。そして臨床家は，そのクライエントなりの体験のとらえ方や人との接し方のパターンを見つけ出そうとする。紡がれるストーリーの中に，クライエントが提示する主訴がどのように当てはまるのかを考える。足りないと思われる情報をさらに尋ねる。

　このようなプロセスを通じて臨床家はクライエントを理解し，その理解をもとにしてクライエントへの対応を案出する。つまり，クライエントと接する中で，重要な事柄に注目し，特徴に気づき，情報をつなげていく。その上に立って，クライエントに対する理解を構築する。そして，クライエントに対する理解に基づいて対応方法を案出する。案出するためには，心理臨床家自身が多様な援助方法について熟知していなくてはならない（熟知できるようにするのも訓練の役割である）。

　様々な対応方法の中から，その時のそのクライエントに最適と思われる対応を選択して実行する。結果を吟味し，次の行動につなげていく。こうした臨床行為の裏には，精神病理学についての知識や人格理論，家族や集団などのシステムについての理論，これまでの文献や研究から得られる情報，心理査定についての知識，面接スキルなどが必要であり，これらの知識をもとにして時々刻々の状況の中で臨床家は考え，行動している。

　職業倫理的意思決定と臨床行為とは，必要とされる知識やスキルについては異なるものの，行われるプロセスはよく似ている。職業倫理と臨床行為とを別々に分けて考え，両者は全く異質のものと捉える人々がいるようだが，筆者はそのようには考えない。どちらも行われるプロセスの基本に変わりはなく，両者を優れて行うことのできる人が優れた専門家なのである。職業倫理と臨床行為，どちらの目的も，クライエントに対する最大かつ最適なケアであることに変わりはない。アプローチする角度は違っていたとしても，臨床行為も職業倫理も，目的とプロセスは同じであり，両者は決して異質のものではない。心理臨床家の訓練において，職業倫理も臨床的側面も，両方とも同程度の時間とエネルギーを費やして行われなければならないのである。

3. 倫理的意思決定プロセスは果たして実践されているのか

　倫理的意思決定に関するこれまでの実証的研究の大部分は，倫理的意思決定モデル自体の検証ではなく，職業倫理的問題に対して専門家がどのような回答を示すか（意思決定の結果およびその理由など）を尋ねる北米での研究である。それらの研究を見ると，既に述べたように，心理臨床家の多くは，倫理綱領や倫理原則について知識をもっていたとしても，実際にはむしろ，実務経験，個人的な価値観や感情，その場の現実的な状況などに基づいて行動することが多いことが示されている（Bernard & Jara, 1986 ; Bernard, Murphy, & Little, 1987 ; Betan & Stanton, 1999 ; Haas, Malouf, & Mayerson, 1988 ; Smith, McGuire, Abbott, & Blau, 1991）。このように，臨床家の個人的要因が，倫理的意思決定に影響を与えていることを示唆する研究は多い。関連するいくつかの研究を紹介してみよう。

　たとえば，ソーシャルワーカーとソーシャルワーク専攻の学生を対象とした調査では，道徳的判断の学年差に影響を与えていたのは，被調査者の宗教性（信心深さ，religiosity）のみであったが，一方，ソーシャルワーク実践における架空状況を設定して被調査者に回答を求める課題では，学年間に差が見られた（Landau, 1999）。この研究からは，ソーシャルワーク専攻学生の道徳性や価値観は，ソーシャルワークの専門教育を受ける時点では既に確立されたものであること，具体的状況に関する判断のしかたについては専門教育によって影響を与えることが可能であること，そして，有職者は3年生に比べてクライエント優先の意思決定を行わないことが明らかとなった。ソーシャルワーカーを対象とした別の調査研究では，倫理的意思決定の違いには，被調査者の職場の違い（学生 vs. 病院 vs. 児童福祉施設）が大きく関係していることが指摘された（Walden, Wolock, & Demone, 1990）。地域精神衛生（community mental health）に従事している人々を対象とした研究では，職業倫理教育の有無によって倫理判断に顕著な違いはみられず，勤務地の状況（都市部 vs. 地方）が倫理判断に関係しているとする調査研究（Perkins, Hudson, Gray, & Stewart, 1998）もあり，職業倫理教育の内容や方法については十分な検討が必要と言える。また，HIV 感染者に関する架空状況を用い，サイコロジストを対象とした調査では，同性愛恐

怖とクライエントの行動が示す危険性が，クライエントの秘密を漏らす可能性と正の相関があることが示された（McGuire, Nieri, Abbott, Sheridan, & Fisher, 1995）。つまり，これらの研究からは，宗教心，同性愛恐怖，職場や勤務地の違い，学生であるか有職者であるか，クライエントの行動の示す危険性といった，臨床家個人の特徴や身分，職場の状況，クライエントの行動特徴という，個人的・状況的要因が倫理的意思決定に影響を与えている可能性が示されているといえる。

臨床場面のみならず，研究場面でも，倫理的意思決定には個人的要因が影響を与えていることを示す研究がある。APAの会員を対象として，心理学の研究に関する架空の状況を設定した調査では，職業倫理的判断は，学位取得後の年数，専門領域，性別，およびAPAの所属部会数によって統計的に有意に説明することができた（Kimmel, 1991）。つまり，倫理判断にはいくつかの人口学的な事柄が関係していると解釈できる。

以上の研究は，被調査者の職種や学歴などが多様であり，心理臨床家のみを対象とした研究ではない。しかし，研究の結果を総合して考えると，一貫して示されているのは，専門家の個人的要因や，その専門家のおかれている状況的要因が倫理的意思決定に影響を与えるという結果である。

専門家側の個人的要因のみならず，職業倫理的問題の具体的な状況によっても，専門家の倫理的意思決定が影響を受けることが指摘されている。たとえば，ティムチャクら（Tymchuk, Drapkin, Major-Kingsley, Ackerman, Coffman, & Baum, 1982）による研究では，極端な状況や，マスメディアや臨床家の間で話題になっている状況の場合には，臨床家の意思決定はコンセンサスに達する割合が高く，その意思決定に至る判断基準も共通していることが多いものの，それ以外の状況を提示されると，臨床家の意思決定とその判断基準には個人差が大きくなることが示されている。ウィルキンスら（Wilkins, McGuire, Abbott, & Blau, 1990）も，同様に，倫理違反が明らかであり，対処のしかたがある程度決まっている場合（たとえばセラピスト―クライエント間の性的な問題）には，被調査者は，倫理綱領に示された意思決定を行う可能性が高まるが，反対に，与えられた状況について多様な解釈のしかたが可能であり，様々な対応方法が考えられる場合には，倫理綱領に示された意思決定から離れる傾向が見られることを指摘して

いる。産業組織心理学領域での研究においても，参加者の年齢と状況の複雑さによって職業倫理的判断が異なることが示されている (Tannenbaum, Greene, & Glickman, 1989)。

4. 職業倫理教育の重要性

　上記第3節で紹介した研究結果が示しているのは，専門家一人一人の感情・価値観といった個人的な要因や，その専門家がおかれている状況的要因，そして，与えられた具体的な状況の特徴が，専門家の倫理的意思決定に影響を与えるということである。倫理的意思決定に影響を与える要因についての研究は，未だ十分とはいえないものの，一貫した結果が示されているということは重要である。

　さらに，既に紹介したように，実証的研究からは，心理臨床家は，与えられた状況で何をすべきかはわかっていても，実際にはそのように行動するとは限らず，知識・理解と行動との間にギャップがあることも示されている。この研究結果から，既存の倫理的意思決定モデルが現実の意思決定を正確に描写していないとする批判もあるが (Betan, 1997; Cottone, 2001)，一方，既存の倫理的意思決定モデルが専門家の間に浸透していないと解釈することもできる。適切な倫理的意思決定モデルを専門家の間に浸透させるのは職業倫理教育の役目である。職業倫理教育の実験研究では，教育によって参加者の倫理的意思決定に影響を与えることができるとする研究もある (Gawthrop & Uhlemann, 1992; 金沢, 2002)。しかしその一方，被調査者の過去の職業倫理教育の有無によって倫理判断に顕著な違いが見られないとする調査研究も多い（たとえば，金沢・沢崎・松橋・山賀, 1996; Perkins, Hudson, Gray, & Stewart, 1998; Tannenbaum, Greene, & Glickman, 1989)。したがって，これまでの職業倫理教育が不十分であり，職業倫理教育の内容や方法の改善が必要と言うこともできる。また，CPA (CPA, 2000) のように，特定の倫理的意思決定モデルを専門家の団体が提示し，それを会員に採用するよう求める団体もあり，これも職業倫理教育・啓発の一つと考えられる。いずれにせよ，どのような倫理的意思決定モデルが適切なのか，研究が必要であることは確かである。

研究を進めていくことはもちろん大切であるが，筆者がここで強調したいのは，教育と啓発の重要性である。個々人の主観的な判断や，おかれている職場の状況，その時その時に直面している具体的な状況によって，心理臨床家の職業倫理的判断がまちまちであるということは，果たして良いことなのだろうか。個別具体的な状況に対して柔軟な対応をする必要があるということには筆者も異論がない。しかし，上記に紹介した研究結果が示しているのは，分野全体に共通した判断のしかたというものが乏しいという現状である。極端に言うなら，クライエントの側から見れば，自分の相手をしてくれる心理臨床家が誰であるかによって，自分に対する対応のしかたが大きく異なるということである。職業倫理は個々人の倫理的判断に委ねてしまってよいのではなく，分野全体のものであり，職業倫理がそもそもクライエントを守るためのものであることを考えると，倫理的意思決定に個人差の大きい現状を放置しておいてよいのだろうか。放置しておいて，分野としてクライエントを守り，社会的責任を果たすという公的な宣言をすることができるのだろうか。

　心理臨床家の倫理的意思決定の現実が，個人要因やその場の状況による影響が大きいということは，キッチュナー（Kitchener, 1984）の表現を借りると，直感的なレベルでの意思決定が支配的であるということになる。しかし，臨床家が個々人の直感的レベルでの意思決定ではなく，分野全体としてのルールに基づいて意識的に意思決定を行うこと，および，状況あるいは問題によって，明確な意思決定方法や行動基準を分野全体がガイドラインとして示すことの必要性を強調したい。実際に現実場面で倫理的判断を行うのは心理臨床家個人ではあるものの，個々の心理臨床家が社会的責任を十分に果たすことができるよう，職業倫理的判断を徹底させていくのは，臨床心理学という分野全体の責任である。分野全体としての職業倫理教育が不可欠であると筆者は考える。

　そこで次章では，職業倫理教育を取り上げ，その方法と内容について，吟味してみたい。

第9章　職業倫理のトレーニングコース
――より良い倫理的意思決定を行うことができるようにするために

1. 職業倫理のトレーニングはなぜ重要か

　まずは前章のおさらいから。筆者が第8章で論じたポイントは，次のようにまとめることができる。
- 職業倫理について学ぶ時には，Aという状況ではどのように対応するのが正しいのかという「正解」を覚えるのではなく，複雑で多様な現実状況に対応できるよう，倫理的意思決定の方法を習得することが必要である。
- 文献をみると，数多くの倫理的意思決定モデルが提唱されているが，どのモデルが最も妥当なモデルといえるのかは不明である。
- 文献で提唱されている倫理的意思決定モデルには共通点が多い。概ね，これらのモデルでは，実際の状況の具体的な把握，倫理綱領や倫理原則あるいは法規などを参照して行われる対応策の案出，諸対応策の比較検討に基づく決定，そして，実行とその後のフォローアップ，というプロセスが共通して指摘されている。
- これまでに提示されてきた倫理的意思決定モデルを筆者なりにまとめると，次のような倫理的意思決定モデルを示すことができる（8章図8-2）。
    - ①準備段階
    - ②現実状況における倫理的要素の探索
    - ③問題の明確化と対応方法の案出・決定
    - ④実　行
    - ⑤事後のアセスメント

・臨床心理学の実践における倫理的意思決定は，臨床行為（心理査定と心理療法）のプロセスと同様である。倫理的意思決定と臨床行為の両方を十分に行うことのできる人が優れた心理臨床家であり，そのような優れた臨床家を作り出すためには，心理臨床家の訓練の中で，臨床的側面と同様に，職業倫理についての教育も重視していかなくてはならない。
・倫理的意思決定についての研究結果が一貫して示しているのは，臨床家の個人的要因や，その臨床家のおかれている状況的要因，さらには，職業倫理的問題の具体的な状況が倫理的意思決定に影響を与えるということである。また，心理臨床家は，与えられた状況で何をすべきかはわかっていても，実際にはそのように行動するとは限らず，知識・理解と行動との間にギャップがあることも示されている。

　前章の結論として筆者は，教育と啓発の重要性を指摘した。個々人の主観的な判断や，おかれている職場の状況に大きく左右されるといった，直感的レベルでの意思決定が中心となってしまっている現状を筆者は憂慮する。個々人の直感的レベルでの意思決定ではなく，分野全体としてのルールに基づいて意識的に意思決定を行う訓練が必要であり，代表的な職業倫理的問題については，明確な意思決定方法や行動基準を分野全体が示す必要がある。実際の臨床場面で倫理的判断を行うのは，心理臨床家個人ではあるが，個々の心理臨床家が社会的責任を十分に果たすことができるよう，倫理的判断を徹底させていくのは，臨床心理学という分野全体の責任である。一人一人の心理臨床家，そして，臨床心理学という分野全体が社会的責任を果たしていくために，分野全体として職業倫理教育に取り組まなくてはならない。
　ロールシャッハテストの施行や解釈を直感的に行う心理臨床家はおらず，その解釈が，心理臨床家の性別や価値観などの個人的要因によって違うようでは大変なことになる。それと同様に，倫理的意思決定も，分野全体に共通するような基準とプロセスをもって行われなければならない。個々人の性別，価値観，職場の違いなどを超えて，直感的ではなく，一定のルールに基づいた倫理的意思決定を心理臨床家一人一人が行うことができるよう，教育を工夫しなくてはならない。また，単に職業倫理についての知識を高めることをねらいとするの

ではなく，現実の行動のしかたや判断力を養うことが必要と考えられる。倫理的意思決定は，ロールシャッハテストの施行や解釈のように，また，臨床心理面接のように，私たちが学び，トレーニングを積んで身につけ，生涯教育を通じて研鑽を積み続けるスキルなのである。

スキルであれば，そのトレーニングのしかたも具体的でなくてはならない。心理検査を習得しようとする時に，抽象論を本で読んでも心理検査法の習得につながらないことは誰でもわかるであろう。心理療法の訓練場面でも，クライエントの様々な言動に対して自分はどうすべきか，現実的な対応を練習し実習しながらスキルを身につけていく。ならば，なぜ職業倫理は，邪魔で厄介な抽象的理屈という誤解がはびこっているのだろうか。第1章で指摘したような職業倫理についての誤解が生じているのは，職業倫理についての教育のあり方に，その源の一端を求めることができるのではないだろうか。

もし，これまでの職業倫理教育（あるいは，職業倫理教育の不在）が，職業倫理に対する誤解を生み続けてきたのだとするなら，職業倫理を教える側は，教育方法を改善しなければならない。また，臨床心理学を学ぶ側にも，職業倫理が具体的な問題解決のために必要な意思決定であることを認識し，そのスキルを身につけるという姿勢が求められる。

教える側，学ぶ側，共に，抽象論と直感的判断を排して，具体的で系統だった倫理的意思決定スキルを身につけることができるようなトレーニングの場を作っていくためには，どのような工夫を行えばよいのだろうか。

2. 倫理的意思決定の教育方法

まず，職業倫理について，これまでにどのような教育が行われてきたのか，調べてみたい。日本での職業倫理教育について，公刊された研究や報告は乏しいので，ここでは海外の報告を紹介することにする。

日本よりも古くから臨床心理学が専門職として確立し，法的資格制度も充実しているアメリカでは，アメリカ心理学会（APA）の認定する博士課程で，1979年から，職業倫理や法律についての学習が義務付けられている（APA Council of Representatives, 1979）。その結果，アメリカの心理専門職養成博士課程

では，職業倫理と法律に関する科目の開講が年を追うごとに増加している（Tymchuk, Drapkin, Ackerman, Major, Coffman, & Baum, 1979）。現在は 90% 以上の博士課程でこのテーマについての科目が必修となっており，これらの大学院の学生たちの多くは，法的・倫理的問題への対処について十分教育を受けていると回答している（Wilson & Ranft, 1993）。アメリカ各州で行われるサイコロジストの資格試験では，法律と職業倫理が非常に重視されている（Association of State and Provincial Psychology Boards, 1997）。にもかかわらず，各州の心理学会や資格委員会，さらには APA 倫理委員会へのクライエントなどからの訴えは跡を絶たない（APA Ethics Committee, 1998, 1999）。サイコロジストの資格よりは後発の資格であり，修士号レベルの資格であるカウンセラーの場合も，倫理的問題についての訴えが急増していることが指摘されている（Neukrug, Healy, & Herlihy, 1992）。

　このような状況のもと，アメリカでも心理専門職の教育訓練の場で職業倫理教育の充実を図ることの重要性が叫ばれており，具体的な試みもいくつか報告されている。こうした試みのほとんどは，具体的な状況を提示し，その中に含まれている倫理的問題を学生に発見させること，および，そうした問題に対する解決方法を学ぶことを中心とした，体験学習を用いた教育である。次に述べるエイブルズの報告は，こうした職業倫理の教育方法に関する報告の中で最初のものと思われる。

　エイブルズ（Abeles, 1980）は，倫理的なジレンマを含んだクリティカル・インシデント（危機的な状況）を用いて学生の価値観に直面化を試みる職業倫理の授業（1 回 3 時間，10 週間のセミナー）について説明している。彼はまず学生たちに対して具体的状況を提示する。その後は，その状況でどうするか，それはなぜか，その結果どうなると思うかなどについて，学生たちとエイブルズとのディスカッションが続く。単なる批判や，議論のための議論ではなく，建設的な解決策を生み出すことが学生たちには求められている。このディスカッションを通じて，各人のもつ様々な価値観が深いレベルであぶり出され，学生たちはそれぞれ自分の持つ価値観に直面する。価値観を明確にしていくことは，心理臨床家としての学生たち自身の倫理原則を作り出していくプロセスにつながる。学生たちとエイブルズとの間の対話形式の授業といえるが，この授業の

効果が明確に示されているわけではない。

　最近の研究報告をみると，様々な体験学習が活用されていることがわかる。アメリカの法律家の訓練で多用されている「模擬法廷」を授業やワークショップ，セミナーなどの中で用いる試み (Colby & Long, 1994) や「模擬倫理委員会」を用いる試み (Johnson & Corser, 1998)，小グループでの作業を中心とした教育方法 (Heiden, 1993)，ケース研究を中心とした方式 (Eberlein, 1987; McGovern, 1988; McMinn, 1988)，小集団作業を中心とする教育方法 (Carkenord, 1996)，ケース研究・集団討議・講義・参加者の自己開示などを組み合わせたセミナー (Fine & Ulrich, 1988; Plante, 1995; Rodolfa, Kitzrow, Vohra, & Wilson, 1990) などが試みられている。これらの教育方法は，いずれも，いわゆる座学で倫理綱領を読むといった方式ではなく，具体的な状況を用いた問題発見型の学習や体験学習を重視している点が共通している。

　しかし，職業倫理教育の内容や方法およびその効果についての研究はいまだ乏しく，どのような教育方法が効果的なのかは明確ではない (Fuqua & Newman, 1989; Nelson & Neufeldt, 1998; Welfel, 1992; Welfel & Lipsitz, 1984)。

　具体的なスキルとして倫理的意思決定を身につけること。自分自身の価値観や判断の偏りに気づいたり，現実場面での行動のしかたや判断力を養うこと。そのためには，座学ではなく，海外の文献にあるように，具体的な状況を用いた問題発見型の学習や体験学習を，集団を用いて行うことが適切な教育方法と言えるのではないだろうか。

3. 筆者の教育実践

　教師が具体的な状況を提示し，他者との議論の中から学生たちが自分自身の価値観や考え方について気づく機会を設け，具体的な行動のしかたとその根拠について，教師・学生が共に考えることを教育の中心に据えること。上記に紹介した海外の研究をもとに考えると，筆者はこのことが職業倫理教育の要諦と考える。

　そこで筆者は，これらの諸研究を参考にした上で，現実場面での対応方法や判断力を養うことをねらいとして，体験学習を活用した教育方法を実施してい

る。以下に，筆者が行う2種類の教育方法について紹介したい。

(1) 小グループでのグループディスカッションを中心とした方法
（ワークショップ方式）

まず紹介するのは，筆者が通常の大学院の授業で行っている方法である。架空の状況を用い，職業倫理的問題とその解決方法，および，職業倫理的問題の防止について，講義と体験学習を通して学ぶことを主眼としている。授業の方法は，個人での作業，小グループディスカッション，全体での討議，および講義を組み合わせたものであり，一つの架空事例について，合計で約3.5時間を要する（ただし，架空状況の描写がA4判1ページの場合の時間。所要時間は架空状況の描写の長さや，ディスカッションに要する時間によって異なる）。

それぞれの内容について以下に説明してみたい（表9-1参照）。なお，表9-1の内容は，筆者がこのワークショップ方式授業を行い始めた最初の頃の授業内容である。現在では，時間の都合上，表9-1の⑤～⑦の部分を省略して行うことが多い。また，架空状況をいくつ提示するかについては，研修の時間に合わせて調整し，多くの時間が得られる場合には，架空状況も複数用意しておく。架空状況のストーリーが長い場合には，第2章でお読みいただいたように，場面ごとに区切って設問を設けた方が，参加者も取り組みやすいようである。

① 架空状況の提示と，各受講生による回答

まず，本書の第2章に示したような架空の状況を受講生に配布する。職業倫理についての講義資料も事前に作成しておくが，この時点ではまだ講義資料は配付しない（もし講義資料も事前に配布されてしまっている場合には，講義資料は④の段階まで見ないように指示する）。事前にテキストや参考文献を読むことも求めない。つまり，職業倫理についてまだ知識を得ていない段階で，ふだん受講生各自が行っている考え方，判断のしかたを用いて，与えられた架空状況に一人で取り組む段階である。

② 小グループでの話し合い

①の段階は，各受講生が「素」の状態で，与えられた状況に直面し，対応を迫られている状態である。言ってみれば，ふだんの受講生の状態で，与えられた状況に直面し，解答を迫られているわけである。したがって，受講生各自が

表9-1　筆者の授業（ワークショップ形式）の内容

> ①心理臨床場面における状況（架空のもの）を講師が受講生に提示し，それぞれの状況に対して，各受講生が，自分ならどうするか，それはなぜかを考え，配布されたプリントに記入する。
> ②小グループで話し合う。
> ③小グループで話し合った内容を全体に発表し，全体で話し合う。
> ④講師が，心理臨床における職業倫理について，資料を用いながら講義を行う。
> ⑤講義で扱われた内容をもとにして，上記①の架空状況について再度，自分ならどうするか，それはなぜかを考えて参加者各自がプリントに記入する。
> ⑥小グループで話し合う。
> ⑦小グループで話し合った内容を全体に発表し，全体で話し合う。
> ⑧講義で扱われた内容を基にして，各グループの発表に対して講師がコメントを加える。
> ⑨講師がまとめを行う。

　個人でプリントに記入した解答は，紙の上の架空状況ではあるものの，ふだん受講生各自が行っている考え方，判断のしかた，そして，その裏にあるであろう価値観や個人的なバイアスなどを強く反映したものと考えられる。つまり，この段階で記入されているのは，受講生一人一人の直感的な判断による対応のしかたと，その理由である。

　しかし，自分がどのような価値観を持っているか，現実状況に直面した時にどのような判断のクセを示すのか，受講生が自分一人で気づくことは難しい。そこでグループを用いる。同一の状況に直面している他の人々がどのような解答を出しているのか，与えられた状況のどのようなポイントに注目し，どのように考え，対応のしかたを組み立てているのか。それを知ることは，自分自身の考え方の特徴や偏りに気づく助けとなるだけではなく，考え方のレパートリーを広げ，柔軟にし，対応のしかたや判断のしかたについて，自分の頭の中の

引き出しを増やすことにつながる。
③ 小グループからの発表と全体での話し合い

　小グループでディスカッションを行うことは，上述のように非常に有益ではあるものの，この段階では，職業倫理とは何かについて，受講生はまだ知識を得ていない。自分たちの出した解答，そして，その解答を導き出した思考プロセスや判断基準が，職業倫理的にみて妥当なものなのか，受講生はまだわからない。同じ状況に解答しているにもかかわらず，グループによって解答が違うという現実を目の当たりにすることは，受講生にとって驚きである。他グループから出された解答について，なぜそのように思うのか，質問が出されることもある。グループ間での質疑応答は，時として盛り上がりをみせる。

　学習効果を高めるには，受講生が問題意識をもって臨むことが欠かせない。自分や自分たちが出した解答は正しいのか間違っているのか，どのグループの解答が正しいのか，受講生はそれを知りたい。モチベーションの高まったこの段階で，次の講義に移る。

④ 講師による講義

　講義は，心理臨床領域の職業倫理に関する文献（金沢，1998；Keith-Spiegel & Koocher, 1995；Pope & Vasquez, 1991；Redlich & Pope, 1980 など）を基にして，主として本書の第1章，第3章，そして第4～第8章の内容について行っている。単調な講義にならないような工夫が必要と考えているので，筆者は，要点をOHPやパワーポイントのスライドで示したり，新聞記事の切り抜きを提示したり，現実の事件や裁判の判決を引用したり，さらには筆者の個人的体験や失敗談を話したりしながら講義を行っている。小グループの解答に対するコメントは⑧の段階で行うので，この段階ではまだグループ解答に対してコメントを加えることはしない。

⑤ 参加者各自による再回答

　大多数の受講生は，上記④の時点で初めて職業倫理の内容を耳にすることになる。この新たな知識をもとにして，受講生は再度，表9-1 ①で解答した架空状況に取り組む。知識を知識として頭の中に貯蔵しておくだけでは勉強する意味が乏しい。実際の場で使わなくては知識を仕入れる意味がない。そこで受講生には，講義で説明された事柄を用いながら，①の架空状況に再度解答しても

らう。ここで受講生は，職業倫理について十分な知識のなかった状態での自分の考え方と，職業倫理についての知識を用いながら解答する場合と，自分自身の中での違いを体験することになる。

⑥ 小グループでの話し合い

　講義で説明を聞いたばかりの段階では，まだ職業倫理を十分に使うことのできる段階には至っていないのがふつうである。②と同様，小グループでディスカッションを行うことは，自分自身の考え方の偏りに気づくだけではなく，新たな知識である職業倫理を再度，使う練習をすることになる。グループメンバー同士で助け合い修正し合いながら，職業倫理を使う練習を行うのである。

　②についても言えることだが，受講生がどのような人たちであるかによって，小グループでのディスカッションのまとまり具合や，ディスカッションに要する時間，出される解答の内容も異なる。講師がグループディスカッションの時間を予め指示するのだが，受講生によっては，なかなか小グループ作業が終わらず，ついにこちらがディスカッションを切り上げるよう指示しなければならない時もある。なお，筆者の経験では，②・⑥ともに，グループディスカッションの時間を十分にとる方が，授業に対する参加者からの評価が高くなるようだ。

⑦ 小グループによる発表と全体での話し合い

　③同様，他グループから出された解答について，なぜそのように思うのか，質問が出されることもある。③の段階での各グループの解答には，しばしば，かなりの違いがみられるが，⑦の段階の各グループの解答は，③に比べて似通ってくることが多い。

⑧ 講師によるコメント

　ここでも，受講生は，自分たちの答えが正しいのかどうか，好奇心と不安を示すが，③の時よりも受講生は安心して筆者のコメントを聞いているようである。講義で説明を行った知識をどのように使うか，講師がモデルとなってコメントをすることが有益である。架空状況についてのより詳細な解説は，次の⑨の段階で行われる。

⑨ 全体での話し合いと講師によるまとめ

　ここではまず，架空状況の一文一文について，講義で説明を行った内容，特

に，職業倫理の7原則に照らし合わせて，どのように考えるか，説明を行う。架空状況にはそれぞれ設問が設けられているが，設問への解答を示す前に，その状況のすべてを検討した場合に，どのような職業倫理的問題が含まれているのか，その全体像を提示する必要がある。架空状況には，設問で尋ねている事柄以外にも，多くの職業倫理的問題が存在しているからである。与えられた状況には，常に複数の職業倫理的問題が存在しているということを，参加者にも理解していただきたい。そのためには，一つ一つの文章に，職業倫理的問題が含まれていないかどうか，吟味することが大切である。本書の第2章で架空状況の横に付した「チェックポイント」は，こうした問題発見のためのチェックポイントの役目も果たす。

　このように細かな作業を行うことは，実際の現実状況の中で仕事を行う場合，一つ一つの出来事・事柄を，常に丹念に吟味するという姿勢を養うことにつながろう（少なくとも筆者は，そのような姿勢の涵養につながることを期待している）。文章を細かく吟味していくことは，キッチュナーによる4段階の倫理的意思決定プロセス（Kitchener, 1986 ; Welfel & Kitchener, 1992）の最初の段階である，「倫理的感受性」のトレーニングでもある。また参加者にとって，筆者の解説を聞くことは，筆者がどのような意思決定プロセスを行っているかを知る機会となる。筆者が常に正しく，受講生は常に間違いということではなく，職業倫理の7原則を用いた倫理的意思決定を行うにはどのようにするのか，そのモデリングの機会を提供することが必要と筆者は考えている。
　こうして一文一文について職業倫理の観点から吟味していくと，参加者も次第に，その状況に含まれている種々の職業倫理的問題について気づくようになる。そうなれば，設問へのより適切な答を考え出すことはそれほど難しいことではない。この解説の最後に，筆者が意図した解答を示し，説明する。参加者から質問があれば答え，時間の余裕があれば，筆者と参加者との間でディスカッションを行う。
　筆者の体験では，この授業について好意的な感想をいただくことが多いものの，筆者のコメントや解説に対して，「傷つけられた」と授業後に感想を漏らしたり，反発したりする受講生もいる。受講生に間違いがあれば，きちんと指

摘することを教師は躊躇する必要はない。その一方，受講生やグループ解答のポジティブな面を評価したり，受講生の努力をねぎらうことも必要であろう。

　また受講生には，もし自分がクライエントであったなら，自分を守るためには心理臨床家にどのようなことに注意してほしいのか，心理臨床サービスのユーザーの視点に立って考える工夫をしてほしいと筆者は思う。第2章で提示したような架空状況の設問の中で，「理由」については異論が出ることが少ないが，筆者の意見に対して反論が聞かれるのは「対応」についての場合が多い。「そのようなことを行わなければならないのなら，仕事がやりにくくなる」「そんなことは自分の職場では無理だ」「そうすれば事例研究ができなくなる」など，心理臨床家としての自分にとってのマイナスを主張したり，自分の職場では現実的に不可能である，そんなことは行ったことがない，といった内容の反論が多いのである。それぞれの反論にはもっともなところもあるものの，職業倫理がこれまで日本の臨床心理学領域で重視されてこなかったという現状も考慮してほしい。クライエントの立場に身をおいて，どのような方法をクライエントは求めるのか，社会的責任という視点から冷静に，職業倫理の実践方法について熟慮することが求められる。

(2) ワークショップ方式授業には効果があるのか？

　授業を行うのはよいとしても，この授業は，ねらい通りの成果を上げているのだろうか。職業倫理教育に関する実証的研究が乏しいことは既に指摘したが，筆者は，この授業がどのような効果を上げているのか，検証を試みた。詳細については，筆者の論文（金沢，2002）をご覧いただきたいが，以下にこの授業効果の概略を示しておきたい。

① 大学生対象の授業効果

　まず最初に，臨床心理学を学ぶ大学生を対象に実施した授業の効果について述べる。心理学専攻の大学生を対象にして，架空の状況8件を授業前に提示し，それぞれの状況に対してどのように対応するか（対応）と，なぜそのように対応するのか（理由）について解答を求めた。筆者が上記のワークショップ方式の授業を行い，その後で再度，同一の質問紙に対して解答を求めた。授業前後

で参加者の解答にどのような変化が見られたのだろうか。

ちなみに，この研究で用いた各状況が主として取り上げた職業倫理的問題は次の通りである。

　　状況1：同僚の専門的能力，状況2：性的関係，状況3：秘密保持，状況4：秘密保持，状況5：警告義務，状況6：児童虐待，状況7：多重関係，状況8：インフォームド・コンセント

その結果，状況6への「対応」について，授業前後で統計的に有意な変化が見られた。また，状況5，状況7，および状況8において，法律と倫理規定を重視して意思決定を行う参加者が増加したことがわかった。この結果から，授業の前後で，状況に対する対応の上で1件の状況に変化が見られたこと，また，対応方法には変化が見られなくとも，法律や職業倫理を重視して判断を行う参加者が増加した状況があることが示された。

② 社会人対象の授業効果

次に，カウンセリングを学ぶ社会人の受講者に対しても同内容の授業を実施し，上記の学生対象の場合と同一の方法で授業効果を調べた。

大学生の場合と同様，全参加者の解答を，「対応」および「理由」について統計的に分析したところ，「対応」については授業前後で統計的に有意な変化は見られなかった。一方「理由」については，状況4，状況7，および状況8について，いずれも法律と倫理規定を重視する参加者が増加し，それ以外の理由を選択した参加者が減少した。

さらに，参加者の個人差を探るため，職業倫理教育受講の有無，および，参加者の年齢によって，授業効果に違いがあるかどうか，分析を行った。職業倫理教育受講経験者の場合は「対応」に関して変化が見られなかったものの，未受講者の場合は状況5において変化が見られた。「理由」については，受講経験者の場合は状況7と状況8に，未受講者の場合は状況4と状況8に，それぞれ有意な変化が見られ，いずれも法律と倫理規定を重視する参加者が増加し，それ以外の理由を選択した参加者が減少した。

年齢の違いによって授業効果が異なるのだろうか。参加者を，平均年齢を境にして2群に分け，解答の変化を統計的に分析した。「対応」については，年

齢低群では状況3について有意差が見られたものの，年齢高群では「対応」について授業前後で変化が見られなかった。「理由」に関しては，年齢低群では状況1と状況7に，年齢高群では状況8に，それぞれ授業前後で有意な変化が見られており，いずれも法律と倫理規定を重視する参加者が増加している。

社会人対象の授業結果からは，まず，全参加者の解答からは，「対応」の上では変化が見られなかったものの，「理由」の上では，いくつかの状況で法的・職業倫理的観点を重視する受講者が増えたことがわかる。職業倫理教育受講経験の有無や年齢による違いをみると，それぞれの群分けによって解答も授業前後の変化も少しずつ異なることが示された。職業倫理教育未受講者の場合は，授業開始時には個々人が多様な判断基準を用いていたものの，授業後には2つの状況で法的・職業倫理的観点から判断を行う受講者が増加した。また，実際の「対応」についても，一つの状況で職業倫理的に見て好ましい変化が観察された。年齢別では，年齢低群の方が年齢高群よりも授業前後の変化が大きく，職業倫理教育の効果が現れやすいと考えられる。

臨床心理学の教育は生涯教育であることは言うまでもないが，この結果からは，学習の早期段階での職業倫理教育の重要性，初学者の段階での職業倫理教育の実施が，より効果的であることが示唆される。

③ 受講者の感想から

最後に，参加者が授業後に記述した自由感想文の内容を，類似の内容別にカテゴリー分類を試みた。感想記述を見ると，授業や職業倫理について興味をもち，内容的にも理解しやすいといった，この授業に対して肯定的な感想が多く示されていた。臨床心理学における職業倫理の重要性を受講生が認識したことは，職業倫理教育を行った効果としては重要である。また，自分自身の新たな行動や更なる知識獲得への動機付けとしたり，職業倫理に照らして自らの行為や倫理観を吟味したり，自分自身の体験をふりかえるといった記述が見られ，抽象概念としての職業倫理ではなく，受講生が自分との関わりの中で職業倫理を捉えていることも示唆されている。これらの感想内容は，倫理的行動のプロセス（Kitchener, 1986）のうち第一段階（倫理的感受性）と第二段階（倫理的思考）に関連する記述が中心であると言うことができよう（キッチュナーの倫理

的行動のプロセスについて，詳しくは第8章を参照のこと）。

一方，感想内容を比較すると，社会人に比べて学生の間に，職業倫理について不安を示す感想内容が多くみられた。このことは，初学者ゆえの不安が，職業倫理の複雑さを学習することによって増幅されたと考えることもできる。受講生にとっては，こうした不安をオープンに開示すること，一方教師の側としては，そのような不安に対して適切な支持を示すことが，職業倫理教育としては大切と思われる。

④ 授業効果のまとめ

以上の結果は，半日という短時間の授業でも，少なくとも授業直後の時点では，具体的な状況に対する受講生の職業倫理上の判断に対して，影響を与えることが可能であることを示している。

また，研究結果からは，具体的な対応については必ずしも統計的に有意な変化が見られなくとも，状況に対する対応を考える上で，職業倫理や法律を考慮する参加者が増加している場合があることが示された。つまり，この授業は，対応方法そのものよりも，対応方法を考え出す判断基準に効果が現れやすい，つまり，判断を行う際の意思決定プロセスに対して影響を与えやすいようである。さらに，受講生の年齢や学生・社会人の別，職業倫理教育受講経験の有無によって，授業効果や授業に対する受け止め方に違いが見られることが示されており，受講生の年齢やこれまでの教育経験などに応じて教育方法を工夫する必要性が示唆されたと言える。最後に，初学者を対象とした早期教育の重要性が示されたと考えられる。

この授業による変化を，キッチュナー（Kitchener, 1986; Welfel & Kitchener, 1992）による4段階の倫理的意思決定プロセスに照らしてみると，この授業の結果は，この意思決定プロセスの第一段階（倫理的感受性）と第二段階（倫理的思考）における変化であると考えられる。つまり，具体的状況の中に職業倫理的問題が含まれていることを把握し，それがどのような問題であるのかを職業倫理的・法的な視点を基準にして考えるようになった参加者が，授業前よりも授業後に増加したのである。

臨床心理学領域の職業倫理教育について，その効果について研究した論文は，

筆者の知る限り，本章執筆時点では，ここに紹介した筆者の論文（金沢，2002）以外には日本では公刊されていないようである。今後日本で職業倫理教育を効果的に進めていくためには，教育方法の開発のみならず，参加者の個人差等に関する研究を積み重ねていくことも必要であろう。

(3) 模擬裁判

こちらもディスカッションと小グループ作業を重視した体験学習である。受講生は，原告・被告・裁判官の3グループに分かれる。架空のケースについて，クライエントが訴えを起こし，被告（心理臨床家）側がそれに対抗したという設定で，裁判官グループが「判決」を下す模擬裁判とする。基本的には民事訴訟の形態をとり，刑事罰を科する裁判とはしないが，裁判官グループは職業倫理に基づいた裁定（たとえば学会や職能団体からの除名処分）も行ってよいことになっている。原告・被告グループも，それぞれ議論の中で，法律や過去の判決・判例のみならず，職業倫理や臨床心理学領域の種々の研究・文献も論拠として用いて構わない。ある種の「総合学習」といえるかもしれない。

授業の最初には，提示された架空ケースについての説明に加えて，裁判のプロセスや口頭弁論のしかた（反証方式）などについても筆者が簡単に説明する。ここでは，裁判についての入門的な文献が役に立つ（たとえば，石原・山川，1998；小島・加藤・那須，1998）。原告グループ・被告グループは，それぞれ，今後の訴訟方針についてグループ内で話し合った後，次回の授業で原告側は訴状を提出し，被告側がそれに対する答弁書を提出することにより，本格的な「公判」のスタートとなる。

原告・被告側はそれぞれの主張を繰り返し説明し，必要があれば，証人役の人にも出廷してもらい，証言をしてもらう。裁判官グループは，何週間かにわたって双方の主張を聞いた上で，「判決」（職業倫理に基づく裁定も含む）を下す。その後で，職業倫理と法律について，受講生との間のディスカッションも交えて筆者が説明を行うとともに，問題解決の方法や問題の予防のしかたについて，全員で話し合う。

訴状，最終弁論，判決文など，主要な書類は，それぞれ，論の根拠となる法律や過去の判決・判例，倫理綱領，研究論文等を適宜引用し，フォーマルな文

体の書類とする。一つの架空状況のみを扱うと，学生たちは，それぞれ，原告・被告・裁判官のうち一つの役割しか経験することができないので，複数の架空状況を扱い，学生たちがなるべく複数の役割を経験することが望ましいと考える。

　模擬裁判を用いることは，現実場面で様々な倫理原則や法律がどのように複雑に絡み合い，時に背反するか，立場の違いによって同じ状況でもどのように意見・観点が異なるか，弁護士や裁判官など法律家が実際のケースにどのように関わってくるか，などについても体験学習することができるという利点がある。

　模擬裁判方式の授業について，筆者は授業前後で学生の変化を測定しておらず，授業効果がどの程度のものか，ここに提示することはできない。が，実際に模擬裁判を経験した学生たちからは，非常にハードな授業であるとの感想を耳にした。授業の準備が大変のようである。グループで集まり，訴状や抗弁など，フォーマルな文体の書面を用意しなくてはならない。その用意のために，これまで読んだこともない六法全書を開き，過去の判例を探し，日本語であるにもかかわらず理解に窮する法律文に四苦八苦する（第1章で述べた筆者の体験を彷彿とさせる）。当然，職業倫理についての文献も読まなくてはならない。夜遅くまで侃々諤々，時間をとられ，さらには書面の用意もしなくてはならないのだから，模擬裁判の間は，寝る間も惜しんで作業しなければならず，とても遊んでいる暇はないようであった（これも，第1章の筆者の体験と重なることである）。

　実際の模擬裁判の場面では，学生たちはずいぶんと緊張している。これも慣れないせいであろうか。しかし，その緊張感ゆえか，模擬裁判は臨場感に富んでおり，傍聴する筆者にとってもある種の興奮を覚えてしまう。

　学生の感想をもう一つ付け加えておこう。大変だったが，ものすごく勉強になった，とのコメントもあった。

　模擬裁判にとどまらず，実際の裁判場面を傍聴することも参考になろう。裁判所や法律事務所，臨床心理学領域の団体（学会など）やその倫理委員会など，関連する組織・機関を訪問し，それぞれの実際の様子について見学したり，担当者の話を聞いたりすることも，教育体験としては有益と思われる。

4. より良い教育実践に向けて

上述の筆者の授業実践を基に,今後の職業倫理教育のあり方について考えてみたい。ワークショップ形式の授業や模擬裁判の授業実践を通じて,職業倫理教育の課題を筆者がどのように考えるか,本章の最後に述べておきたい。

(1) 教える側の教材作成上のヒントについて

まず,教材の作成についての工夫である。北米の場合,職業倫理や法律についての文献は,単に倫理綱領や法律の条文を記載するのではなく,具体的な状況や事例において,それらがどのように適用されるのか,架空の具体的な状況を提示して説明しているのがふつうである。APAの倫理委員会は,現実に発生した職業倫理的問題や倫理委員会に寄せられた問い合わせのうち,主要な問題をいくつかのカテゴリーに分けて解説を加えている（APA Ethics Committee, 1988)。また,APA倫理委員会の年次報告の中には,代表的な倫理事案について,関係者の承諾を得た上で,事案の概略と倫理委員会の判断およびその判断理由について掲載しているものがある（APA Ethics Committee, 1994, 1995, 1997, 1998)。職業倫理綱領の解説本も出版されている（たとえば,Canter, Bennett, Jones, & Nagy, 1994 ; Fisher, 2003 ; Nagy, 2000)。英語文献ではあるものの,これらは実際に授業を行う上での教材としてきわめて有用である。さらには,関連領域である医療領域の法と倫理（特に医事法領域）に関する書物・論文などには具体的なケースが数多く掲載されており,訓練に用いる架空ケースを作成する際のヒントを得る上で参考になる。本書でも,第2章で架空の状況を提示している。抽象論に終わらず,実際の状況に対してどのように取り組めばよいのか,問題解決的な教育を行うためには,架空のケース・事例作成がぜひとも必要である。

APAが行っているように,実際に倫理委員会の裁定の対象となった職業倫理的問題の具体的事例について,関係者の許可を得て,しかも問題が生じないような内容に変更した上で,倫理委員会の判断プロセスとその結果も含めて専門職の団体が公表すること（たとえばAPA Ethics Committee, 1997, 1998)は,日本の心理臨床家と,心理臨床家を目指す学生たちにとって教育的役割を果たすこ

とは言うまでもない。加えて、この種の公表は、広く社会に対して私たちの職業倫理の内容とその運用の実態を明らかにし、情報公開を通じて一般の人々からの信頼を得ることにつながっていくであろう。

筆者の上記の授業実践が示すように、体験学習を行うには、教員の側が予めディスカッション用の事例や状況を用意しておく必要がある。筆者は、職業倫理領域の文献や筆者の見聞などを参考にしながら、第2章に示したような教育用の架空ケースを作成している。このような事例は、海外のケースブックや公刊されている事例などをもとにして作成することもできるのだが、日本の職業倫理教育の充実のためには、日本でどのような問題が生じているのか、それらについてどのような対応や取り組みがなされているのか、情報が必要である。日本でも、職業倫理的問題の実態について、関係者の許可を得た上で、関係者のプライバシーを侵害しない形での情報公開が必要な時代が到来しているのではないだろうか。

(2) 架空状況作成にあたっては状況による「難易度」を考慮する

次に、架空状況作成上の経験から。架空状況作成にあたっては、上に説明したように、海外の文献の具体的な記述が参考になるのだが、ワークショップ形式の授業の場合よりも、模擬裁判用ケース作成の方がはるかに難しい。ディベート形式の授業の場合にも同様の難しさがある。それは、模擬裁判の場合は、裁判として応酬的な議論が成り立つように、明々白々な倫理的問題よりも、微妙な問題、判断のより難しい状況、双方にプラス・マイナス両面が存在する状況を作成しなければならないからである。あまりにも明白な落ち度がある状況の場合は、すぐに容易に結論に達してしまい、議論も一方的で発展せず、「敗訴」した側は空しさや不公平感を感じてしまうことになる。

また、筆者の授業研究からは、具体的状況や職業倫理的問題によっては、授業によって変化が生じやすいものと生じにくいもの、授業前に既に妥当な回答が得られているものとそうでないものなど、状況によって難易度に違いがあることが明らかになった（金沢，2002）。たとえば、性的な多重関係に関わる状況については、多くの受講者は授業前に既に適切な対応を直感的に理解しているようだ。一方、インフォームド・コンセントに関わる状況や専門的能力の判断

などについては，そうした問題の存在自体に気づくことさえ難しい場合が多いようである。

海外で行われた調査研究でも，極端な状況や，マスメディアや専門家の間で話題になっている状況の場合には，専門家の意思決定はコンセンサスに達する割合が高く，その意思決定に至る判断基準も共通していることが多いものの，それ以外の状況を提示されると，専門家の意思決定とその意思決定に至る判断基準にはばらつきが多くなることがわかっている (Tymchuk, Drapkin, Major-Kingsley, Ackerman, Coffman, & Baum, 1982)。筆者らによる調査でも，たとえば，クライエントとの性的関係については，調査対象となった人々の大部分が，その非倫理性を指摘するものの，非性的多重関係については意見が分かれている（金沢・沢崎・松橋・山賀，1996）。状況による難易度の違いについては，調査研究（APA Ethics Committee, 1988；金沢・沢崎・松橋・山賀，1996；Pope, Tabachnick, & Keith-Spiegel, 1987；Pope & Vetter, 1992）などを参考にして，臨床家の職業倫理教育の際に工夫することも必要である。

(3) 多様でアクティブな職業倫理教育の必要性

授業で取り上げる架空状況の内容について，前述の筆者の授業実践では，心理療法場面を取り上げて職業倫理教育を試みたが，職業倫理は心理療法場面のみに関係しているのではなく，研究や教育，管理運営など，臨床心理学の全場面に関わっている。したがって，職業倫理教育においても，心理検査 (Rogers, 1997)，研究 (Bragger, 1999；Fisher & Kuther, 1997；Freeman, 1999)，コンサルテーション (Tannenbaum, Greene, & Glickman, 1989) など臨床心理学の多様な場面を取り上げる必要がある。

また，職業倫理教育を独立した一つの「科目」とすべきか，それとも訓練のあらゆる場で取り上げるべきか，といった問題についてもコンセンサスが得られていない状況にある。しかし，職業倫理が心理臨床家としての行動すべてに関わっていることを考えると，職業倫理についての1科目を履修することで事足れりとするのは不十分であろう。研究論文作成やスーパービジョンなど，教育のあらゆる場面を通じて教員が学生の倫理的行動を促進することや，教員自身も学生に範となるような行動を示すことが必要であろう (Goodyear, Crego, &

Johnston, 1992; Kitchener, 1992; Vasquez, 1992)。加えて，職業倫理の複雑さを考えると，大学院だけではなく学部段階から職業倫理教育を行うことも考慮すべきであろう (Haemmerlie & Matthews, 1988; Plante, 1998)。

　大学での職業倫理教育のみならず，生涯教育の中で繰り返し取り上げて職業倫理の確立と徹底を図らなくてはならない。心理臨床家個人のみならず，心理臨床家を雇用する組織（クリニック，相談機関，学校など）レベルでも，また，臨床心理学領域の団体レベルにおいても，職業倫理の浸透を目指すことは，今後の日本の臨床心理学領域における大きな課題といえよう。

　先述のように，これまでの研究では，職業倫理判断には一人一人の個人がもつ倫理観や価値観，あるいは，それらの基になっていると想像される生活体験などの違いが反映している可能性が示されている。こうした個人的な要素を取り上げるためには，座学や講義という一方通行の知識伝達や，文献購読といった個人作業を中心とした教育方法ではなく，他者との話し合いなどを通じて個々人が自分の価値観や倫理観などについて気づく機会と，それらを改める機会を提供する必要がある。自分自身のバイアスは自分一人ではわからない。同一の状況を複数の観点から見たり分析したり判断したりする場を設け，複数の行動選択肢を生み出し，それら選択肢一つ一つの結果を予測できるようにすることが教育訓練としては是非とも必要であろう。職業倫理や法律という複雑な領域についての知識を身につけ，現実の場でその知識を応用して問題を発見し，判断して行動するという実践力を身につけるには，座学方式では無理である。グループディスカッション，ロールプレイやシミュレーション，模擬法廷といった体験学習の導入はぜひとも必要であると思う。

　日本の社会福祉領域でも，職業倫理についての教育に取り組んでいる。たとえば，登場人物一人一人の立場を小グループに分かれて主張し合うディベート，新聞記事の中から倫理的問題を発見して行うディスカッション，施設を訪問して守秘義務がどのように実践されているかを探るインタビュー，ブレインストーミング，ストーリー中の登場人物の今後を予想，などの体験学習方法が試みられており（仲村，1999），参考になる。

(4) 職業倫理を誰が教育するか

　ここで必要となるのは，そのような教育方法を行うことのできる教員の存在である。一般に，日本の大学や大学院での授業の典型は，座学による講義あるいは学生による論文発表，といった形式であろう。職業倫理教育に必要な，問題発見・解決型の体験学習を行っている日本の大学教員は少ないのではないだろうか。また，日本の臨床心理学領域で職業倫理が注目されるようになってからまだ日が浅く，日本の臨床心理学領域での職業倫理綱領の作成も最近のことである。今日の時点では，日本の臨床心理学領域の教員に職業倫理がまだ完全に浸透しているとはいえない可能性も考えられる。

　そうなると，指導する教員の訓練の必要性を指摘しなければならない。教員自身がまず自己の倫理観や，生活体験などを吟味し，それがどのように自分自身の臨床活動や学生との接触に反映されているか，気づきを深め，学生の行動のモデルとなるよう，改めるべきところは改めなくてはならない。職業倫理の諸原則や種々の倫理綱領などについて，また，倫理的意思決定プロセスについて，教える側の教員が理解していなくてはならないのは当然である。また，本章で論じた内容をはじめとする種々の教育方法について，教員側が訓練を受ける必要があろう。本章の内容は，臨床心理査定や臨床心理面接の訓練とは異なる内容であり，教員に対する教育研修が今後求められるようになっていくのではないだろうか。

5. 最後に……

　インフォームド・コンセントに関する章でもふれたことだが，職業倫理と臨床実践とは相容れないものではなく，職業倫理を実践することによってより良い臨床行為が生まれ，クライエントおよび分野・社会全体への貢献につながる。加えて，職業倫理について関心をもち，研修を受けたり日々の実践に職業倫理を積極的に活かそうとすることは，リスクマネジメントという観点からも，好ましい行動につながりやすい（Montgomery, Cupit, & Wimberley, 1999）。

　筆者は，今日の日本の臨床心理学領域にとって，欠かすことのできない肝要なものは，職業倫理教育であると考える。しかし，職業倫理教育を行う上で，

筆者にはいくつか，以前から気になっていることがある。まず一つは，筆者の授業経験では，臨床心理学領域の学生の多くは，既に「する側」の立場で考えているという点である。自分が臨床家として行いやすい方法や，臨床業務を行う上で必要なことを優先したり，臨床家である自分と自分の周囲の人たちとの関係を煩わしいものにしないように，という観点から考えている学生が多いというのが筆者の印象である。クライエント個人を守るよりも，社会防衛を重視する学生が多いことも気になる。たとえば，感染症を患っていると語るクライエントが来談した後に，外部からの問い合わせがあったという架空状況に対して，そのクライエントについての情報を本人の許可なく伝える，と，いとも簡単に回答する学生が多いことに驚く。

　臨床心理学領域の学生は，相手（たとえばクライエント）の立場に立って考えることが不得手なのだろうか。自分がクライエントの立場だったら，と考えることができれば，最低限の職業倫理的判断はそれほど難しいものではない。そして，自分がクライエントの立場だったら，と考えることは，臨床的観点から対応を考える上でも，最も基本的なことではないのか。そもそも，臨床心理学領域の学生は，他者視点をとることの苦手な，自己中心的な人々なのだろうか。

　人は様々な理由やきっかけで，自分の将来の進路を選ぶ。自分自身の個人的体験や，自分の身近な人々の心理的問題を契機として，心理臨床家を目指す人々もいるかもしれない。自分に関心を向けることが必要な場合もあるが，自分自身の問題を取り上げ，その解決を求めてばかりいては，専門家とはいえないのではないか。個人的動機から心理臨床家になりたいと思うことは悪いことではないとしても，専門家になるということと，個人的関心や動機との間には，大きなギャップが存在するのである。心理臨床家の教育に携わる人々は，このギャップを無視してはならない。そして，職業倫理と臨床行為の根幹を成す，他者視点の獲得を，教育訓練の中核に据える必要があるのではないか。

　職業倫理の最も重要なポイントが，クライエントを守り，クライエントの福祉に貢献することであることを考えると，クライエント保護という価値観を早期に伝えることが重視されなければならない。先述（第8章）のように，海外のソーシャルワーク領域での研究では，ソーシャルワーク専攻学生の道徳性や

価値観は，ソーシャルワークの専門教育を受ける時点では既に確立されたものであることが示されている（Landau, 1999）。この調査結果が臨床心理学領域にも当てはまるか否かは，現時点ではわからない。しかし，臨床心理学領域を志す学生たちの間に，何らかの共通した価値観や人間観があるとしても不自然ではない。もしその共通する価値観や人間観が，クライエントを援助するという視点の「する側」の論理であるならば，筆者は懸念を感じる。相手の立場に立った考え方をとることができるかどうか。他者視点を柔軟にとることのできる能力が，心理臨床家の重要な適性ではないのだろうか。臨床的にも，職業倫理的にも。

「する側」の論理で考えているのは，大学院生のみにとどまらない。臨床心理学領域の法的・職業倫理的問題について，様々な研究はあるものの，クライエント側からの視点に立った研究は少ない。専門家だけで職業倫理を考えていては，問題の全容をとらえられないのではないか。心理臨床サービスを受ける側の人々が心理臨床家に対してどのような行動を期待しているのか，どのような事柄を問題として考えているのか，臨床心理学にかかわる人たちは知っておく必要がある。こうした，クライエント側の認識についての研究（たとえば，McGuire, Toal, & Blau, 1985；Simmons, 1968；VandeCreek, Miars, & Herzog, 1987）は少ない。今後の重要な課題である。

日本で現在，臨床心理学を学ぶ大学院生が急増していることから，臨床心理学領域の大学教員の中には，大学院生が職業倫理的問題を起こしたり，あるいは，起こしそうになったりしたことについて，不安を感じている方々もおられよう。臨床心理学領域の大学院生が激増しているにもかかわらず，大学院などの教育機関において，学生などによる非倫理的行為が生じた場合にはどのようにすべきなのか，まだ日本では論じられることが少ない。この点についても早急な取り組みが必要と考える（たとえば Fly, van Bark, Weinman, Kitchener, & Lang, 1997；Rubin, 1986；職能委員会, 2001；Tryon, 2000 を参照）。

もう一つ筆者が気になることは，学生や臨床家の間に見られる，「善意」に対して枠をはめることへの抵抗である。心理臨床という対人援助は，人助けという「善」である。人の悩みを聞いたり解決を援助するという善行であるから，それを行おうとするのは良いことであり，その良いことに対して，他人があれ

これ「○○してはいけない」「△△すべきである」と口出しする権利はない，という気持ちをもっている人が意外に多いのではないか。筆者が職業倫理についての授業や研修を行う際，職業倫理に対する受講者からの抵抗を感じることがあるが，その背景には，自分の善意に対して他人が介入し，規制することへの抵抗が存在しているのではないかと思う。

確かに，善意に基づく善行を規制することに対して，直感的に反発を感じてもおかしくはない。しかし一方では，善意であれば何をしてもかまわない，ということにならないのは当然である。善意を適切な形で表すにはどうすればよいのか，自分の善行が相手を傷つけたり，社会のルールに反したり，あるいは，周囲の人から疎んじられるような事態に陥らないためにはどうすればよいのか。自分の善行が，相手に対して本当に善行となるには何が必要なのか，学ぶことは，ごく当たり前のことのように筆者には思われる。

「する側」意識も「善行規制」への抵抗も，両方とも，臨床家や臨床家を目指す人たちの動機付けと関係するように思う。なぜ自分は心理臨床を行いたいのか，何のために。人のためになることをする，という意識。自分はその良いことを行う側の人間であり，その自分の動機は正しいものであるから，行いも正しいはずだ，という認識。単純化しすぎかもしれないが，このような図式は筆者の思い過ごしだろうか。

臨床心理学を志す人は，自分自身の動機を吟味すべきであることは以前から論じられている（コーリィ＆コーリィ，2004；Schafer，1954）。自分自身の動機づけが，自分の考え方や行動にどのような影響を与えるのか，臨床的な側面だけでなく職業倫理的な点からも，注意すべききわめて重要な点ではないだろうか。

最後になるが，筆者は本書の初めに，問題を起こす人がいるから職業倫理が必要なのではなく，職業倫理は，その分野が専門職として成立するために不可欠の条件であること，職業倫理の本旨は，相手を守り，相手の福祉に貢献することであると述べた。読者の方々には，本書で論じた諸点をふまえた上で，臨床心理学が日本で専門職として成立するために，また，クライエントや一般の人々を保護するために，どのような具体的方法をとることが必要なのか，ここで今一度，お考えいただくことができれば光栄である。

臨床心理学領域では，職業倫理全般に関する研究は乏しい（Meara, Schmidt, & Day, 1996）。日本においては一層乏しいのである。しかし，専門家の実践を高めていく上でも，臨床心理学の専門家を教育する上でも，また，臨床心理学が専門職として日本で認知されていくためにも，職業倫理は欠かすことができない。本書を通じて何度も繰り返したことであるが，最後にもう一度この点を繰り返して，本書の結語としたい。

あとがき

　難しく，お堅いイメージのある「職業倫理」だが，筆者は，職業倫理は，具体的な問題解決のためのスキルであると考える。スキルは一朝一夕に身につけることはできず，習得するためには十分な職業倫理教育が不可欠である。

　本書では，職業倫理をできるだけ具体的に，現実的に考えることができるよう，架空の状況を設定した上で，状況について考えるためのポイントを7つの原則に分けて提示した。加えて，職業倫理について現実状況の中で適切な判断と対応を行うためにはどのようなプロセスが求められるのか，職業倫理を実践できるようにするにはどのような教育が必要なのか，さらには，職業倫理とは何なのかという基本的な事柄についても論じた。

　本書1冊で臨床心理学の職業倫理すべてをカバーすることは無理であろうし，本書1冊で日本の臨床心理学の職業倫理的な現状をすべて変えてしまうことも至難である。当初に期待したとおりの出来映えであるのかどうか，正直なところ，いささか心許ない気もする。が，本書が何かの形で現状に一石を投じることができれば幸いである。

　職業倫理について考え，日々の実践の中に具現化することは，臨床心理学に関わる一人一人が行わなくてはならないことである。しかし，職業倫理の実践は，個人の課題であるだけではなく，分野全体として取り組まなくてはならない課題でもある。職業倫理に対する実際的な取り組みを続けていくことは，日本の臨床心理学が，社会的に認められ，分野として成長していくことにつながっていくであろう。

　日本の臨床心理学が「専門職」として歩んでいくことを希望しながら，ペンを置くこととしたい。

2006年7月

金沢吉展

［資料］ヒポクラテスの誓い

　私は医者アポロの名にかけて，アスクレピオス，ヒギエイア，パナケイアの名にかけて，すべての神，女神を証人として，自分の能力と判断に従い次の誓いを守ることを宣誓する。この仕事を私に教えてくれた人を自分の両親と考えることを。必要とあらば，物を分かち合い，彼の子供達を自分の兄弟と思い，彼らが望むなら無料，無契約でこの医学を教えることを。自分の息子達および自分に教えてくれた師の息子達に，そして医師の規則に従い，学ぶ弟子達に。但し，この条件を満たす者だけに教訓と教義を与えることをここに誓う。私は自分の能力と判断に従って患者に対し，養生の処方を書き，決して人を害することはしない。決して死を招くような薬を処方したり，死に至るような忠告をすることはしない。流産を起こすペッサリーを女性に与えるようなこともしない。清潔な生活と仕事を続ける。私は，石でも，いわんや病気が明らかとなった患者を見捨てるようなことはしない。私は医師によって使われるためにこの書を残す。訪れるどの家庭でも，私は患者のためだけに尽くすのであって，意図的に悪いことをしたり誘惑したり，自由人であれ奴隷であれ，女性または男性との愛情の喜びに屈したりはしない。自分の仕事をしているうちに，または仕事外で，日常生活のうちで知り得た患者のことで表に出すべきでない知識については秘密を守り，決して発表したりすることはしない。私がこの誓いを忠実に守れば，すべての人に尊敬されるこの仕事を行い，かつ自分の人生を楽しむことができ，もしこの誓いに反すれば，その逆となるだろう。

　　　　　　　（訳文はステッドマン医学大辞典編集委員会，1985，p.659 による。
　　　　　　　ただし神々の名についてカタカナに改めた。）
　　　　　＊なお「ヒポクラテスの誓い」については邦訳により異同がある。

引用文献

Abeles, N. 1980 Teaching ethical principles by means of value confrontations. *Psychotherapy: Theory, Research and Practice,* 17, 384-391.

Account of Therapy for Nicole Simpson Brings Suspension. 1995, November 24. *The New York Times,* p. B. 16

Albee, G. W., & Dickey, M. 1957 Manpower trends in three mental health professions. *American Psychologist,* 12, 57-70.

American Board of Professional Psychology 1968 *American Board of Professional Psychology, Inc. Corporate Bylaws.* Savannah, GA: Author.

American Counseling Association 1995 *ACA Code of Ethics and Standards of Practice.* Alexandria, VA: Author.

American Psychiatric Association 2000 Practice guideline for the treatment of patients with eating disorders (Revision). *American Journal of Psychiatry,* 157 (1), Suppl.

American Psychological Association 1953 *Ethical Standards of Psychologists.* Washington, DC: Author.

American Psychological Association 1993a *Guidelines for Ethical Conduct in the Care and Use of Animals.* Washington, DC: Author.

American Psychological Association 1993b Guidelines for providers of psychological services to ethnic, linguistic, and culturally diverse populations. *American Psychologist,* 48, 45-48.

American Psychological Association 1993c Record keeping guidelines. *American Psychologist,* 48, 984-986.

American Psychological Association 1994 Guidelines for child custody evaluations in divorce proceedings. *American Psychologist,* 49, 677-680.

American Psychological Association 2002 Ethical principles of psychologists and code of conduct. *American Psychologist,* 57, 1060-1073.

American Psychological Association Committee on Ethical Standards 1949 Developing a code of ethics for psychologists: A first report of progress. *American Psychologist,* 4, 17.

American Psychological Association Council of Representatives 1979 *Criteria for Accreditation of Doctoral Training Programs and Internships in Professional Psychology.* Washington, DC: American Psychological Association.

American Psychological Association Ethics Committee 1988 Trends in ethics cases, common pitfalls, and published resources. *American Psychologist,* 43, 564-572.

American Psychological Association Ethics Committee 1994 Report of the Ethics Committee, 1993. *American Psychologist,* 49, 659-666.

American Psychological Association Ethics Committee 1995 Report of the Ethics Committee, 1994. *American Psychologist,* 50, 706-713.
American Psychological Association Ethics Committee 1997 Report of the Ethics Committee, 1996. *American Psychologist,* 52, 897-905.
American Psychological Association Ethics Committee 1998 Report of the Ethics Committee, 1997. *American Psychologist,* 53, 969-980.
American Psychological Association Ethics Committee 2002 Report of the Ethics Committee, 2001. *American Psychologist,* 57, 646-653.
American Psychological Association Ethics Committee 2003 Report of the Ethics Committee, 2002. *American Psychologist,* 58, 650-657.
APA Working Group on the Older Adult 1998 What practitioners should know about working with older adults. *Professional Psychology: Research and Practice,* 29, 413-427.
荒牧重人 2003 子どもの権利条約と子どもの自己決定.法律時報, 75 (9), 24-27.
Arnhoff, F. N. 1968 Reassessment of the trilogy: Need, supply, and demand. *American Psychologist,* 23, 312-316.
Association of State and Provincial Psychology Boards 1996 *Entry Requirements for the Professional Practice of Psychology.* Montgomery, AL: Author.
Association of State and Provincial Psychology Boards 1997 *The Purposes of the Examination.* Montgomery, AL: Author.
莇 立明・中井美雄 1994 医療過誤法.青林書院

Baird, K. A., & Rupert, P. A. 1987 Clinical management of confidentiality: A survey of psychologists in seven states. *Professional Psychology: Research and Practice,* 18, 347-352.
Barnhart, R. K. (Ed.) 1988 *The Barnhart Dictionary of Etymology.* New York: H. W. Wilson Co.
トム・L・ビーチャム,ジェームス・F・チルドレス(著),末永幸安・立木教夫(監訳) 1997 生命医学倫理.成文堂
弁護士職務基本規程解説起草検討会 2005 解説『弁護士職務基本規程』.自由と正義, 56 (6) 臨時増刊号
Bennett, B. E., Bryant, B. K., VandenBos, G. R., & Greenwood, A. 1990 *Professional Liability and Risk Management.* Washington, DC: American Psychological Association.
Bernard, J. L., & Jara, C. S. 1986 The failure of clinical psychology graduate students to apply understood ethical principles. *Professional Psychology: Research and Practice,* 17, 313-315.
Bernard, J. L., Murphy, M., & Little, M. 1987 The failure of clinical psychologists to apply understood ethical principles. *Professional Psychology: Research and Practice,* 18, 489-491.
Bersoff, D. N. 1976 Therapists as protectors and policemen: New roles as a result of Tarasoff? *Professional Psychology: Research & Practice,* 7, 267-273.
Bersoff, D. N. 1996 The virtue of principle ethics. *The Counseling Psychologist,* 24, 86-91.

Betan, E. J. 1997 Toward a hermeneutic model of ethical decision making in clinical practice. *Ethics and Behavior,* 7, 347-365.

Betan, E. J., & Stanton, A. L. 1999 Fostering ethical willingness: Integrating emotional and contextual awareness with rational analysis. *Professional Psychology: Research and Practice,* 30, 295-301.

Betrayed: The poet and the public. 1991, July 20. *The New York Times,* p. A. 18

Bobbitt, J. M. 1952 Some arguments for a code of ethics. *American Psychologist,* 7, 428-429.

Borys, D. S., & Pope, K. S. 1989 Dual relationships between therapist and client: A national study of psychologists, psychiatrists, and social workers. *Professional Psychology: Research and Practice,* 20, 283-293.

Braaten, E. B., Otto, S., & Handelsman, M. M. 1993 What do people want to know about psychotherapy? *Psychotherapy,* 30, 565-570.

Bragger, J. D. 1999 Using a cost-benefit analysis to teach ethics and statistics. *Teaching of Psychology,* 26, 34-36.

Bram, A. D. 1995 The physically ill or dying psychotherapist: A review of ethical and clinical considerations. *Psychotherapy,* 32, 568-580.

Brown, L. S. 1994 Concrete boundaries and the problem of literal-mindedness: A response to Lazarus. *Ethics and Behavior,* 4, 275-281.

Buckner, F., & Firestone, M. 2000 "Where the public peril begins": 25 years after Tarasoff. *Journal of Legal Medicine,* 21, 187-222.

Burke, C. A. 1995 Until death do us part: An exploration into confidentiality following the death of a client. *Professional Psychology: Research and Practice,* 26, 278-280.

Campbell, C. D., & Gordon, M. C. 2003 Acknowledging the inevitable: Understanding multiple relationships in rural practice. *Professional Psychology: Research and Practice,* 34, 430-434.

Canadian Psychological Association 2000 *Canadian Code of Ethics for Psychologists* (3rd ed.). Ottawa, Ontario: Author.

Canadian Psychological Association 2001a *Practice Guidelines for Providers of Psychological Services.* Ottawa, Ontario: Author.

Canadian Psychological Association 2001b *Guidelines for Psychologists Addressing Recovered Memories.* Ottawa, Ontario: Author.

Canter, M. B., Bennett, B. E., Jones, S. E., & Nagy, T. F. 1994 *Ethics for Psychologists: A Commentary on the APA Ethics Code.* Washington, DC: American Psychological Association.

Capshew, J. H. 1992 Psychologists on site: A reconnaissance of the historiography of the laboratory. *American Psychologist,* 47, 132-142.

Carkenord, D. M. 1996 A group exercise to explore employee ethics in business-related psychology courses. *Teaching of Psychology,* 23, 100-102.

Chemtob, C. M., Bauer, G. B., Hamada, R. S., Pelowski, S. R., & Muraoka, M. Y. 1989 Patient suicide: Occupational hazard for psychologists and psychiatrists. *Professional Psychology: Research and Practice,* 20, 294-300.

Colby, C. R., & Long, L. L. 1994 The use of a mock trial as an instructional method in counselor preparation. *Counselor Education and Supervision,* 34, 58-67.

Combs, A. W. 1951 A report of the 1951 licensing effort in New York State. *American Psychologist,* 6, 541-548.

Corey, G., & Herlihy, B. 1996 Competence. In B. Herlihy & G. Corey (Eds.), *ACA Ethical Standards Casebook* (5th ed.) (pp. 217-220). Alexandria, VA: American Counseling Association.

ジェラルド・コウリー，マリアンネ・シュナイダー・コウリー，パトリック・キャラナン (著)，村本詔司 (監訳) 2004 援助専門家のための倫理問題ワークブック．創元社

マリアン・コーリィ，ジェラルド・コーリィ (著)，下山晴彦 (監訳) 2004 心理援助の専門職になるために：臨床心理士・カウンセラー・PSWを目指す人の基本テキスト．金剛出版

Cottone, R. R. 2001 A social constructivism model of ethical decision making in counseling. *Journal of Counseling and Development,* 79, 39-45.

Cottone, R. R., & Claus, R. E. 2000 Ethical decision-making models: A review of the literature. *Journal of Counseling and Development,* 78, 275-283.

Croarkin, P., Berg, J., & Spira, J. 2003 Informed consent for psychotherapy: A look at therapists' understanding, opinions, and practices. *American Journal of Psychotherapy,* 57, 384-400.

Danish, S. J., & Smyer, M. A. 1981 Unintended consequences of requiring a license to help. *American Psychologist,* 36, 13-21.

Darley, J. G., & Wolfle, D. 1946 Can we meet the formidable demand for psychological services? *American Psychologist,* 1, 179-180.

Dauser, P. J., Hedstrom, S. M., & Croteau, J. M. 1995 Effects of disclosure of comprehensive pretherapy information on clients at a university counseling center. *Professional Psychology: Research and Practice,* 26, 190-195.

Dickson, D. T. 1995 *Law in the Health and Human Services: A Guide for Social Workers, Psychologists, Psychiatrists, and Related Professionals.* New York: Free Press.

Disch, E., & Avery, N. 2001 Sex in the consulting room, the examining room, and the sacristy: Survivors of sexual abuse by professionals. *American Journal of Orthopsychiatry,* 71, 204-217.

Division 12 Task Force 1995 Training in and dissemination of empirically-validated psychological treatments: Report and recommendations. *The Clinical Psychologist,* 48,

3-23.

Doll, E. A., English, H. B., Ghiselli, E. Guthrie, E. R., & Allport, G. W.　1947　Report of the Committee on Scientific and Professional Ethics. *American Psychologist, 2,* 488-490.

Dsubanko-Obermayr, K., & Baumann, U.　1998　Informed consent in psychotherapy : Demands and reality. *Psychotherapy Research, 8,* 231-247.

Dunbar, J.　1998　A critical history of CPA's various codes of ethics for psychologists (1939-1986). *Canadian Psychology, 39* (3), 177-186.

Eberlein, L.　1987　Introducing ethics to beginning psychologists : A problem-solving approach. *Professional Psychology : Research and Practice, 18,* 353-359.

江口　聡　1998　インフォームド・コンセント―概念の説明―. 加藤尚武・加茂直樹（編）「生命倫理学を学ぶ人のために」(pp. 30-40)　世界思想社

Ericksen, S. C.　1963　Legislation and the academic tradition in psychology. *American Psychologist, 18,* 101-104.

江﨑一朗　1998　パターナリズム―概念の説明―. 加藤尚武・加茂直樹（編）「生命倫理学を学ぶ人のために」(pp. 65-75)　世界思想社

Everstine, L., Everstine, D. S., Heymann, G. M., True, R. H., Frey, D. H., Johnson, H. G., & Seiden, R. H.　1980　Privacy and confidentiality in psychotherapy. *American Psychologist, 35,* 828-840.

Fagan, T. K.　1996　Witmer's contribution to school psychological services. *American Psychologist, 51,* 241-243.

Figueiredo-Torres v. Nickel, 321 Md. 642, 584 A. 2ds, 69 (1991)

Fisher, C. B.　2003　*Decoding the Ethics Code : A Practical Guide for Psychologists.* Thousand Oaks, CA : Sage.

Fisher, C. B., & Kuther, T. L.　1997　Integrating research ethics into the introductory psychology course curriculum. *Teaching of Psychology, 24,* 172-175.

Fly, B. J., van Bark, W. P., Weinman, L., Kitchener, K. S., & Lang, P. R.　1997　Ethical transgressions of psychology graduate students : Critical incidents with implications for training. *Professional Psychology : Research and Practice, 28,* 492-495.

Forester-Miller, H., & Davis, T.　1996　*A Practitioner's Guide to Ethical Decision Making.* Alexandria, VA : American Counseling Association.

Freeman, M. A.　1999　Using a cost-benefit analysis to teach ethics and statistics. *Teaching of Psychology, 26,* 34-36.

藤原静雄　2003　逐条個人情報保護法. 弘文堂

Fulero, S. M.　1988　*Tarasoff :* 10 years later. *Professional Psychology : Research and Practice, 19,* 184-190.

Fuqua, D. R., & Newman, J. L.　1989　Research issues in the study of professional ethics. *Counselor Education and Supervision, 29,* 84-93.

Gabbard, G. O. 1994 Reconsidering the American Psychological Association's policy on sex with former patients: Is it justifiable? *Professional Psychology: Research and Practice,* 25, 329-335.

Garcia, J. G., Cartwright, B., Winston, S. M., & Borzuchowska, B. 2003 A Transcultural Integrative Model for ethical decision making in counseling. *Journal of Counseling and Development,* 81, 268-277.

Gawthrop, J. C., & Uhlemann, M. R. 1992 Effects of the problem-solving approach in ethics training. *Professional Psychology: Research and Practice,* 23, 38-42.

Glass, L. L. 2003 The gray areas of boundary crossings and violations. *American Journal of Psychotherapy,* 57, 429-444.

Goode, W. J. 1960 Encroachment, charlatanism, and the emerging profession: Psychology, sociology, and medicine. *American Sociological Review,* 25, 902-914.

Goodyear, R. K., Crego, C. A., & Johnston, M. W. 1992 Ethical issues in the supervision of student research: A study of critical incidents. *Professional Psychology: Research and Practice,* 23, 203-210.

Gottlieb, M. C. 1993 Avoiding exploitive dual relationships: A decision-making model. *Psychotherapy,* 30, 41-48.

Gross, S. J. 1977 Professional disclosure: An alternative to licensing. *Personnel and Guidance Journal,* 55, 586-588.

Gross, S. J. 1978 The myth of professional licensing. *American Psychologist,* 33, 1009-1016.

Gustafson, K. E., & McNamara, J. R. 1987 Confidentiality with minor clients: Issues and guidelines for therapists. *Professional Psychology: Research and Practice,* 18, 503-508.

Gutheil, T. G., & Gabbard, G. O. 1993 The concept of boundaries in clinical practice: Theoretical and risk-management dimensions. *American Journal of Psychiatry,* 150, 188-196.

Guy, J. D., & Souder, J. K. 1986 Impact of therapists' illness or accident on psychotherapeutic practice: Review and discussion. *Professional Psychology: Research and Practice,* 17, 509-513.

Haas, L. J., & Malouf, J. L. 2002 *Keeping up the Good Work: A Practitioner's Guide to Mental Health Ethics* (3rd ed.). Sarasota, FL: Professional Resource Press.

Haas, L. J., Malouf, J. L., & Mayerson, N. H. 1986 Ethical dilemmas in psychological practice: Results of a national survey. *Professional Psychology: Research and Practice,* 17, 316-321.

Haas, L. J., Malouf, J. L., & Mayerson, N. H. 1988 Personal and professional characteristics as factors in psychologists' ethical decision making. *Professional Psychology: Research and Practice,* 19, 35-42.

Hadjistavropoulos, T., & Malloy, D. C. 1999 Ethical principles of the American

Psychological Association: An argument for philosophical and practical ranking. *Ethics and Behavior,* 9, 127-140.
Haemmerlie, F. M., & Matthews, J. R. 1988 Preparing undergraduates for paraprofessional positions: What, where, when, and how are ethical issues taught? *Teaching of Psychology,* 15, 192-194.
Hall, C. S. 1952 Crooks, codes, and cant. *American Psychologist,* 7, 430-431.
Hall, R. H. 1975 *Occupations and the Social Structure* (2nd ed.). Englewood Cliffs, NJ: Prentice-Hall.
Handelsman, M. M. 1990 Do written consent forms influence clients' first impressions of therapists? *Professional Psychology: Research and Practice,* 21, 451-454.
Handelsman, M. M., & Galvin, M. D. 1988 Facilitating informed consent for outpatient psychotherapy: A suggested written format. *Professional Psychology: Research and Practice,* 19, 223-225.
Handelsman, M. M., Kemper, M. B., Kesson-Craig, P., McLain, J., & Johnsrud, C. 1986 Use, content, and readability of written informed consent forms for treatment. *Professional Psychology: Research and Practice,* 17, 514-518.
Hare-Mustin, R. T. 1992 Cries and whispers: The psychotherapy of Anne Sexton. *Psychotherapy,* 29, 406-409.
Hare-Mustin, R. T., Marecek, J., Kaplan, A. G., & Liss-Levinson, N. 1979 Rights of clients, responsibilities of therapists. *American Psychologist,* 34, 3-16.
Harrar, W. R., VandeCreek, L., & Knapp, S. 1990 Ethical and legal aspects of clinical supervision. *Professional Psychology: Research and Practice,* 21, 37-41.
Heiden, J. M. 1993 Preview-prevent: A training strategy to prevent counselor-client sexual relationships. *Counselor Education and Supervision,* 33, 53-60.
Heiser, K. F. 1950 The need for legislation and the complexities of the problem. *American Psychologist,* 5, 104-108.
Herlihy, B., & Corey, G. 1996 Confidentiality. In B. Herlihy, & G. Corey (Eds.), *ACA Ethical Standards Casebook* (5th ed.) (pp. 205-209). Alexandria, VA: American Counseling Association.
Hersch, C. 1969 From mental health to social action: Clinical psychology in historical perspective. *American Psychologist,* 24, 909-916.
東山紘久 1998 職業倫理を高く掲げて. 日本臨床心理士会報, 19, p. 1.
Hillerbrand, E. T., & Claiborn, C. D. 1988 Ethical knowledge exhibited by clients and nonclients. *Professional Psychology: Research and Practice,* 19, 527-531.
Hobbs, N. 1948 The development of a code of ethical standards for psychology. *American Psychologist,* 3, 80-84.
Hogan, D. B. 1979 *The Regulation of Psychotherapists, Vol. 1.* Cambridge, MA: Ballinger.
Horak v. Biris, 474 N. E. 2d 13 (Ill. App. 1985)
星野一正 1991 医療の倫理. 岩波書店

星野一正　2003　インフォームド・コンセント：患者が納得し同意する診療．丸善
法令用語研究会（編）　2000　有斐閣法律用語辞典［第2版］．有斐閣
Huey, W. C.　1996　Counseling minor clients. In B. Herlihy & G. Corey (Eds.), *ACA Ethical Standards Casebook* (5th ed.) (pp. 241-245). Alexandria, VA: American Counseling Association.
Huston, P. E.　1953　The work of the Committee on Clinical Psychology. *American Journal of Psychiatry*, 109, 791-792.

一場順子　2003　子どもの権利救済と子どもの意思の尊重—東京都子どもの権利擁護委員会の実践活動をふまえて—．法律時報, 75 (9), 62-65.
市川須美子　2000　教育分野における個人情報保護．ジュリスト, 1190, 75-80.
家永　登　2003　医療と子どもの自己決定—医事法制の枠組との関連で—．法律時報, 75 (9), 37-41.
医療倫理Q & A刊行委員会（編）　1998　医療倫理Q & A．太陽出版
石原豊昭・山川直人　1998　わかりやすい訴訟のしくみ［改訂版］．自由国民社
伊藤道哉　2002　生命と医療の倫理学．丸善

Johnson, A. G.（著），森岡恭彦・上竹正躬（訳）　1992　医の倫理—何をどう考えるか—．南江堂
Johnson, W. B., & Corser, R.　1998　Learning ethics the hard way: Facing the ethics committee. *Teaching of Psychology*, 25, 26-28.
Joint Report on Relations between Psychology and Psychiatry　1960　*American Psychologist*, 15, 198-200.
Jong, E.　1991, August 17.　Anne Sexton's river of words. *The New York Times*, p. A. 21

門田成人　1995　インフォームド・コンセントと患者の自己決定権．大野真義（編）「現代医療と医事法制」(pp. 54-70)　世界思想社
Kagle, J. D., & Giebelhausen, P. N.　1994　Dual relationships and professional boundaries. *Social Work*, 39, 213-220.
金沢吉展　1992　異文化とつき合うための心理学．誠信書房
金沢吉展　1995a　医療心理学入門：医療の場における心理臨床家の役割．誠信書房
金沢吉展　1995b　アメリカでの法と倫理の観点から．学生相談研究, 16 (2), 121-130.
金沢吉展　1998　カウンセラー：専門家としての条件．誠信書房
金沢吉展　2001a　臨床心理学の社会性．下山晴彦・丹野義彦（編）「講座臨床心理学1：臨床心理学とは何か」(pp. 155-170)　東京大学出版会
金沢吉展　2001b　臨床心理学の倫理．下山晴彦・丹野義彦（編）「講座臨床心理学1：臨床心理学とは何か」(pp. 171-189)　東京大学出版会
金沢吉展　2001c　効果研究とプログラム評価研究．下山晴彦・丹野義彦（編）「講座臨

床心理学2:臨床心理学研究」(pp. 181-202) 東京大学出版会
金沢吉展 2002 心理臨床・カウンセリング学習者を対象とした職業倫理教育:その効果と参加者の感想内容の分析から. 心理臨床学研究, 20 (2), 180-191.
金沢吉展 2003 臨床心理面接演習3―地域・社会―. 下山晴彦(編)「臨床心理学全書4:臨床心理実習論」(pp. 263-324) 誠信書房
金沢吉展(編) 2004a 臨床心理的コミュニティ援助論. 誠信書房
金沢吉展 2004b 臨床心理学における職業倫理的意思決定に関する基礎的研究:倫理的意思決定モデルの検討. 明治学院大学心理臨床センター研究紀要, 2, 3-19.
金沢吉展 2004c 面接の契約. 福島脩美・田上不二夫・沢崎達夫・諸富祥彦(編)「カウンセリングプロセスハンドブック」(pp. 28-32) 金子書房
金沢吉展 2004d 社会的専門性の確立―倫理と訓練―. 下山晴彦(編著)「臨床心理学の新しいかたち」(pp. 243-264) 誠信書房
金沢吉展 2005 守秘義務と情報公開. 佐藤 進(監修), 津川律子・元永拓郎(編)「心の専門家が出会う法律:臨床実践のために[第2版]」(pp. 170-179) 誠信書房
金沢吉展・沢崎真史・松橋純子・山賀邦子 1996 学生相談における職業倫理:日本学生相談学会会員の調査結果から. 学生相談研究, 17 (1), 61-73.
金子 宏・新堂幸司・平井宜雄(編) 1999 法律学小辞典[第3版]. 有斐閣
Kaser-Boyd, N., Adelman, H. S., & Taylor, L. 1985 Minors' ability to identify risks and benefits of therapy. *Professional Psychology: Research and Practice*, 16, 411-417.
加藤尚武 1986 バイオエシックスとは何か. 未來社
加藤伸勝 1991 精神障害におけるインフォームド・コンセント. 神経精神薬理, 13, 453-461.
Kaufman, M. 1991 Post-*Tarasoff* legal developments and the mental health literature. *Bulletin of the Menninger Clinic*, 55, 308-322.
河上正二 1995 「専門家の責任」と契約理論―契約法からの一管見―. 法律時報, 67 (2), 6-11.
Keith-Spiegel, P., & Koocher, G. P. 1995 *Ethics in Psychology: Professional Standards and Cases.* Hillsdale, NJ: Lawrence Erlbaum.
Kermani, E. J., & Drob, S. L. 1987 *Tarasoff* decision: A decade later dilemma still faces psychotherapists. *American Journal of Psychotherapy*, 41, 271-285.
Kimmel, A. J. 1991 Predictable biases in the ethical decision making of American psychologists. *American Psychologist*, 46, 786-788.
喜多紘一(監修) 2005 医療・介護―個人情報の保護と活用の手引き―. 法研
北沢義博・三宅 弘 2003 情報公開法解説[第2版]. 三省堂
北添紀子・渋谷恵子・岡田和史 2005 学校臨床における守秘義務および他職種との連携に関する意識調査―教員, 臨床心理士, 精神科医の比較―. 心理臨床学研究, 23 (1), 118-123.
Kitchener, K. S. 1984 Intuition, critical evaluation and ethical principles: The foundation for ethical decisions in counseling psychology. *The Counseling Psychologist*, 12 (3), 43-55.

Kitchener, K. S. 1986 Teaching applied ethics in counselor education: An integration of psychological processes and philosophical analysis. *Journal of Counseling and Development,* 64, 306-310.

Kitchener, K. S. 1988 Dual role relationships: What makes them so problematic? *Journal of Counseling and Development,* 67, 217-221.

Kitchener, K. S. 1992 Psychologist as teacher and mentor: Affirming ethical values throughout the curriculum. *Professional Psychology: Research and Practice,* 23, 190-195.

Kitchener, K. S. 2000 *Foundations of Ethical Practice, Research, and Teaching in Psychology.* Mahwah, NJ: Lawrence Erlbaum.

Knapp, S., & VandeCreek, L. 1990 Application of the duty to protect to HIV-positive patients. *Professional Psychology: Research and Practice,* 21, 161-166.

小島武司・加藤新太郎・那須弘平　1998　民事模擬裁判のすすめ．有斐閣

個人情報保護基本法制研究会（編）　2005　Q＆A個人情報保護法［第3版］．有斐閣

今野浩一郎・下田健人　1995　資格の経済学：ホワイトカラーの再生シナリオ．中央公論社

Koocher, G. P., & Keith-Spiegel, P. 1998 *Ethics in Psychology: Professional Standards and Cases* (2nd ed.). New York: Oxford University Press.

厚生労働省　2004年12月24日　医療・介護関係事業者における個人情報の適切な取扱いのためのガイドライン．厚生労働省

厚生労働省　2005年3月　「医療・介護関係事業者における個人情報の適切な取扱いのためのガイドライン」に関するQ＆A（事例集）．厚生労働省

Lamb, D. H., & Catanzaro, S. J. 1998 Sexual and nonsexual boundary violations involving psychologists, clients, supervisees, and students: Implications for professional practice. *Professional Psychology: Research and Practice,* 29, 498-503.

Landau, R. 1999 Professional socialization, ethical judgment and decision making orientation in social work. *Journal of Social Service Research,* 25 (4), 57-75.

Lawrence, G., & Robinson Kurpius, S. E. 2000 Legal and ethical issues involved when counseling minors in nonschool settings. *Journal of Counseling and Development,* 78, 130-136.

Lefkowitz, J. 2003 *Ethics and Values in Industrial-organizational Psychology.* Mahwah, NJ: Lawrence Erlbaum.

バーナード・ロウ（著），北野喜良・中澤英之・小宮良輔（監訳）　2003　医療の倫理ジレンマ　解決への手引き―患者の心を理解するために―．西村書店

町野　朔　1986　患者の自己決定権と法．東京大学出版会

町野　朔　1995　守秘義務と説明義務．学生相談研究，16 (2)，117-120.

Malmquist, C. P., & Notman, M. T. 2001 Psychiatrist-patient boundary issues following treatment termination. *American Journal of Psychiatry,* 158, 1010-1018.

真野俊樹（編著）　2005　医療機関の個人情報保護対策．中央経済社
Martin, W. B., Noyes, A. P., & Hendrick, I.　1954　Resolution on relations of medicine and psychology. *American Journal of Psychiatry*, 111, 385-386.
丸山英二　2000　医療・医学における個人情報保護―医学研究・地域がん登録・医療記録開示―．ジュリスト，1190, 69-74.
Mazza v. Huffaker, 300 S. E. 2d 833 (N. C. App. 1983)
McCollom, I. N.　1951　Licensing psychologists in San Diego. *American Psychologist*, 6, 553-554.
McGovern, T. V.　1988　Teaching the ethical principles of psychology. *Teaching of Psychology*, 15, 22-26.
McGuire, J., Nieri, D., Abbott, D., Sheridan, K., & Fisher, R.　1995　Do *Tarasoff* principles apply in AIDS-related psychotherapy? Ethical decision making and the role of therapist homophobia and perceived client dangerousness. *Professional Psychology: Research and Practice*, 26, 608-611.
McGuire, J. M., Toal, P., & Blau, B.　1985　The adult client's conception of confidentiality in the therapeutic relationship. *Professional Psychology: Research and Practice*, 16, 375-384.
McMinn, M. R.　1988　Ethics case-study simulation: A generic tool for psychology teachers. *Teaching of Psychology*, 15, 100-101.
McReynolds, P.　1987　Lightner Witmer: Little-known founder of clinical psychology. *American Psychologist*, 42, 849-858.
McReynolds, P.　1996　Lightner Witmer: A centennial tribute. *American Psychologist*, 51, 237-240.
Meara, N. M., Schmidt, L. D., & Day, J. D.　1996　Principles and virtues: A foundation for ethical decisions, policies, and character. *The Counseling Psychologist*, 24, 4-77.
Melton, G. B.　1982　Children's rights: Where are the children? *American Journal of Orthopsychiatry*, 52, 530-538.
Middlebrook, D. W.　1992　Psychotherapy as theme and influence in the work of Anne Sexton. *Psychotherapy*. 29, 401-406.
Miller, D. J., & Thelen, M. H.　1987　Confidentiality in psychotherapy: History, issues, and research. *Psychotherapy*, 24, 704-711.
Miller, J. G.　1946　Clinical psychology in the Veterans Administration. *American Psychologist*, 1, 181-189.
Miller, J. G.　1952　A written code of ethics for the APA. *American Psychologist*, 7, 437-438.
Monahan, J.　1993　Limiting therapist exposure to *Tarasoff* liability: Guidelines for risk containment. *American Psychologist*, 48, 242-250.
文部科学省大臣官房総務課　2005年1月　「学校における生徒等に関する個人情報の適正な取扱いを確保するために事業者が講ずべき措置に関する指針」解説．文部科学省
Montgomery, L. M., Cupit, B. E., & Wimberley, T. K.　1999　Complaints, malpractice, and risk management: Professional issues and personal experiences. *Professional Psychology:*

Research and Practice, 30, 402-410.
諸橋轍次（著），鎌田　正・米山寅太郎（修訂）　1984　大漢和辞典［修訂版］．大修館書店
諸橋轍次・鎌田　正・米山寅太郎（著）　1981　廣漢和辭典．大修館書店
諸橋轍次・渡辺末吾・鎌田　正・米山寅太郎（著）　2002　新漢和辞典［新装大型版］．大修館書店
村本詔司　1998　心理臨床と倫理．朱鷺書房

Nagy, T. F. 2000 *Ethics in Plain English: An Illustrative Casebook for Psychologists.* Washington, DC: American Psychological Association.
中島一憲　1995　インフォームド・コンセントとは．中島一憲（編）「インフォームド・コンセント：これからの医療のあり方（現代のエスプリ No. 339）」（pp. 9-14）至文堂
仲村優一（監修）　1999　ソーシャルワーク倫理ハンドブック．中央法規
中谷瑾子　1982　1 いわゆる未熟児網膜症につき担当医師においてステロイドホルモン剤等の投与に関する診療上の過失責任が認められなかった事例，2 いわゆる未熟児網膜症につき担当医師において光凝固法の存在を説明し転医を指示する義務がないとされた事例―日赤高山病院未熟児網膜症訴訟上告審判決．判例時報, 1055, 191-199.
南山堂　1990　南山堂医学大辞典［第17版］．南山堂
Nelson, M. L., & Neufeldt, S. A. 1998 The pedagogy of counseling: A critical examination. *Counselor Education and Supervision,* 38, 70-88.
Neukrug, E. S., Healy, M., & Herlihy, B. 1992 Ethical practices of licensed professional counselors: An updated survey of state licensing boards. *Counselor Education and Supervision,* 32, 130-141.
日本弁護士連合会弁護士倫理に関する委員会（編）　1996　注釈弁護士倫理［補訂版］．有斐閣
日本医師会　2004　医師の職業倫理指針．日本医師会
日本国語大辞典第二版編集委員会（編）　2000～2002　日本国語大辞典［第2版］．小学館
日本臨床心理士会　2005a　日本臨床心理士会倫理規程．日本臨床心理士会
日本臨床心理士会　2005b　日本臨床心理士会倫理綱領．日本臨床心理士会
日本心理臨床学会　1999　日本心理臨床学会倫理綱領．日本心理臨床学会
日本心理臨床学会　2000　日本心理臨床学会会員のための倫理基準．日本心理臨床学会
野田　寛　1995　医師・医療従事者と患者との法的関係．大野真義（編）「現代医療と医事法制」（pp. 28-39）世界思想社
野澤正充　2003　情報提供義務（説明義務）違反．法学教室, 273, 34-40.

岡村久道　2003　個人情報保護法入門．商事法務
小此木啓吾　1992　治療者・患者間のセックス．精神療法, 18, 422-433.

Orne, M. T. 1991, July 23. The Sexton tapes. *The New York Times,* p. A. 21
大谷　實　1995　医療行為と法〔新版補正版〕．弘文堂
大塚義孝　1992　資格制度の確立——その小史と現況．財団法人日本臨床心理士資格認定協会（監修）「臨床心理士になるために〔第5版〕」(pp. 7-23)　誠信書房
大塚義孝　2004　臨床心理士の資格制度について．財団法人日本臨床心理士資格認定協会（監修）「臨床心理士になるために〔第16版〕」(pp. 7-20)　誠信書房

Perkins, D. V., Hudson, B. L., Gray, D. M., & Stewart, M. 1998 Decisions and justifications by community mental health providers about hypothetical ethical dilemmas. *Psychiatric Services,* 49, 1317-1322.

Plante, T. G. 1995 Training child clinical predoctoral interns and postdoctoral fellows in ethics and professional issues: An experiential model. *Professional Psychology: Research and Practice,* 26, 616-619.

Plante, T. G. 1998 Teaching a course on psychology ethics to undergraduates: An experiential model. *Teaching of Psychology,* 25, 286-287.

Pomerantz, A. M., & Handelsman, M. M. 2004 Informed consent revisited: An updated written question format. *Professional Psychology: Research and Practice,* 35, 201-205.

Pope, K. S. 1986 Research and laws regarding therapist-patient sexual involvement: Implications for therapists. *American Journal of Psychotherapy,* 40, 564-571.

Pope, K. S. 1988 How clients are harmed by sexual contact with mental health professionals: The syndrome and its prevalence. *Journal of Counseling and Development,* 67, 222-226.

Pope, K. S. 1990 Therapist-patient sex as sex abuse: Six scientific, professional, and practical dilemmas in addressing victimization and rehabilitation. *Professional Psychology: Research and Practice,* 21, 227-239.

Pope, K. S. 1994 *Sexual Involvement with Therapists: Patient Assessment, Subsequent Therapy, Forensics.* Washington, DC: American Psychological Association.

Pope, K. S., & Bajt, T. R. 1988 When laws and values conflict: A dilemma for psychologists. *American Psychologist,* 43, 828-829.

Pope, K. S., Keith-Spiegel, P., & Tabachnick, B. G. 1986 Sexual attraction to clients: The human therapist and the (sometimes) inhuman training system. *American Psychologist,* 41, 147-158.

Pope, K. S., Sonne, J. L., & Holroyd, J. 1994 *Sexual Feelings in Psychotherapy: Explorations for Therapists and Therapists-in-training.* Washington, DC: American Psychological Association.

Pope, K. S., & Tabachnick, B. G. 1993 Therapists' anger, hate, fear, and sexual feelings: National survey of therapist responses, client characteristics, critical events, formal complaints, and training. *Professional Psychology: Research and Practice,* 24, 142-152.

Pope, K. S., Tabachnick, B. G., & Keith-Spiegel, P. 1987 Ethics of practice: The beliefs and

behaviors of psychologists as therapists. *American Psychologist,* 42, 993-1006.
Pope, K. S., Tabachnick, B. G., & Keith-Spiegel, P. 1988 Good and poor practices in psychotherapy: National survey of beliefs of psychologists. *Professional Psychology: Research and Practice,* 19, 547-552.
Pope, K. S., & Vasquez, M. J. T. 1991 *Ethics in Psychotherapy and Counseling: A Practical Guide for Psychologists.* San Francisco: Jossey-Bass.
Pope, K. S., & Vetter, V. A. 1992 Ethical dilemmas encountered by members of the American Psychological Association: A national survey. *American Psychologist,* 47, 397-411.
Powell, C. J. 1984 Ethical principles and issues of competence in counseling adolescents. *The Counseling Psychologist,* 12 (3), 57-68.
Pratt, C. C. 1952 Ethical standards for professional psychologists. *American Psychologist,* 7, 438-440.
Pryzwansky, W. B., & Wendt, R. N. 1999 *Professional and Ethical Issues in Psychology: Foundations of Practice.* New York: Norton.
Psychology, Psychiatry, and Legislation in New York 1954 *American Psychologist,* 9, 160-164.

Quattrocchi, M. R., & Schopp, R. F. 2005 Tarasaurus Rex: A standard of care that could not adapt. *Psychology, Public Policy, and Law,* 11, 109-137.
Quinn, K. M., & Weiner, B. A. 1993 Legal rights of children. In B. A. Weiner & R. M. Wettstein (Eds.), *Legal Issues in Mental Health Care* (pp. 309-347). New York: Plenum.

Reaves, R. P. 1986 Legal liability and psychologists. In R. R. Kilburg, P. E. Nathan, & R. W. Thoreson (Eds.), *Professionals in Distress: Issues, Syndromes, and Solutions in Psychology* (pp. 173-184). Washington, DC: American Psychological Association.
Reaves, R. P., & Ogloff, J. R. P. 1996 Liability for professional misconduct. In L. J. Bass, S. T. DeMers, J. R. P. Ogloff, C. Peterson, J. L. Pettifor, R. P. Reaves, T. Rétfalvi, N. P. Simon, C. Sinclair, & R. M. Tipton (Eds.), *Professional Conduct and Discipline in Psychology* (pp. 117-142). Washington, DC: American Psychological Association.
Redlich, F., & Pope, K. S. 1980 Ethics of mental health training. *Journal of Nervous and Mental Disease,* 168, 709-714.
Remley, T. P., Jr., & Herlihy, B. 2005 *Ethical, Legal, and Professional Issues in Counseling* (*2nd ed.*). Upper Saddle River, NJ: Pearson Education.
Rest, J. R. 1984 Research on moral development: Implications for training counseling psychologists. *The Counseling Psychologist,* 12 (3), 19-29.
Rest, J. R. 1994 Background: Theory and research. In J. R. Rest & D. Narváez (Eds.), *Moral Development in the Professions: Psychology and Applied Ethics* (pp. 1-26). Hillsdale, NJ: Lawrence Erlbaum.

Rich, G. J. 1952 A code of ethics is needed. *American Psychologist,* 7, 440-441.
倫理委員会 1999 倫理問題に関する基礎調査 (1995 年) の結果報告. 心理臨床学研究, 17 (1), 97-100.
倫理委員会 2001 会員のための倫理の手引き. 心理臨床学研究, 19 (特別号), 66-78.
Rodolfa, E. R., Kitzrow, M., Vohra, S., & Wilson, B. 1990 Training interns to respond to sexual dilemmas. *Professional Psychology: Research and Practice,* 21, 313-315.
Rogers, T. B. 1997 Teaching ethics and test standards in a psychological testing course: A test taker's bill of rights. *Teaching of Psychology,* 24, 41-46.
Routh, D. K. 1996 Lightner Witmer and the first 100 years of clinical psychology. *American Psychologist,* 51, 244-247.
Roy v. Hartogs, 381 N. Y. S. 2d 587 (NY. App. 1976)
Rubanowitz, D. E. 1987 Public attitudes toward psychotherapist-client confidentiality. *Professional Psychology: Research and Practice,* 18, 613-618.
Rubin, S. S. 1986 Cheating, ethics, and graduate training in professional psychology: Crime and punishment or misjudgment and repair. *Professional Psychology: Research and Practice,* 17, 10-14.

Saffir, M. A. 1950 Certification versus licensing legislation. *American Psychologist,* 5, 105-106.
佐久間 修 1995 医療情報と医師の秘密保持義務. 大野真義 (編) 「現代医療と医事法制」 (pp. 40-53) 世界思想社
Sampson, J. P., Jr. 1996 A computer-aided violation of confidentiality. In B. Herlihy, & G. Corey (Eds.), *ACA Ethical Standards Casebook* (5th ed.) (pp. 213-215). Alexandria, VA: American Counseling Association.
Sanford, F. H. 1951 Notes on the future of psychology as a profession. *American Psychologist,* 6, 74-76.
Sanford, F. H. 1952 A little recent history. *American Psychologist,* 7, 426-428.
Sanford, F. H. 1953 Relations with psychiatry. *American Psychologist,* 8, 169-173.
Sanford, F. H. 1955 Psychology, psychiatry, and legislation. *American Psychologist,* 10, 135-138.
佐藤文隆 1999 総論―制度としての科学―. 岡田節人・佐藤文隆・竹内 啓・長尾 眞・中村雄二郎・村上陽一郎・吉川弘之 (編) 「専門家集団の思考と行動 (岩波講座 科学/技術と人間 第 2 巻)」 (pp. 1-35) 岩波書店
Schafer, R. 1954 *Psychoanalytic Interpretation in Rorschach Testing: Theory and Application.* New York: Grune & Stratton.
Sexton, L. G. 1991, August 18. A daughter's story: I knew her best. *New York Times Book Review,* p. 720.
Shakow, D. 1978 Clinical psychology seen some 50 years later. *American Psychologist,* 33,

148-158.
Sharkin, B. S. 1995 Strains on confidentiality in college-student psychotherapy: Entangled therapeutic relationships, incidental encounters, and third-party inquiries. *Professional Psychology: Research and Practice,* 26, 184-189.
Sherry, P., Teschendorf, R., Anderson, S., & Guzman, F. 1991 Ethical beliefs and behaviors of college counseling center professionals. *Journal of College Student Development,* 32, 350-358.
下山晴彦　2000a　わが国における臨床心理学の歴史．浅井昌弘・牛島定信・倉知正佳・小山　司・中根允文・三好功峰（編）「臨床精神医学講座 S5: 精神医療におけるチームアプローチ」(pp. 81-90)　中山書店
下山晴彦　2000b　臨床心理学研究の技法．福村出版
下山晴彦　2001a　臨床心理学とは何か．下山晴彦・丹野義彦（編）「講座臨床心理学1: 臨床心理学とは何か」(pp. 3-25)　東京大学出版会
下山晴彦　2001b　臨床心理士養成カリキュラム．下山晴彦・丹野義彦（編）「講座臨床心理学1: 臨床心理学とは何か」(pp. 191-209)　東京大学出版会
新村　出（編）　1998　広辞苑［第5版］．岩波書店
資料集　生命倫理と法編集委員会（編）　2003　資料集　生命倫理と法．太陽出版
下森　定　1993　日本法における「専門家の契約責任」．川井　健（編）「専門家の責任」(pp. 9-50)　日本評論社
職能委員会　2001　これからの臨床心理実習：現状と課題．心理臨床学研究，19（特別号），47-65.
Simmons, D. D. 1968 Client attitudes toward release of confidential information without consent. *Journal of Clinical Psychology,* 24, 364-365.
Simon, R. I., & Williams, I. C. 1999 Maintaining treatment boundaries in small communities and rural areas. *Psychiatric Services,* 50, 1440-1446.
Simpson, J. A., & Weiner, E. S. C. (prep.)　1989a　*The Oxford English Dictionary* (2nd ed.), Vol. 3. Oxford, U. K.: Clarendon Press.
Simpson, J. A., & Weiner, E. S. C. (prep.)　1989b　*The Oxford English Dictionary* (2nd ed.), Vol. 12. Oxford, U. K.: Clarendon Press.
Smith, D., & Fitzpatrick, M. 1995 Patient-therapist boundary issues: An integrative review of theory and research. *Professional Psychology: Research and Practice,* 26, 499-506.
Smith, S. R. 1994 Liability and mental health services. *American Journal of Orthopsychiatry,* 64, 235-251.
Smith, S. R. 2000 Malpractice. In A. E. Kazdin (Ed.), *Encyclopedia of Psychology, Vol. 5.* (pp. 99-100). Washington, DC: American Psychological Association.
Smith, T. S., McGuire, J. M., Abbott, D. W., & Blau, B. I. 1991 Clinical ethical decision making: An investigation of the rationales used to justify doing less than one believes one should. *Professional Psychology: Research and Practice,* 22, 235-239.
Smith-Bell, M., & Winslade, W. J. 1994 Privacy, confidentiality, and privilege in

psychotherapeutic relationships. *American Journal of Orthopsychiatry*, 64, 180-193.
Somberg, D. R., Stone, G. L., & Claiborn, C. D.　1993　Informed consent: Therapists' beliefs and practices. *Professional Psychology: Research and Practice*, 24, 153-159.
Somer, E., & Saadon, M.　1999　Therapist-client sex: Clients' retrospective reports. *Professional Psychology: Research and Practice*, 30, 504-509.
Sonne, J. L.　1994　Multiple relationships: Does the new ethics code answer the right questions? *Professional Psychology: Research and Practice*, 25, 336-343.
Stanley, A.　1991, July 15.　Poet told all; Therapist provides the record. *The New York Times*, p. A. 1
ステッドマン医学大辞典編集委員会（編）　1985　ステッドマン医学大辞典［第2版］（縮刷版）．メジカルビュー社
Stone, A. A.　1976　The *Tarasoff* decisions: Suing psychotherapists to safeguard society. *Harvard Law Review*, 90, 358-378.
Strasburger, L. H., Jorgenson, L., & Sutherland, P.　1992　The prevention of psychotherapist sexual misconduct: Avoiding the slippery slope. *American Journal of Psychotherapy*, 46, 544-555.
Subcommittee on Graduate Internship Training　1945　Graduate internship training in psychology. *Journal of Consulting Psychology*, 9, 243-266.
Sullivan, T., Martin, W. L., Jr., & Handelsman, M. M.　1993　Practical benefits of informed-consent procedure: An empirical investigation. *Professional Psychology: Research and Practice*, 24, 160-163.
Sutich, A.　1944　Toward a professional code for psychological consultants. *Journal of Abnormal and Social Psychology*, 39, 329-350.

高柳　勲　1992　同意能力と治療拒否権．精神医学, 34, 1317-1323.
田中冨士夫　1988　心理臨床における倫理問題：調査報告．心理臨床学研究, 5 (2), 76-85.
田中英夫（編集代表）　1991　英米法辞典．東京大学出版会
田中　実・藤井輝久　1986　医療の法律紛争：医師と患者の信頼回復のために．有斐閣
Tannenbaum, S. I., Greene, V. J., & Glickman, A. S.　1989　The ethical reasoning process in an organizational consulting situation. *Professional Psychology: Research and Practice*, 20, 229-235.
田尾雅夫　1991　組織の心理学．有斐閣
Tarasoff v. The Regents of the University of California, 17 Cal. 3d 425, 551 P. 2d 334, 131 Cal. Rptr. 14 (Cal. 1976)
鑪　幹八郎　1997　心理臨床における「倫理感覚」の育成．心理臨床学研究, 15, 211-215.
Taylor, L., & Adelman, H. S.　1989　Reframing the confidentiality dilemma to work in children's best interests. *Professional Psychology: Research and Practice*, 20, 79-83.

Taylor, L., & Adelman, H. S. 1998 Confidentiality: Competing principles, inevitable dilemmas. *Journal of Educational and Psychological Consultation,* 9, 267-275.

手嶋　豊　2003　医療過誤．法学教室, 273, 28-33.

Thelen, M. H., Rodriquez, M. D., & Sprengelmeyer, P. 1994 Psychologists' beliefs concerning confidentiality with suicide, homicide, and child abuse. *American Journal of Psychotherapy,* 48, 363-379.

Thorne, F. C. 1949 Problems of professional responsibility. *Journal of Clinical Psychology,* 5, 138-147.

東京臨床心理士会　1994年8月16日　コ・メディカルの中での国家資格問題　資料集．東京臨床心理士会

Trapp, E. P., & Fields, S. J. 1959 The Licensing Act in Arkansas: Its inception and impact. *American Psychologist,* 14, 95-98.

Tribbensee, N. E., & Claiborn, C. D. 2003 Confidentiality in psychotherapy and related contexts. In W. O'Donohue & K. Ferguson (Eds.), *Handbook of Professional Ethics for Psychologists* (pp. 287-300). Thousand Oaks, CA: Sage.

Truscott, D., Evans, J., & Mansell, S. 1995 Outpatient psychotherapy with dangerous clients: A model for clinical decision making. *Professional Psychology: Research & Practice,* 26, 484-490.

Tryon, G. S. 2000 Ethical transgressions of school psychology graduate students: A critical incidents survey. *Ethics and Behavior,* 10, 271-279.

Tymchuk, A. J., Drapkin, R. S., Ackerman, A. B., Major, S. M., Coffman, E. W., & Baum, M. S. 1979 Survey of training in ethics in APA-approved clinical psychology programs. *American Psychologist,* 34, 1168-1170.

Tymchuk, A. J., Drapkin, R., Major-Kingsley, S., Ackerman, A. B., Coffman, E. W., & Baum, M. S. 1982 Ethical decision making and psychologists' attitudes toward training in ethics. *Professional Psychology,* 13, 412-421.

植木　哲　1998　医療の法律学．有斐閣

植木　哲・斎藤ともよ・平井　満・東　幸生・平栗　勲　1996　医療判例ガイド．有斐閣

宇賀克也　2004　新・情報公開法の逐条解説［第2版］．有斐閣

VandeCreek, L., & Knapp, S. 2001 *Tarasoff and Beyond: Legal and Clinical Considerations in the Treatment of Life-Endangering Patients* (3rd ed.). Sarasota, FL: Professional Resource Press.

VandeCreek, L., Knapp, S., & Herzog, C. 1987 Malpractice risks in the treatment of dangerous patients. *Psychotherapy,* 24, 145-153.

VandeCreek, L., Miars, R. D., & Herzog, C. E. 1987 Client anticipations and preferences for confidentiality of records. *Journal of Counseling Psychology,* 34, 62-67.

Vasquez, M. J. T. 1988 Counselor-client sexual contact: Implications for ethics training. *Journal of Counseling and Development,* 67, 238-241.

Vasquez, M. J. T. 1992 Psychologist as clinical supervisor: Promoting ethical practice. *Professional Psychology: Research and Practice,* 23, 196-202.

Wagner, C. A. 1978, March Elementary school counselors' perceptions of confidentiality with children. *The School Counselor,* 240-248.

Walden, T., Wolock, I., & Demone, H. W., Jr. 1990 Ethical decision making in human services: A comparative study. *Families in Society: The Journal of Contemporary Human Services,* 71, 67-75.

Walter, M. I., & Handelsman, M. M. 1996 Informed consent for mental health counseling: Effects of information specificity on clients' ratings of counselors. *Journal of Mental Health Counseling,* 18, 253-262.

Weiner, B. A., & Wettstein, R. M. 1993 *Legal Issues in Mental Health Care.* New York: Plenum.

Welfel, E. R. 1992 Psychologist as ethics educator: Successes, failures, and unanswered questions. *Professional Psychology: Research and Practice,* 23, 182-189.

Welfel, E. R. 2002 *Ethics in Counseling and Psychotherapy: Standards, Research, and Emerging Issues* (2nd ed.). Pacific Grove, CA: Brooks/Cole.

Welfel, E. R., & Kitchener, K. S. 1992 Introduction to the special section: Ethics education —An agenda for the '90s. *Professional Psychology: Research and Practice,* 23, 179-181.

Welfel, E. R., & Lipsitz, N. E. 1984 The ethical behavior of professional psychologists: A critical analysis of the research. *The Counseling Psychologist,* 12 (3), 31-42.

Wilkins, M. A., McGuire, J. M., Abbott, D. W., & Blau, B. I. 1990 Willingness to apply understood ethical principles. *Journal of Clinical Psychology,* 46, 539-547.

Wilson, L. S., & Ranft, V. A. 1993 The state of ethical training for counseling psychology doctoral students. *The Counseling Psychologist,* 21, 445-456.

Witmer, L. 1907 Clinical psychology. *Psychological Clinic,* 1, 1-9.

Woody, R. H. 1998 Bartering for psychological services. *Professional Psychology: Research and Practice,* 29, 174-178.

弥永真生 1995 「専門家の責任」と保険法論の展望.法律時報, 67 (2), 12-17.

横山美夏 1996 契約締結過程における情報提供義務.ジュリスト, 1094, 128-138.

横山美夏 2001 消費者契約法における情報提供モデル.民商法雑誌, 123 (4・5), 551-582.

Younggren, J. N., & Gottlieb, M. C. 2004 Managing risk when contemplating multiple relationships. *Professional Psychology: Research and Practice,* 35, 255-260.

財団法人日本臨床心理士資格認定協会 1990a 臨床心理士倫理規定.(財団法人日本臨

床心理士資格認定協会（監修） 1992 臨床心理士になるために［第5版］．誠信書房，pp. 139-140 に収録）

財団法人日本臨床心理士資格認定協会 1990b 臨床心理士倫理綱領．（財団法人日本臨床心理士資格認定協会（監修） 1992 臨床心理士になるために［第5版］．誠信書房，pp. 140-142 に収録）

Zipkin v. Freeman, 436 S. W. 2d 753（Mo. 1968）.

索　引

あ行

相手を見捨てる　71
アセスメント　68, 72, 82, 84, 89, 170, 175, 235, 238, 245
アメリカカウンセリング学会（ACA）　80, 141
　　――の倫理綱領　84, 97, 99, 154, 167, 168
アメリカ心理学会（APA）　13, 14, 27, 34, 95, 109, 226, 241, 247, 261
　　――の倫理綱領　34, 35, 72, 75, 83, 97, 140, 141, 158, 167
　　――倫理委員会　261
アメリカ病院協会声明　218
アン・セクストンの伝記出版　191
医師　101, 103, 138, 159, 162, 212
　　――の職業倫理指針　126, 161
意思能力　212
医療　210, 215
医療過誤　78
医療水準　79, 91-94, 99
医療における未成年の扱い　186
医療の倫理　33
医療保険　169, 170
インフォームド・コンセント　25, 69, 72, 73, 79, 84-86, 89, 92, 93, 112, 115, 121, 148, 152, 166-168, 170, 185, 197, 201-218, 262, →職業倫理の第6原則
　　――の具体的内容　213-215
　　――の原則　145
　　――のプロセス　203-205
ウィトマー，ライトナー　28-30
エイブルズ，N.　248
応用倫理　8, 16, 17
オーン，M. T.　189-191
贈り物（贈答品）　120, 125-128

か行

ガイドライン　95, 96, 237
カウンセラー　248
学生相談室　107, 108, 185
家族療法　188
学校　187
カナダ心理学会（CPA）　10, 67, 95, 96, 220, 226, 234, 237, 242
　　――の問題解決モデル　227-229
　　――の倫理綱領　227-229
患者の権利章典に関する宣言　203
カンター，M. B.　220, 229, 231, 232
勧誘　85, 86, 107
記述的倫理　8
傷つき（クライエントの）　71, 77, 96, 104, →職業倫理の第1原則
キッチュナー，K. S.　8, 110, 113, 220-222, 224, 227, 231, 243, 254, 257, 258
　　――の4段階の倫理的意思決定プロセス　222, 223, 254, 258
規範的倫理　8
虐待　77, 157, 158, 169
キャンベル，C. D.　128
教育　232, 233, 246
教育的・啓発的な役割（心理臨床家の）　189
境界越え　118, 119, 121, 122, 124, 129
境界侵害　118, 121-124, 129, 130
業務過誤　78
　　――の訴訟　77
業務独占資格　101, 102
記録　73, 74, 77, 112, 113, 149, 186, 192
グータイル，T. G.　118, 121, 123, 130
クオリティ・オブ・ライフ（QOL）　203

295

クライエント
　——側の認識　267
　——との偶然の遭遇　130
　——の合意　112
　——の死去後の秘密保持　190-194
　——の自殺　153, 154
　——の年齢　183
　——の秘密開示許可　172, 173
　——の擁護　90
グラス, L. L.　170
グループディスカッション　250-255, 264
警告義務　147, 148, 151
啓発　237, 246
刑法　157, 194
契約　43, 46, 47, 78, 175, 205, 208-213
ケース・カンファレンス　158
限定付き秘密保持　142
権力　109-111
厚生労働省による個人情報保護ガイドライン　177-179, 183
公認　100, 101
公平（性）　89, →職業倫理の第7原則
コウリー, G.　7, 12
合理的意思決定モデル　230, 231
国選弁護人　127, 128
個人情報保護　166, 179
　——法　177, 189, 193-196, 199
個人データの管理体制　183
ゴットリーブ, M. C.　110, 111
コットン, R. R.　231
言葉遣い　120
子どもの自己決定権　184
コミュニティ心理学的アプローチ　90
コンサルテーション　78, 111-113, 128, 149, 150, 167, 263
コンピューターの使い方　198, 199
コンフィデンシャリティ（confidentiality）　134-136

さ　行

サイコロジスト　13, 30-33, 35, 39, 97, 100, 103, 109, 153, 216, 240, 248
　——資格法　32, 33, 37
最低限の基準　12, 16
裁判　170, 171, 206-208, 260
搾取　107, 108
差別　90
三者面談　73
資格　99, 102, 104
　——法　20, 27, 28, 99, 100
時間的側面　214
自己開示　87, 120
自己決定権　204
自己情報コントロール権　187
児童虐待　79, 157, →虐待
ジプキン対フリーマン裁判　116, 117
事務職員　160, 162, 164
社会規範　19
社会構成主義的モデル　231
社会的契約　10
ジュネーヴ宣言　34, 39
守秘義務　88, 133-200, 208, 212, →職業倫理の第5原則
準委任契約　211
生涯教育　66, 247, 257, 264
紹介状　73
商取引　86, 107
少年法　169
情報公開　262
　——法　195, 196
情報提供義務　212
情報提供書　73
職業倫理　1, 5-10, 12, 15-18, 20, 23-25, 27, 28, 35, 39, 224, 225, 231, 232, 236, 237, 245-247, 265, 268, 269
　——教育　17, 64, 242, 243, 247, 265
　——綱領　8, 35, 66, 232
　——的意思決定プロセス　65-69
　——的問題　66, 69
　——の歴史　33, 36
職業倫理の7原則　65-90, 237, 254
　第1原則（相手を傷つけない／→「傷つ

き」) 47, 55, 57, 71, 80, 104, 157, 215, 224
第2原則（→「専門的能力」） 54, 55, 57, 61, 81, 91-106, 175, 215
第3原則（相手を利己的に利用しない／→「多重関係」） 50, 51-53, 76, 85, 107-131
第4原則（→「尊重」） 87
第5原則（→「守秘義務」，「強い信頼に基づく秘密保持」） 45, 47, 51-53, 56, 60, 88, 133-200
第6原則（→「インフォームド・コンセント」） 44, 45, 47, 51-57, 60, 89, 175, 201-218
第7原則（→「公平（性）」） 54-57, 61, 89, 175
事例発表 26, 206-208
身体接触 120, 123
心理検査 26
診療協力義務 213
心理療法 26
心理臨床家
　──クライエント関係 108, 109, 115, 121, 123, 126, 150, 153, 193, 208, 211, 216
　──の異動 72, 73
　──の教育的・啓発的な役割 189
　──の急病 74
　──の死亡 75, 76
スーパーバイザー 159
スーパービジョン 78, 79, 84, 85, 167, 168, 263
ステレオタイプ 90
ストーン，A. A. 143
「する側」の倫理 266-268
成熟した未成年 200
精神保健福祉士（PSW） 101, 102
性的関係 85, 109, 241, 263
性的な多重関係 114-125
世界医師会倫理綱領 202
世界人権宣言 34, 39
説明義務 212
　──違反 93

説明責任 28
セラピスト─クライエント関係 230
善管注意 103, 106, 205
善行規制 268
専門 21-23
専門家 20-22, 24, 30, 37, 38, 78, 212, 263
専門職 19, 20, 22, 24, 28, 30, 37, 38, 95, 96, 225, 268, 269
　──倫理 8, 9, 17
専門的能力 69, 81, 82, 87, 91-106, →職業倫理の第2原則
　──の3要素 98
贈答品　→贈り物
ソーシャルワーカー 240
尊重 87, →職業倫理の第4原則

た 行

大学生のクライエント 185
体験学習 249
第三者からの問い合わせ 153, 173, 174, 176
他者視点 264, 265
多重関係 25, 69, 76, 85, 107-131, →職業倫理の第3原則
他職種 68, 162, 163, 237
ダメージコントロール 150
タラソフ原則 123, 144, 148, 149, 151, 154, 157
タラソフ判決（事件） 142-148, 153
小さなコミュニティ 110, 125, 128, 129
注意の標準 78, 85, 91, 95, 96, 105
直感的レベル 221
治療の枠 119, 210
通告義務 169
付け届け 125, 126
強い信頼に基づく秘密保持 136-140, 145, 146, 152, 157, 158, 170, 172, 173, 175, 186, 187, 189, 191, 192, 200, →職業倫理の第5原則
「転移への誤った対応」説 116-118
東京地方裁判所 206
道徳 206

――的原則　17, 19
　　――的行動の4要素（レスト）　225, 226
同僚　68, 81, 111, 224, 225
トレーニング　245-269

な 行

二重関係　105
日本医師会　126, 128, 161, 162, 163, 172
日本国憲法　101, 202, 204, 205
日本心理臨床学会　24, 36
　　――の倫理基準　25
　　――の倫理規程　25
　　――の倫理綱領　14, 25, 147
日本ソーシャルワーカー協会の倫理綱領
　　163
日本弁護士連合会　128, 198
日本臨床心理士会　25
　　――の倫理規程　25
　　――の倫理綱領　15, 25, 81, 147, 167
日本臨床心理士資格認定協会　14, 36
　　――の倫理規定　24
　　――の倫理綱領　15, 24, 81, 147
ニュールンベルクの倫理綱領　34, 39, 202,
　　203, 218

は 行

バーンアウト　82
パターナリズム　184, 201-203
ハンデルスマン，M. M.　213
ビーチャム，T.　14, 221
批判的・評価的レベル　221, 227
非性的な多重関係　125-130
必要な第三者　159, 160, 162-164, 168, 176,
　　182
一人職場　80
ヒポクラテスの誓い　34, 115, 137-139,
　　201, 273
秘密　134, 135, 185, 187, 194-196
　　――開示　146, 151, 171, 197
　　――の法的定義　194, 195
　　――保持　14, 15, 25, 69, 88, 133-200, 214

フォローアップ　245
プライバシー　88, 157, 166
ブラム，A. D.　76
ブレインストーミング　67, 234, 236, 264
プロフェッション（profession）　22-24
ペタン，E. J.　230
ベネット，B. E.　155, 172
ヘルシンキ宣言　202, 203, 218
偏見　90, 109
弁護士　101, 141, 160
　　――職務基本規程　127, 131, 200
法律　7, 11, 12, 20
保護義務　147, 148, 151
保護者　188, 189
　　――からの問い合わせ　177
星野一正　203

ま 行

未熟児網膜症訴訟　93
未成年のクライエント　174-189, 212
見立て　54, 56, 58
民法　200, 205, 211
村本詔司　8, 19
名称独占資格　101
名誉毀損　145
命令倫理　12, 15, 16
メタ倫理　8
免許　100, 101
模擬裁判　259, 260, 262, 264
モナハン，J.　148-150
問題の明確化　233, 236, 245
文部科学省の個人情報保護ガイドライン
　　179-183

や 行

約束　209
　　――破り　210
ヤンググレン，J. N.　111, 112
予断　109

ら行・わ行

- リスク　67, 108, 111, 112, 214, 234, 236
  - ――アセスメント　149, 150
  - ――マネジメント　112, 114, 121, 149-151, 265
  - ――マネジメントの注意点　155
- リスボン宣言　203, 218
- 理想追求倫理　13, 15, 16
- リファー　71-73, 75, 80-82, 86, 114, 151, 154, 215
- 料金　119, 122, 209
- 臨床実習　83, 84
- 臨床心理士　20, 36, 39
- 倫理　6, 7, 11, 19
- 倫理学　8
- 倫理規範　23
- 倫理綱領　6, 14, 27
- 倫理コード　8
- 倫理的意思決定　17
  - ――の4段階のプロセス（キッチュナー）　222, 223, 254, 258
  - ――モデル　110, 219-243, 245
  - ――モデル（金沢）　64-66, 232-239
- 倫理的正当化モデル　221, 227
- 倫理的要素　233, 236, 245
- 倫理の否定　6
- レスト，J. R.　225, 231
- 連邦証拠規則　97
- ロースクール　1-3, 5, 156
- ロールプレイ　264
- ワークショップ　250, 251-259
- ワグナー，C. A.　186

A〜Z

- ABPP　97, 103
- O. J. シンプソン事件　190

金沢吉展（かなざわ・よしのぶ）
  1955 年　生まれる
  1978 年　上智大学外国語学部卒業
  1981 年　ミズーリ大学大学院修士課程修了，M. Ed.
  1990 年　テンプル大学大学院博士課程修了，Ph. D.
          上智大学カウンセリングセンター・カウンセラー，
          筑波大学心理学系助教授などを経て，
  現　在　明治学院大学心理学部教授．臨床心理士．

主要著書
『異文化とつき合うための心理学』（誠信書房，1992 年）
『医療心理学入門：医療の場における心理臨床家の役割』（誠信書房，1995 年）
『カウンセラー　専門家としての条件』（誠信書房，1998 年）
『講座　臨床心理学』1, 2 巻（分担執筆，東京大学出版会，2001 年）
『臨床心理的コミュニティ援助論』（編著，誠信書房，2004 年）ほか

臨床心理学の倫理をまなぶ

2006 年 9 月 26 日　初　版

［検印廃止］

著　者　金沢吉展

発行所　財団法人　東京大学出版会

代表者　岡本和夫

113-8654　東京都文京区本郷 7-3-1 東大構内
電話 03-3811-8814　Fax 03-3812-6958
振替 00160-6-59964

印刷所　株式会社三陽社
製本所　有限会社永澤製本所

Ⓒ 2006 Yoshinobu KANAZAWA
ISBN 4-13-012044-1　Printed in Japan

Ⓡ〈日本複写権センター委託出版物〉
本書の全部または一部を無断で複写複製（コピー）することは，著作権法上での例外を除き，禁じられています．本書からの複写を希望される場合は，日本複写権センター（03-3401-2382）にご連絡ください．

本書はデジタル印刷機を採用しており、品質の経年変化についての充分なデータはありません。そのため高湿下で強い圧力を加えた場合など、色材の癒着・剥落・磨耗等の品質変化の可能性もあります。

臨床心理学の倫理をまなぶ

2023 年 4 月 5 日　　　発行　　⑤

著　者　金沢吉展
発行所　一般財団法人　東京大学出版会
　　　　代 表 者　吉見俊哉
　　　　〒153-0041
　　　　東京都目黒区駒場4-5-29
　　　　TEL03-6407-1069　FAX03-6407-1991
　　　　URL　https://www.utp.or.jp/
印刷・製本　大日本印刷株式会社
　　　　URL　http://www.dnp.co.jp/

ISBN978-4-13-009119-0
Printed in Japan
本書の無断複製複写（コピー）は、特定の場合を除き、
著作者・出版社の権利侵害になります。